世纪波
Century Wave

BANKABLE LEADERSHIP

号召力（修订版）

使团队充满激情并有绩效的领导力

TASHA EURICH

HAPPY PEOPLE, BOTTOM-LINE RESULTS, AND THE POWER TO DELIVER BOTH

[美] 塔莎·欧里希 著 孙春岭 译

電子工業出版社
Publishing House of Electronics Industry
北京·BEIJING

Tasha Eurich: Bankable Leadership: Happy People, Bottom-Line Results, and the Power to Deliver Both
ISBN: 978-1626340190

Published by Greenleaf Book Group LLC
Simplified Chinese rights arranged through CA-LINK International LLC (www.ca-link.com)

版权贸易合同登记号　图字：01-2014-7070

图书在版编目（CIP）数据

号召力：使团队充满激情并有绩效的领导力：修订版 /（美）塔莎·欧里希（Tasha Eurich）著；孙春岭译. —北京：电子工业出版社, 2019.6

书名原文：Bankable Leadership : Happy People, Bottom-Line Results, and the Power to Deliver Both

ISBN 978-7-121-36749-6

Ⅰ. ①号… Ⅱ. ①塔… ②孙… Ⅲ. ①企业领导学 Ⅳ. ①F272.91

中国版本图书馆 CIP 数据核字(2019)第 111965 号

责任编辑：王　斌
印　　刷：三河市双峰印刷装订有限公司
装　　订：三河市双峰印刷装订有限公司
出版发行：电子工业出版社
　　　　　北京市海淀区万寿路 173 信箱　邮编 100036
开　　本：720×1000　1/16　印张：19　字数：271 千字
版　　次：2015 年 3 月第 1 版
　　　　　2019 年 6 月第 2 版
印　　次：2019 年 6 月第 1 次印刷
定　　价：68.00 元

凡所购买电子工业出版社图书有缺损问题，请向购买书店调换。若书店售缺，请与本社发行部联系，联系及邮购电话：（010）88254888，88258888。

质量投诉请发邮件至 zlts@phei.com.cn，盗版侵权举报请发邮件至 dbqq@phei.com.cn。

本书咨询联系方式：（010）88254199，sjb@phei.com.cn。

再版序

第一次为《号召力》写序言已经是好几年前了，那个时候我还在想，中国的企业管理者是不是会对这本书感兴趣，书中的理念是不是真的能够被人们所接受和重视？因为它所倡导的和现在企业界实行的举措还是有很大差异的。

现在看来，当时的担心还是有些过于保守了。迄今为止，《号召力》已经加印 3 次了，我想这应该也是一个间接的证明，那就是我们的企业领导者对于实效和细节的追求是有深刻认知的。这很像高速驾驶汽车的人会把注意力集中在哪里这样的问题，他们更加关注大方向的稳定；对车况和道路出现异常的敏感；对突然变化的警觉。如果你高速驾驶汽车时关注的只是细节，诸如超车时的车距、眼前的路面等，就一定会头昏脑胀。带领团队和做组织管理则要求更高，既要让车高速行驶，还要能够察觉细节要素。于是问题就来了，鱼和熊掌可以兼得吗？

《号召力》这本书，在满足读者期待方面，其实是在实现这样的目标，而且作者用自己的专业和经验向所有的读者展现了这样的期望是可以实现的。当然，对于卓越的领导者，我们毫不怀疑他能做到，但是对其他人呢？那就必须营造系统和管理机制并依靠团队，这样才能产生号召力，用价值观和原则引导团队成员就不再是“无源之水、无本之木”了。

相对于其他的领导力书籍，《号召力》更加注重实际的操作，读者可以直接使用其中的一些工具。这一点比很多同类书籍更有针对性和实践意义。很多的书籍写出来很像商学院的教材，理论性较强，没那么接地气，所以书中的内容也逐渐变得没有用或者用途有限。生产运作（现场管理、质量、交货、质量控制、成本管理），项目管理所代表的思维方式和解决问题的能力等，往往是多数同类书的作者极其缺乏的，而企业管理一旦脱离这些东西，就只剩下理念了。没有这些能力就不会有问题解决能力，更无法驾驭和领导复杂局面。《号召力》一书是以这个为默认前提的，那就是领导者对业务层面的熟悉和深刻理解。有一些人在取得一点小成绩后，很容易陷入虚荣的社交浮华，开始仰慕社会上的名人并难以自拔，很多的企业管理者对名牌和新潮理念、文案策划甚至营销妙诀的重视远远超过对管理现场的关注，这就导致了他表面勤奋实则无效的结果。

作者塔莎·欧里希（Tasha Eurich）在这本书中的观点是非常具有项目管理思维和现场情景概念的，经验丰富和有过深度管理思考的人一定能够在字里行间感受到作者理念的先进性和可以落地的实操性。总结本书的核心思想可以用一个统一的句式表达出来，那就是“既……又……”：

既能人性化关爱员工，又能推动员工取得优异绩效；

既能帮助员工追求成功，又能使员工对绩效负责；

既真诚感激员工的付出，又能督促员工不断进步；

既倡导员工快乐工作，又力求员工绩效最大化。

本书的观点实际上是一种双赢的思维，说到底是一种人生观支配下的气度，在日常的生活和工作中表现出来就是体谅他人。那些不能了解对方的关切、理解对方的价值观和处境的人，就不能作出有效的妥协。

在我看来，双赢不只是意味着你愿意为所得而失去一点利益作为给对方的补偿。真正的双赢所包含的创造性经常可以使双方的所得同时得到放大。双赢说的不是分割利益的原则，否则很容易陷入零和博弈的陷阱。在企业的管理者和员工之间表面上存在着必然的阶层利益对立，但这个利益得益于双方的合作，合作又可以导致双方利益的净增长。所以，结论就是管理层和员工层只有注意到并协调一致才能创造最佳利益，彼此意识到对方利益的合理性，从心底里认为对方的利益满足是实现自我利益的条件才行。《号召力》的全部篇幅皆着力于此。

《号召力》一书，表面上看，作者是在陈述一些细节的场景案例，实际上，背后透露出的人文思想才是领导者需要用心体会的。当管理层和基层员工都能够意识到并采取行动——以通过帮助彼此的过程来实现各自的利益，以帮助对方解决问题而实现自己的目标的时候，才是组织领导者所追求的真正的双赢。在这个过程中，领导者的号召力是自然产生的，同时它的能量也将随着过程逐渐增长。

孙春岭

2019 年 4 月于北京

译者序

平衡团队幸福感和公司利益之间的矛盾一直是企业领导最关心的问题。当前中国企业学习与发展领域的集中关注点也真切地反映了这个现实。我们一方面倡导人本管理和教练技术，期望通过开启心智、帮助员工实现自我价值来提升组织绩效。另一方面我们也倡导绩效管理，在组织内部大力推行绩效考核制度，渴望通过对员工的严格要求来达成组织目标。实际上作者塔莎在本书中的观点和领导者号召力模型，恰恰与儒家文化中的管理思想不谋而合，那就是中庸之道——领导者的本质是理论角色的中庸。

面对员工，我们既要做朋友也要做专家。但太受人欢迎会带来风险，削弱我们做决策和解决问题的有效性。员工更希望上司是个值得他尊敬的人，不成熟的领导才特别看重自身的技术能力，其实员工更关注你是否支持他，是否能帮助他实现他的工作规划和目标。员工希望得到上司的赏识远胜过对上司的崇拜。

在大多数情况下，人们追随的不是某个计划，而是制订这个计划的人。究其根本：管理的工作是计划与预算、组织及配置人员、控制并解决问题，其目的是建立秩序；领导者的工作是确定方向、整合相关者、激励和鼓舞员工，其目的是产生变革。

实际工作中，我们在面临“管理”和“领导”时没有选择，必须做到“两手都要抓，两手都要硬”，在领导团队创造健康和谐的职场环境的同时，创造最优的组织绩效，保证公司的持续良好发展。

作为企业学习的教习者和引路人，我更加深切地体会到：一味地追求那些热闹的、不切实际的学习方法和理论，或迷信某些专家学者的做法，于“解决问题”无益。

十余年的企业管理与培训经历让我越来越坚定地知道，学习者最关心的是“如何行动”，这一点很有可能连他自己都不知道。正因如此，无论是《号召力》的作者，还是我这个译者，作为专注于企业学习与发展的专业人士，我们有责任更有义务帮助学习者寻找最佳的学习资源，把有价值的、适合本土实际情况的观念传达给更多的人。

我一直坚信：中国的领导者绝大部分都拥有足够的智慧、经验和能力。这些人在理论上是能够把组织中存在的问题解决的，但事实却是：问题层出不穷，组织中的管理者把时间花在争权夺利或避免任何使自己失去颜面的事情上。每个人都在佯装为团队的目标努力，维持一个组织团结和谐的形象。于是管理行为就体现在维护这个“虚假的团队形象”上：压制同侪的观点；保守的人回避发表意见；共同的决定实际上是彼此妥协的结果（不以组织利益最大化为基准），如果不能达成妥协，通常是相互责备和针锋相对地争辩，谁也不会把隐藏在分歧后面的基于个人或小集团利益的原因说出来，团队精神在这样的氛围中，不过是期望中的“理想情况”罢了。

当前大部分中国企业仍处于成长和发展的初期，企业领导和管理者大多根据经验和直觉去开展工作，急需专业的管理思想和正确的观念指导。这些恰恰是其自身不知道、朋友教不了、对手不会讲的。

我一直以来秉承的理念就是希望能给中国的企业领导群体提供从理念到实践都具有“切实”指导意义的学习资源（这一点在我的著作《10 天经理人》

中也多次提及）。也正是这个原因促使我下定决心要把塔莎的著作推介到中国。虽然世界范围内研究“领导艺术”的人士不在少数，但是能在观念上如此契合的毕竟不多，由此，称我们为“同志”似乎也不为过。

还有，令我把《号召力》欣然推荐给国内领导者的最重要因素，是书中提及的辩证的管理方法。同时被东方和西方都能够接受的观念必然具有普适价值。那些只适合特定人群的观念必然在实践中令实施者感到困惑和尴尬，这也恰是学习者容易“受伤”的关键，毕竟中国的企业管理尚未成熟，相当多的领导者尚在学习的路上。《号召力》恰恰是比较适合的，它帮助领导者把日常管理的很多困惑加以梳理和总结，并形成了一个知识体系——领导者号召力模型，该模型可以用如下 4 句话来提纲挈领。

- **怎样人性化对待员工同时能够促进绩效提高。**
- **怎样尽力帮助员工同时能够培养员工责任感。**
- **怎样真诚感谢员工同时能够促使员工进步。**
- **怎样用快乐感染员工同时能够推动效率提升。**

假如你对关注人与关注结果之间的平衡的认识还想做进一步的探讨，欢迎参加我们的课程，在课程中我会与大家探讨具体的实践方法和有本土特色的解决思路。

孙春岭

2015 年 1 月于北京

前　言

“他们怎么能这么看我呢？”托德·汉比利斯顿低声抱怨道，不时沮丧地摇摇头。

“那不是好消息，”我承认，“但那些问题是可以解决的。”

在位于公司总部一间处于拐角处的办公室里，托德和我正在打起精神查看我对他下属整个团队所有员工的调查结果。托德在一家油气公司担任高管，我们事先安排了这次长达 4 小时的面谈。我们都觉得，面谈一定要触及真正的问题。

托德所在公司的人力资源部主管及他的老板请我担任托德的教练。公司当时正在自上而下地进行一场大规模的改革，为求成功，各级领导者都得接受挑战，而托德随时准备在公司的未来发展中发挥骨干作用。他拥有超群的技能和丰富的经验，目前领导着公司最关键的部门，该部门每年的预算达到 2.4 亿美元。他在油气领域打拼了 30 年，干过的工种无所不包，从油田开发到油藏管理。他取得过卓越的业绩，而且创下过新的纪录。在以前的岗位上，他经营的油田开采工厂，每天开采的石油产量超过 2 万桶。但是，在成功领导的表面之下，隐藏着一些严重问题。最为突出的是，两位才华出众的工程师最近从托德领导的团队中辞职了。当然，差劲的领导是导致员工跳槽的首要原因，这已经不是什么新闻了，这两位工程师在和我面谈时也明确表示，托德的领导风格是他们决定离开的重要因素。

我在和托德的下属员工访谈时，大部分人一致觉得，托德是一位工作非常努力的专家型领导者，极为关注公司的发展。但几乎每个人都认为，他并没有从团队中获得最大的支持。此外，还有很多人怀疑他的动机。我曾不止一次听到下面这个令人不安的故事。托德的老板格伦准备去度假时，指示托德召集一次员工大会。托德一走进会议室，就俏皮地对大家说："现在，这里由我负责。我要坐在老板的椅子上。"原本他只想开个玩笑，没想到同事们却并不这么认为，他们觉得，这充分表明了他"一心想往上爬"的意图。

简单地讲，托德缺乏号召力。他越来越难以达到人们对他取得优异业绩的期望。为什么？他偶尔表现出来的行为，使别人不能信任他。大家对他形成的普遍印象是：他没有事先和大家沟通，在决策时专横独断，一个人说了算。托德的员工觉得他在进行微观管理，无论大小事都要插手干预。员工反映，托德每天晚上下班很晚，总要仔细地检查（或者重新做）员工已经完成的工作，并且，他几乎没有时间去度假。员工并没有把他的这种行为视为对他们的支持，反而觉得他不相信他们的能力。最惨的是，他们的辛勤劳动，很少得到托德的褒奖或表扬。

这正是我和托德面谈时向他抖出的猛料。过去的十多年，我曾和各级领导者合作过，包括一线管理人员和高级领导者，很多时候，我不得不向他们爆出类似这样的猛料。他们都拥有杰出的技术专长，是自己工作领域的专家，但听到我透露的这些信息，他们马上意识到，要成为一名优秀的领导者，还得掌握高超的人际关系技能，而这些技能，与他们已经拥有的技术专长完全不同。

更糟糕的是，许多新近获得晋升的领导者并没有接受过领导力培训。他们从一开始走上领导者岗位，就只有自己的一身技术本领，并且，他们错误地认为，优秀的领导者靠的是天赋。有位领导者私下向我透露："我搞不懂，为什么别人当领导如此轻松？是不是我的身上缺少领导者某方面的天赋？"

让我们看看你是不是对下面这些情形感到熟悉。

- 无论什么时候，只要我一走进房间，原本在热烈交谈的员工，忽然之间全都默不作声了。他们是不是在背后议论我？我是不是变成了类似电视剧《办公室故事》中迈克尔·斯科特那样的坏领导典型？
- 为什么我的员工总是要我"拨一下才动一下"，我让他们干什么，他们才干什么？为什么我要他们着手工作的时候，总得和他们进行多次交谈，才能让他们动起来？
- 当我做出了艰难的抉择或者让人们担负起责任时，为什么我会觉得这么不舒服？当我需要做"恶人"的时候，为什么那么难？
- 我的员工是不是变得洋洋自得？他们是不是对现状很满意？如果我表扬他们干得好，他们开始变得洋洋自得了，我该怎么做？
- 为什么我下属的员工总在下午 4 点就离开办公室了，留下我一个人做事？为什么他们在自己本来可以更高效的时候却如此懒惰，留下我一个人干到筋疲力尽？

这些问题，是领导者都曾感受过的一种紧张关系，也是一对根本的矛盾：到底是首先激发员工、关注人，还是首先让员工交出优异绩效、关注结果。

关注人 ⟷ 关注结果

一方面，你必须跟你的团队经常交流、赢得信任，激励他们取得优异绩效，从而和他们建立良好关系。另一方面，你又必须确保整个团队能够取得优异绩效并提高工作效率，以便取得出色的工作成果（托德一定是过度注重结果的人）。在人们看来，这两者之间似乎是相互排斥的。但是，"我可以激发下属员工在工作中表现卓越，我也可以成为他们的朋友。”有一种观念认为，领导者不可能同时做到上述两点。在商界，这种观念是对领导力最严重的误解。

如我们看到的那样，托德就成了这种理念的一个活生生的例子。不过，值得称赞的是，托德有风度地、谦虚地、怀着好奇心地接受了我那天给他提出的反馈意见。显然，对他来说，是时候改变了。托德也想营造一种适合长期留住员工的氛围，使员工在这种氛围下快乐工作、充满成就感、全身心地投入工作中，同时做出出色的业绩并且在工作中不断进步。

因此，我和托德马上行动，草拟了一个计划。首先，对自己的下属员工实话实说。他邀请每位员工吃饭，地点由员工选择。在这种一对一的交谈中，托德勇敢地向员工坦承了大家对他的看法，并且感谢员工对他提出了他们的中肯评价。然后，他解释了自己真实的想法：决心为员工，也为整个公司全力以赴地解决问题。他请求员工在他实现这些目标的时候提供支持，就像他对他们做的那样。托德指出，如果他的行为不当，员工可以打电话向他真诚地指出来。交谈结束时，托德对他们承诺，他会每个月都和他们这样单独交谈一次，以便他们可以获得定期的指导和反馈。在几周的时间里，托德和他的团队在很多方面都达成了一致，并且确定了他们的共同目标，那便是：共同努力，使人人都获得成功。

托德计划的第二部分是经常找机会表扬和感谢员工的勤奋工作。在托德执行他的指导计划时，公司正在制定年度预算。托德的团队在这一过程中发挥了重要作用，承担了这项极具挑战性的任务。在预算提交后，托德给每位下属员工寄送了一张亲笔书写的卡片，感谢他们所做的奉献。他说，这个简单的举动令他十分满足，也给员工带去了温暖。出乎他的意料，他寄出自己的卡片后，也收到了一位员工回寄给他的感谢卡。回寄卡片的员工是一个刚从大学毕业的工程师，对她来说，事业才刚刚起步。托德被这位工程师在卡片上袒露的心声真正感动了。

“非常感谢您的卡片和您对我的鼓励，那对我来说极其重要。我会继续努力工作、全心投入，希望我可以在油藏工程师的岗位上获得进一步的成长。感谢您对我的帮助及为我倾注的时间和精力！”

托德计划的第三部分是改变自己的沟通模式。在我为他提供指导之前，他每天参加完管理层会议后，便直接走到自己的办公室，给下属员工发送电子邮件，安排工作任务。这总是让他的员工们抱怨不已。他们经常想：“他现在想做什么？他究竟要我们做什么？”如今，托德通过四处走动来进行管理。托德开完管理层会后围着办公区域走一圈，跟每位下属打招呼，然后再走进自己的办公室。这样一来，他的员工不再搞不懂他在想什么，或者为什么他要他们做某些事情。有一个星期，托德每天都围着办公区域走三个整圈，直到午餐时分才回到自己的办公室里。

只用了短短 3 个月时间，托德便在管理岗位上来了个 180 度大转变。他将自己的团队从原来的仅仅维持运转，改造成一支业绩卓越的强大队伍。他确定了明确而清晰的高标准，团队也比以前更加高效地、更富合作精神地工作。如今，他的下属员工既信任他，也乐于奉献。托德的老板高兴极了。最后，托德终于能够开开心心地休一次长假了。

注重人的因素与注重结果的因素之间，往往存在着矛盾。跟托德一样，具有超强号召力的领导者设法掌控着这一普遍的矛盾。《号召力》这本书的重点是让读者能够同时做到这两点，这是一系列可以学会的行为。掌握这两者之间的平衡，便能打造一个成功的团队，增强你的自信和成就感，使你及你的公司取得巨大的成果。

长期以来，我一直坚持认为，领导力的提升并不十分复杂。如果你在亚马逊网站上搜索关于领导力的书，可以找到成百上千本，其中大多数仅仅阐述领导力的某个方面，给读者的感觉是，学会当领导者是一件十分复杂甚至不可能完成的任务。但是我相信，高效的领导其实很简单，不过，却不容易做到。通过几十年的研究，我们梳理并总结出了成为一位优秀领导者需要掌握的知识和技能。我们已经不再需要新的理论了，只是需要一个建立在现存的各种理论基础之上的、简单明了、可以直接操作的模型。

号召力超强的领导：把握 4 种基本矛盾

你也许已经知道如何制定预算、怎样洽谈业务，并且也看得懂财务报表了，但是，那能使你成为一名优秀的领导者吗？你可能是一位顶级的销售员，但你知道如何打造一个绩效优异的销售团队吗？怎样最有效地利用所有销售员的技能？怎样使你自己的工作产生成就感，而不是仅仅满足于完成销售份额？这些问题也许让你和许多领导者一样头疼不已，甚至感到一丝害怕。为什么？因为太多的组织花大量的时间和金钱对骨干进行技术培训，却基本上没有花时间教他们如何领导下属员工。你所在组织中的高级领导者也许跟你的感觉一样，对各种各样的领导任务感到不知所措，以为他们只要聘用了优秀的管理人员，所有员工便会神奇地照着来做。

鉴于领导力对组织的成功如此重要，上述方法只是一种十分被动的方法。你也许听说过，员工的工作积极性与公司的最终收益有着非常密切的联系。美国西尔斯公司曾开展过一项著名的研究，结果发现，员工工作积极性每提高 5%，客户的满意度将提高 1.3%，于是，公司的营业收入便提高 0.5%。在一家营业收入高达 5000 万美元的大型公司，提高 0.5%，意味着增加 25 万美元。那完全是质的变化！

那么，员工的积极性靠什么来推动呢？领导。在一项研究中，研究人员将一家位列《财富》500 强的商业银行的领导者分为 3 个小组：卓越领导者（排在最前的 10%）、普通领导者（居中的 80%）及差劲领导者（排在最后的 10%）。

当他们观察每位领导者所率团队的营业利润时发现，领导效能对利润产生了明显的影响。差劲领导者率领的团队，净亏损达到 120 万美元；而卓越领导者率领的团队，净收入总计达到 450 万美元。

从这个角度来观察，谁不想成为卓越的领导者呢。卓越领导者给所有的利益相关者——他们自己、他们的团队及他们工作的组织都带来成功。成功，无疑意味着为公司创造利润，但那并非成功的全部意义。我们都有自己的职业，并且收入颇丰，但我们有时会觉得自己的生活苦不堪言。我对成功的定义是这样的：在成就、幸福、健康、财富等各方面都胜过常人。领导者做到了吗？他们怎样才能变得具有超强的号召力？答案是：平衡好注重人的因素与注重结果的因素之间存在的 4 种矛盾。我根据它们绘制成了“号召力超强的领导模型”，见图 0-1。

号召力超强的领导模型

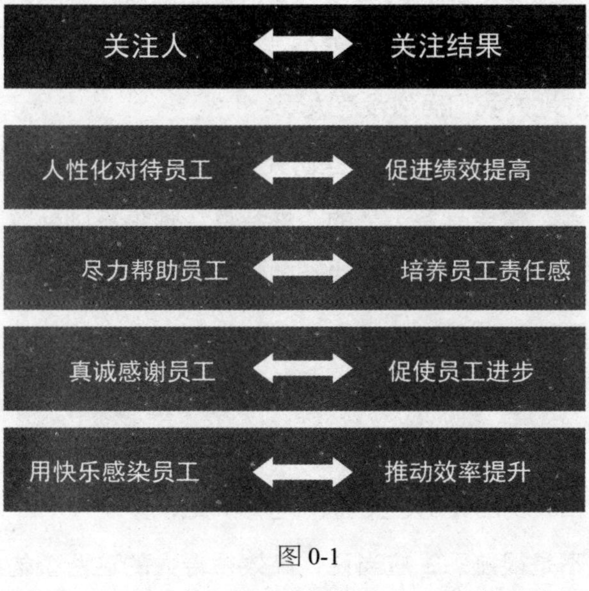

图 0-1

- **人性化对待员工与促进绩效提高**。具有超强号召力的领导者，能平衡好关心关爱员工、从人性化的角度理解员工与推动他们个人取得优异绩效之间的关系。

- **尽力帮助员工与培养员工责任感。**号召力超强的领导者尽力帮助员工追求成功，同时一定让员工对他们自己的工作绩效负责，而不是放弃职责或者寻找借口。
- **真诚感谢员工与促使员工进步。**号召力超强的领导者对下属员工所做的贡献表达感激之情，同时让员工形成不断追求进步的心态，使员工在工作中精益求精。
- **用快乐感染员工与推动效率提升。**号召力超强的领导者将快乐工作与确保每位员工最大限度做贡献结合起来。

追求人与结果之间的平衡，就是号召力超强的领导模型的核心。该模型不仅结合了当前对最佳领导方式的研究，并且基于一个 70 年前就业已形成的结果。就好比你在自己的屋里到处寻找电视机遥控器，最后突然发现它居然“静静地躺在”沙发垫下面那样，你四处寻找领导的秘诀，原来它早就在这里了，在最为显眼的地方我们居然没有发现。

1945 年，俄亥俄州立大学的一些研究人员打算推翻这样一种理念：成为一名优秀的领导者，需要具备天生的个性特点。他们将国际收割者公司的部门领导作为研究对象，结果发现，成功的领导者实际上与天生的个性并无关联。相反，它与两种行为有关。

首先，高效的领导者关注结果。高效领导者清晰地定义每位员工所发挥的作用，并且推动他们取得优异绩效，以实现他们的目标。其次，高效领导者对其团队的员工表现出关切、支持、同情和友好。

这听起来是不是很熟悉？应当说，高效领导力的这两个构成要素，直接反映到号召力超强的领导模型的人与结果的因素上。这一模型，将其核心概念首次放到聚光灯下进行细致的研究。

也许这项研究一个最有意思的发现是，关注结果和关注人这两个方面是相互独立的。也就是说，领导者可能在一个方面或者两个方面都做得很好，或者在两个方面都做得不好。但是，如我在本书中将发现的那样，具有超强号召力的领导者，能够同时做到这两个方面。

不久前，我在一次研讨会上向一群领导者介绍了“号召力超强的领导模型”（见图 0-1），快结束时，我问他们有什么想法。一位绅士举手说道：“这描述了我遇到过的最优秀的老板。”在那一刻我意识到，对我来说同样如此。尽管我面前站着的这一群经理也有着令人惊讶的表现，但我还是马上想到了席拉·古斯塔夫森。席拉是具有超强号召力的领导者的绝佳榜样，她关心员工，同时推动员工取得优异绩效，成功地管理好了 4 种矛盾。

- 虽然她说话柔声细语，但总是确定较高的绩效目标（**促进绩效提高**）。与此同时，我可以一直跟她讨论我面临的挑战和获得的支持（**人性化对待员工**）。
- 她为我提供指导，帮我确定清晰的目标，助我取得优异绩效（**尽力帮助员工**），但始终让我对自己的成功或失败切实负责（**培养员工责任感**）。
- 席拉经常对我的努力和成绩表达感谢（**真诚感谢员工**），总是促使我追求进步（**促使员工进步**）。
- 虽然席拉期望我们有效地干好工作（**推动效率提升**），但同时也经常找时间和员工一起庆祝，一起开心。我记得，我和我先生在一起时，最有趣的时刻就是把我和席拉及我们团队的事情讲给他听（**用快乐感染员工**）。

简单地讲，席拉·古斯塔夫森过去是、现在也是一位具有超强号召力的领导者。

席拉让我发现，即使模型中的各种行为乍看起来相互冲突，但最优秀的领导者往往能够把两者同时做到最好。大部分领导者要么倾向于关注人，要么倾向于关注结果。如果把这两者（关注人和关注结果）想象成一个频谱的两端，那么，要处在这两端之间我们觉得很舒服的位置，通常取决于一系列的因素，包括个性、组织的文化、教养及早年的榜样。对少数人而言，他们自然而然地处在中间那个位置，他们能够很好地平衡这两个极端之间的关系，既不过于偏向左边，也不过于偏向右边。

不过，其他很多领导者不是处在左边这个极端，就是处在右边那个极端。处在左边这个极端（倾向于关注人）的领导者，是那些被员工认为“慈父般的”领导者，他们不给员工设定界限、设置期望，也不做出艰难的决策。我曾与一位我遇到过的最和蔼的领导者共过事。她对自己的员工极为关心，甚至担心自己让他们心烦，因此，她根本不知道自己对员工的期望是什么。如果员工觉得她让他们感到痛苦了，她甚至会推翻自己的决定。但是，这种行为并没有给团队带来快乐，而是令团队员工备感失败、士气低落，并且对目标缺乏清晰的认识。虽然她怀着一片好意，但没有把事办好。

处在右边这个极端（倾向于关注结果）的领导者，是那些强调“这与人无关，这是工作”的领导者。他们过于积极地追求工作成果，以至于忽略了团队中人性化的一面，而员工要么在生理上（疲惫不堪、压力巨大、陷入病痛）感到痛苦，要么在心理上感到痛苦（担心、恐惧、妄想狂）。我也和一位这样的领导者合作过，他不停地推动着员工投入工作，很少因为团队的努力而表达感激之情，而是经常说一些类似这样的话：“下次还得更努力一些。”尽管他常常完成自己计划中的任务，但他的下属员工一个个士气低落、身心疲惫。他采用的方法并不是一种可持续的领导方法。几乎没人能够长时间在他手下工作，因此，他常常遇到人才流失的情况，他的下属也由于害怕他紧逼着他们投入工作，精神紧张而消耗了很多精力。

假如你意识到自己的领导方法存在这些问题，你可以学着改变。“号召力超强的领导模型”能帮助你在领导实践中形成自然趋势，积聚你的力量，以便构建密切的关系，达到预定的目标，既以人为本，注重关注人，又干出成绩，注重关注结果。

人人都可以学会怎样当高效领导者

推动员工表现更出色，是优秀领导者领导能力中不可或缺的一部分。如果你丝毫没有兴趣关注如何让自己变得更加高效，你一定不会买这本书来看。幸运的是，这里有一个好消息：研究人员越来越自信地认为，领导力很大程度上是可以学来的。新加坡国立大学商学院教授理查德·阿维指出，领导效能中的差异，70%是经验的结果。这是一个非常好的消息。它意味着，我们每个人都可以成为高效领导者，特别是如果他们愿意学习和借鉴有关领导力的研究成果及其他人的经验的话。

在本书中，你将听到各行各业及各个组织的领导者的真实故事，他们曾经实现了强有力的转型。我还会描述高效领导的核心做法。但是，我不会过多地阐述领导力概论或类似的陈词滥调。我相信，领导力是一门内容丰富的学问，你会看到我在本书中将数十年的研究成果以全新的方式综合起来，以利于你们学习最优秀的领导者如何履行领导职责。

这些故事和学问大有裨益，不仅如此，书中还有一些具体的建议，帮助你面对你每天都会遇到的挑战。对于我们讨论的每条理念，我都将提出明确的方法和工具，使你将来能够在各领域不断提高。每章的结尾将介绍一系列的“号召力”，当然，它以每章的内容为基础，并列举了改进那种特定领导行为的具体建议。在书的最后，你可以选择两种具体的行为进行实践，它们将在 3 个月的时间里提高你的领导效能。

我还鼓励你访问 BankableLeadership.com 这个网站，寻找更多的工具。在那里，你会发现大量可用的资源，还有一项基于网络的、有多位评分者参与的领导力效能评估。由于它有多位评分者的参与，因此，你可以将你的自我评估与别人对你的评估进行比较。因为你身边那些人对你的行为的感知，对你来说最为重要，所以，你可以将你的自我评估和他人对你的评估叠加起来。好比你在加入减肥计划之前必须称准自己的体重那样，你得观察自己的行为怎样叠加到模型中的行为之上。以这种方法，你可以将你的“改进能量”导入能够带来最大回报的行为之中。

我希望这本书能够成为你的领导力百科全书。一旦你遇到问题，可以翻到相应的章节，以帮助你做出最有价值的改进。简单地讲，这本书有助于你带领你的团队有保证地交出优异绩效。在这个过程中，你将从内心驱散对领导力效能的恐惧感和不确定性，取而代之的是实现高效领导力的高度自信。当你成功地平衡了关注人与关注结果时，你的下属团队及你本人，都将觉得越来越幸福，工作越来越有成效。

意大利文艺复兴时期著名的雕塑家、绘画家米开朗基罗曾这样评价他自己的艺术作品：“我在大理石里发现了天使，因此，我一直不停地雕塑着那块大理石，直到她获得自由。”毫无疑问，在你的内心，也存在着具有超强号召力的领导方法，好比那暂时被封存在大理石中的天使。那么，让我们开始雕塑吧，让天使飞出来吧！

目录

BANKABLE LEADERSHIP

第一部分

人性化对待员工和促进绩效提高

在第一次与帕蒂·盖奇交谈的时候，我要她用一句话来概括她所领导的团队的现状。她成功地做到了并且用了一句完美的隐喻。

她说："我的下属们，好比在同一个围栏里有太多来自不同动物园的动物。"她随即解释道："团队员工全都是优秀的人才，他们并没有弱肉强食的本性，因此，他们只是隐蔽在围栏的边缘，想方设法尽可能地保护着自己。"

帕蒂是一位聪明能干、备受尊敬的商业地产银行家。她一直在科罗拉多商业银行工作，负责管理这家银行的商业地产小组。银行业在大萧条之后面临艰难局面，帕蒂的任务是将银行的商业贷款部门变成一个庞大而且强势的部门。鉴于这家银行形成了非正式的和灵活的文化，所以，她的目标似乎难以实现。但是，她拥有庞大的客户网络，而且有着无比坚定的决心来促进绩效提高。这会有多难？她自己也没有把握。

为了将她的团队改造成理想的团队，帕蒂需要将那些在大型银行、私募公司及私营开发部门工作过的高级银行家们聚集起来。帕蒂心想，那真是太好了。但事实上，并没有她想象的那么好。那些银行家的工作方法迥异，因此，她的方法对于那些"保守派"来说，令人不安。有些人觉得他们将无法融入这个新的集体，因而跳槽离开了。另一些人开始表现出与别人冲突的迹象，与整个团队格格不入，最终造成了更多的人员流失。

帕蒂觉得自己一头撞到了结结实实的墙上。虽然团队里聚集了优秀的人才，但他们都不知道如何来合作。她知道她必须马上采取一些行动，使团队回到正轨。因此，她想到了打电话给我。

我一个接一个地和她的员工面谈。结果，员工们一再抱怨，他们不知道团队的总体目标是什么；他们怎样去实现那些野心勃勃的目标；他们是不是也要参与改革，改变自己的工作方法；这些改革，对他们的日常工作来说意味着什么。员工们提出了太多的问题，但很少有哪位领导者能回答得上来。员工还指出，帕蒂采用了严苛的管理方法，把工作日程排得满满当当，这就是她根本不关心员工的明证。当然，这并不符合事实。

当我给帕蒂展示我和她的团队员工面谈的内容时，帕蒂盯着我，脸上露出一副惊呆了的神情。然后，她咧嘴一笑，开玩笑说："什么？你的意思是，并非所有员工都能读懂我的心思，他们只是在机械地按照我的方法做事？"我们两人都笑起来了。

我们立即明白了问题应该如何解决。帕蒂属下的团队，是由一群相对陌生的人组成的，相互之间并不十分了解，也没有联系过。领导者同样如此。因此，帕蒂得采取第一步行动——静修活动。团队中大多数人都是性格内向的人，包括帕蒂本人也不例外。我经常开玩笑说，他们的工作区域静得连一根针掉在地上都可以听得到。事实确实如此。帕蒂听不到任何同事之间偶尔闲聊。

但在我们举行的静修活动上，帕蒂团队的气氛来了一次爆发。帕蒂率先说道："你们艰难地熬过了萧条期，你们都知道，我们的团队在银行的声誉并不是特别好。最主要的是，我希望你们成为银行里最好的资产，成为银行的骄傲！你们每个人都是这个团队的关键一员，没有你们，我的工作无从开展。"团队里的员工热切地点头称是，看起来很有希望提升团队的凝聚力。

那只是开始。那天晚些时候，帕蒂又一次令员工感到惊奇。为了帮助员工相互之间更加了解，我们为他们安排了一个活动——举办一次个性评估。我们把第一次交谈时帕蒂提出的隐喻带到这个活动中来，让帕蒂购买了一些小小的填充动物玩具，狮子狗、熊和长颈鹿，分别代表某种类型的个性。她尽职尽责地给每位员工分发充气玩具，人手一个，并解释了她为什么为他们选择那些动物。这一次，也可能是这个团队组建以来的第一次，所有的员工都真诚地大笑起来。而帕蒂则用胶水来比喻自己在团队中的作用，也就是说，她需要她的团队成员互相紧紧地黏在一起，并且与她本人也黏在一起。

团队第一次在欢乐的气氛中结束了一天的工作。在这一瞬间，包括帕蒂在内，似乎每个人都觉得更舒心了。在接下来的几周里，那种关系仍然在不断发展，团队中的员工互相帮助，勇敢地面对产生的问题和冲突。

通过简单而有效的方法改变员工的行为，帕蒂使她下属的团队高效运转起来。接下来的几个月里，一切都开始好转。我们此前看到的“单打独斗”的方法，已经被真诚的合作所取代。例如，银行家信任他们的管理人员，并且愿意让管理人员帮助梳理所有的业务。这提高了银行家的工作效率，使管理人员更明确自己的目标。过去感到被银行家们威胁的管理人员，如今不再对银行家心存畏惧，即使双方出现了问题，也可以从容地解决。团队中洋溢着新的同事之爱，并且每个月聚会一次，来表彰团队取得的成就。

如果关注结果的话，可以看到团队正在变得卓越。上一年，他们的债券分级标准，得到的评估结果是“有待改进”，经过这次静修活动，这项评估的结果突飞猛进，并且紧随其后的两项评估的结果均为“令人满意”。同时，第二项评估还获得了审核人员的积极评价，这是极不寻常的。如今，帕蒂的团队在贷款承保的管理方面表现出色，在银行中享有最好的声誉。帕蒂在静修活动期间提出的愿景已经实现。

如帕蒂了解的那样，具有超强号召力的领导者，将“人性化地对待团队员工”与“推动员工创造一流绩效”结合起来。她成了一位难得的领导者，能够自然地同时做到这两方面，不需要进行谨慎的考虑或参加能力提升训练。我经常遇到一些领导者这样说："我不想听员工抱怨，我只想他们干工作。"他们有时候也会说："我只想他们快乐工作！我不希望下属们觉得我是一个暴君。"如果把这两类领导者看作一个频谱的两个极端，那么，这个频谱看起来是这样的：

人性化对待员工 ↔ 促进绩效提高

好好先生 ↔ 暴君

左边是"好好先生"。这样的领导者过于注重员工的幸福感，因此不会直截了当地说出自己的要求，而是告诉员工，他所想的，就是他们希望听的。"好好先生"的标志就是平庸。《办公室故事》中的迈克尔·斯科特是个绝好的例子。他的咖啡杯上清晰地印有"世界上最好的老板"字样，他感兴趣的是自己受到员工的喜爱，却不去推动团队追求卓越的绩效。

右边是"暴君"，这种领导者不计一切代价地注重工作绩效。他们往往创造了良好的业绩；不过，研究人员告诉我们，这类领导者的领导方式不可持续，并且将会付出代价。比如，如果你只想让下属们每天工作 12 小时，刚开始的时候，他们也许能够完成大量的工作。但过了半年之后，便纷纷离开你了、累得趴下，或者开始怨恨你。电影《上班一条虫》很好地展示了当经理只关注结果时会发生什么情况。在影片中，主人公开始盗用公司的资金，而饱受上司蹂躏的米尔顿则纵火烧毁了公司大楼。大多数时候，员工的怨恨比这部电影中所表现的微妙和含蓄得多，但你得知道，在员工心里，他们恨不得把你杀了。

想一想，如果为这两种类型的领导者工作是什么感觉。在短时间内，无论为哪种领导者工作，你都会觉得还不错，但其中的原因各不相同。和"好好先生"型的领导交谈可能很有意思，他们表现得很关心你，事事都给予人性化的关怀。但是，当艰难的对话开始时，他的表现开始变得奇怪。他不会给你提出反馈，而是顾左右而言其他，让你搞不清楚自己该如何改变。另外，在改革的过程中，你也许注意到了，这类领导者对不同的人说不同的话，而种种混乱过后，必定是更为严重的混淆。

"暴君"型的领导者也许在几个月的时间里为公司创造一流的业绩，并且会让你觉得这种成就很值得。但是，随着时间的推移，你会怀疑他们到底是把你当作一个人来看待，还是只赏识你的工作成果。你老是得不到表扬，这会让你开始心生怨恨，你甚至很想只马马虎虎地完成任务，不再多做其他任何事。当你发现了其他就业机会时，你会设法争取，渴望在新的工作岗位上遇到一位关心你的领导。

我此前提到过，你也许倾向于这两个极端中的某一个，但是，号召力超强的领导者得同时做到这两个方面，并且都要做得很好。例如，要让员工取得卓越的绩效，还必须人性化地跟他们交流。人才管理咨询公司美国智睿咨询公司在一项调查中发现，超过 2/3 的员工反映，当经理支持他们、倾听他们的想法时，他们会在工作中付出更大的努力。领导者在和员工交心、谈心时，还得给他们一些理由，让他们觉得必须尽最大努力去追求卓越绩效。

虽然"好好先生型"和"暴君型"领导者表现出来的行为可能截然相反，但他们只是同一个硬币的两个面而已。和帕蒂一样，你应该拿出你的"十八般武艺"，成为一位注重结果的领导者，同时也要与员工交心、谈心，帮助他们相互之间进行沟通协调。如果你曾为这样的老板工作过，你可能既在工作中表现卓越，同时又对工作感到极为满足。

比尔·丹尼尔斯就是这样一位具有超强号召力的领导者，他被美国人尊为"有线电视之父"，于 1952 年创办了社区的有线电视系统，让电视信号可以传播到偏远的怀俄明州农村地区。以前，在那些山区，电视信号的接收常常被层层山峦所阻隔。1958 年，丹尼尔斯创办了丹尼尔斯协会，这是一家经营有线电视业务的公司和投资银行。他在这一行业打拼了近半个世纪后，进入了科罗拉多州商界名人堂，而丹尼尔斯协会在他的经营下也大获成功——在其成立的头10年里，挣得超过1亿美元的收入。

丹尼尔斯人性化地对待员工，同时也不留情面地推动他们取得优异的绩效。《洛基山新闻》曾发表过一篇文章来描述丹尼尔斯在追求业绩成果方面的表现，认为他“完全的严格要求，绝对的精益求精”。丹佛的办公楼大厅的墙上刻有一句座右铭：“对我来说，最好也只是足够好。”丹尼尔斯的传记《无情》，有一段这样的描述：

> 比尔常常对公司的办公场所搞突击检查，员工对他这个特点已经无人不知、无人不晓，但是当他突然出现在员工面前时，仍然会引起一片慌乱。在加利福尼亚的有线电视网络公司，比尔的一位同事仍记得他突然造访的那一天的情形。当时，员工们突然想起，金鱼池里的海藻长得太多了，于是，在他即将抵达的最后20分钟里，员工们捞起了鱼，放空鱼池的水，拆走了鱼池，并从其他办公室里拿来一盆植物，放在那个水泥台子上。但是，尽管大家如此卖力地遮掩，依然从比尔那里收到了一封措辞严厉的信。信中说道：“你们会觉得，这个公司是工作起来最舒心的公司之一，我可以容忍很多错误，我本人也犯过很多错误，但我绝不会容忍工作场所凌乱不堪、杂乱无章、乱七八糟。”比尔在信中开玩笑似的写道：“好消息是，我大约每隔 5 年才写一封这样的信。坏消息是，你们绝不会知道我什么时候再次到你们这里来突击检查。”

只看这个故事，你们也许认为，比尔·丹尼尔斯就是一个典型的“暴君型”领导者，总是牺牲人的价值去追求“最佳绩效”。但事实并非如此，他的同情心和人道主义，甚至比他“追求最佳绩效”的性格特点更加广为人知。

正如比尔对《洛基山新闻》所说的那样："如果员工觉得他们是公司的一部分，觉得他们与自己的行动密不可分、息息相关，你不觉得他们的工作效率会更高吗？企业的关键是人。公司是由人组成的。"

比尔·丹尼尔斯的下属对公司的忠诚远近闻名，员工通常在他手下一干就是几十年。约翰·塞曼就是那样一位下属，他在1965年时就加盟丹尼尔斯协会，在比尔手下工作了近20年。《无情》引述塞曼的话说："在我看来，很少有人比比尔更优秀。他就是一个令人感到非常温暖、舍得为下属付出的人。"比尔·丹尼尔斯欣赏和理解下属们的基本人性，他曾说道：

> 人们在工作中付出了努力，并不只是想得到一份薪水。他们想知道你关心他们，希望你倾听他们的想法、对他们的建议持开明态度，并且给他们提供良好的工作环境。在职场中，有一个常见误区，员工总是觉得必须取悦自己的老板，老板高兴了，员工的日子才好过。但事实是，只有公司能够越来越兴旺发达，员工的日子才会过得滋润。

在公司面临困难的时候，比尔坚定地和下属站在一起，不讲任何条件。有一次，他的营销和设计总监杰瑞·马利奥陷入一场离婚纠纷。比尔经常和杰瑞联系，让杰瑞非常感激，因为有人对他的个人生活格外关心，尤其这个人是他的老板。一天，比尔问杰瑞，离婚官司让他在财务上损失了多少。杰瑞说："我现在大约还有48美元。但没关系。"

当天，当杰瑞吃完午饭回到办公室时，发现办公桌上有一张便条。便条上写着："鞋子（比尔对他的昵称），我不太确定你说的只剩48美元到底是不是在开玩笑。如果不是，这张支票应当对你有所帮助。只要让我知道你为我做了些什么就行。拿去吧。比尔。"便条下附着一张空白支票，是从比尔的个人账户中支出的。杰瑞对老板的这一举动感动不已，紧紧抓着那张便条，眼泪夺眶而出。当然，他的反应和这些钱没有关系，他甚至都没去把支票变现。

杰瑞在跟我讲这个故事时，感慨地说道："他总是为我们着想。始终如此。当你认真去想这些事时，你真的会为那个人上刀山、下火海。"除此之外，比尔·丹尼尔斯还对普通民众怀有深厚感情。他是那个时代最为慷慨的慈善家，一生中曾为崇高的慈善事业捐赠了数千万美元（常常不留名），他还用自己的资产创办了一个价值10亿美元的基金会，专门为他热情支持的"人民的事业"提供资助，如防止老龄化、反酒精和药物滥用、支持残疾人、支持教育事业、支持伦理建设、帮助无家可归者、支持青少年成长，等等。

比尔·丹尼尔斯和帕蒂·盖奇都学会了怎样平衡"人性化对待员工"与"促进绩效提高"这对矛盾。在你的团队中，你需要知道什么时候开始同时做到这两个方面，这对矛盾中的两个方面是相互依存的，而且，人性化对待员工所产生的效应，将是指数级提高的。你和员工之间的互动将变得容易起来，你会感到跟他们的关系更加紧密了。

打个比方，你公司里有一位名叫阿莱克斯的会计，但如果你不是只把她当作会计来看，你会加深对阿莱克斯这个人的认识。她是一位育有两个孩子的母亲，梦想着有一天能够当上经理，并且总想到印度去旅行。由于你深入了解了员工，员工也将更加努力地为你工作。这种成功，使人感到更加甜蜜，因为大家在相互沟通、相互尊重。有了这种尊重，使你在必要时更容易推动团队去追求优异绩效。有了这种尊重，员工接到你分配的任务后，不会翻白眼，而是马上行动起来。

在这个部分，我将为你介绍 4 种工具，帮助你平衡人性化与绩效之间的矛盾。在第 1 章，我们介绍信任的重要性及其效果，然后提供一些在团队中赢得信任的简单而实用的方法。在第 2 章，我们讨论使信息和目的保持公开透明的重要性，并且告诉你如何在实践中做到这一点。在第 3 章，我们将概括清晰的期望值的重要性，并且为你介绍分几个步骤的流程来提出明确的期望。最后，我将在第 4 章探讨同情，分析它为什么如此重要，以及如何表现同情心。

如我们将探讨的那样，即使你不能为员工开一张空白支票，或者无力为他们创建一个价值 10 亿美元的基金会，但你绝对可以学习比尔·丹尼尔斯向他的下属所展现出来的对员工的人性化，以及对工作的高要求。

第 1 章
信任与被信任

我的心快要从胸膛里跳出来了。真的这样了吗？

在一间没有窗户的会议室里，我坐在巴里和吉姆两人的对面，这两人都是一家小型高科技公司的副总裁。大家都没开口说话，这种尴尬的沉默持续了很长时间，我也一直在等待着有人开口说话。结果，吉姆开口了：“这么说，这个场面就像我们俩的婚姻咨询环节吗？”

我叹了口气。这次面谈，必定会进行得异常艰难。

半年前，巴里的公司兼并了一家小型公司，而吉姆则在被兼并的公司中工作，由于一项专利技术的缘故，他留在了这家公司的财务部门。我受他们母公司的聘请，召集这个刚刚整合的团队就战略问题开展座谈，确定他们共同的愿景，并推动实现卓越的绩效。

事情开始变得有希望了。巴里和吉姆都知道，他们必须密切协作，关于这一点，他们的上司（主管财务的高级副总裁）已经跟他们强调过多次了。这是一次大规模的改革，能否成功，取决于他们两人及其团队能不能融洽地合作。而有效合作的关键是相互信任。

幸运的是，吉姆和巴里似乎乐于迎接这样的挑战。他们俩已经相识多年，并且对即将一起共事感到异常兴奋。在战略座谈会上，两人紧挨着坐在一起，每次我瞟到他们的时候，他们就像学校的孩子般，正窃窃私语。我记得，当时看到这一情形，我心里想，他们两人的合作，一定会大获成功。

但就在战略会议举行后不久，主管财务的高级副总裁做了一个唐突的决定：重组这个分公司，并将吉姆团队里的人划了一些归巴里管理。吉姆以为高级副总裁事先和巴里商量过，其实他并没有。巴里觉得有些措手不及，因为他没有任何心理准备。除此之外，高级副总裁并没有确定明确的改革方向，也没有就如何执行这一改革制定清晰的目标，更没有想好其中的细节。

很快，我就听说了巴里和吉姆之间出现了激烈的冲突。我猜想那只是谣传，不可能有那么糟糕。

遗憾的是，情况真的有那么糟糕。两人下属的团队几乎完全融不到一起，有的相互指责，有的四处传谣，有的担惊受怕。巴里怀疑吉姆所做的每一件事背后都有不可告人的目的，而吉姆也同样不信任巴里。甚至更糟的是，他们下属的团队也和他们一样，一点也不喜欢对方。

此外，两个团队及这两位领导者开始严重怀疑对方团队的能力。我和经常与这两个团队打交道的其他员工交谈时，他们抱怨说，这两个部门的服务质量都在下降，工作效率低下。

那时，电子邮件成了巴里和吉姆相互沟通的唯一方式。由于这种沟通媒介固有的模棱两可和非人性化的特点，这种沟通的结果使得两人的关系不但没有好转，反而越来越紧张。和两个团队打交道的员工搞不清楚巴里和吉姆团队具体是做什么的，通常会把他们的问题给两个人同时发邮件。结果，两人各自把自己的想法回复了过去，通常两人回复的观点截然相反。这使得发邮件的员工摸不着头脑了，也使得两人之间原本就所剩无几的信任，进一步消失于无形。

过了几个星期，巴里和吉姆不再通过电子邮件沟通了。我对自己说，别担心，他们并不会一直这样对抗的，还没有到不可收拾的地步。我个人的任务是想办法帮助他们重新建立已经失去的信任，如果这并不是稍稍有点理想主义的话。

两个人都喜欢和我谈，但不太喜欢和对方谈。我想办法缓和他们的紧张气氛，说："那次的战略会议开得怎么样？你们两人之间原本很融洽，不是吗？"两个人几乎异口同声、一字一顿地回答："从那时起，情况就彻底变了。"虽然两人都知道当前的情况糟透了，但都有不同的理由坚持自己的立场。吉姆担心巴里不会对他的善意予以回报。巴里则讽刺地说，事情绝不会有什么变化。我和他们举行过不止一次面谈，以说服他们重新建立相互信任，我说，只有相互信任才符合他们的最大利益。

在吉姆说出"婚姻咨询"的俏皮话的那次面谈之后，我们又举行了一次面谈。这一次，巴里终于首先开口打破了沉默。他告诉吉姆："我儿子对我说，昨天晚上他和你儿子玩得真开心。"

吉姆的脸上有了笑容。"没错！我儿子只跟我讲了你儿子的名字，没有告诉我他姓什么，所以，我还不知道他就是你的儿子！"原来，他们两人的儿子在同一所学校读书，而且是同班同学。突然之间，两人不再相互敌对，而是成为两个在谈论着孩子的父亲。我注意到了这种转变，开始慢慢地引导他们谈到工作。

我们花时间对比了一下吉姆和巴里对事情的看法，以辨别他们在什么方面一致、什么方面不一致，以及为什么他们要那么做。他们彼此说出了对对方的看法，并且提了一些问题。以前他们觉得对方有着邪恶动机的事情，以及觉得对方能力无法胜任的事情，原来是环境压力使然。一旦我们把这些摆到桌面上来，我发现他们两人都意识到了自己的问题，说："哦！那太有道理了。"

面谈结束后，吉姆和巴里两人都同意我的提议：每个工作日打电话联系一次，每周面谈一次。**他们发誓要保持好奇心，不去假设对方怀有不良动机，并且作出支持对方取得成功的决策。**但是，那次面谈之后，并非一切问题都迎刃而解了，两人不好意思地承认，在大约 3 周的时间里，两人还是习惯于以前互不信任的模式，于是，在遇到某个特定的事件后，我们 3 个人又举行了一次面谈。

虽然巴里和吉姆之间的信任并没有立即恢复到以前的样子，但他们之间确实发生了深刻的改变。他们开始在充分考虑对方的立场之后再做决策。遇到令人头疼的局面，他们保持交流，商量着怎么办。两个人还一起走进他们团队的工作区，有说有笑，这在刚开始时让员工们大感疑惑。突然之间，两人下属的团队形势扭转过来了，他们更容易作为一个团队来运营了。巴里、吉姆及他们各自的团队，开始共同面对外部的各种挑战，而不是相互敌对。

最近，巴里告诉我，他注意到他下属的两位主管之间出现了微小的摩擦。他立刻行动起来，召集他们面谈。他问道："你们两个家伙是怎样相互联系的？"

两人承认："电子邮件。"

"让我来说说这件事，根据我个人的经验，"巴里说道，"借助电子邮件，几乎不可能就一些至关重要的问题进行良好沟通。"接下来，他采用了我对他和吉姆所采用的方法。可以确定的是，他已经开始学习我的方法，这表明，我的方法产生了涟漪效应。

想想生活中你完全信任的某个人。花几分钟时间思考一下你信任他的原因。你看到他的哪些行为，让你确信他是在为了你的最大利益而行事？他们做了些什么，让你信任他们？可能他们做到了为你保守秘密、在你听不进去的时候苦苦谏言、保持言行一致，严格遵守自己的原则来行事，等等。

我对信任的定义是，我可以向你展示真实的自我，并且知道你不会利用我。虽然我们大多数人知道信任是什么，但在很多组织中，信任并不十分常见。有时候，我们很容易一眼看出人与人之间并不存在信任，在那种情况下，信任的对立面，也就是恐惧情绪，十分流行。

- 相互指责。员工表现出强烈的“领地意识”，领导者最终为平息团队之间的争吵而担负裁判的角色。
- 浪费精力。员工由于担心或为了使他们自己看起来比同事更好，把自己的精力消耗殆尽。
- 担心说真话的后果。员工不会坦诚地分享他们的想法，对当权者不说真话。
- 谣言。用阴谋论来解释领导者采取的行动。

不过，当员工的恐惧情绪消散、相互之间树立了信任时，员工觉得受到了重视，愿意比平时做得更多。员工不会浪费他们的精力来担心或害怕，所以，他们比以前更快乐，并且可以将更多的精力投入工作中。

加拿大西蒙弗雷泽大学的助理教授库特·德克斯曾对全美大学体育协会中的信任进行过研究，他观察了 30 支男子球队中的队员与教练之间的信任情况。德克斯首先在球队的会议日程开始之前测量了球员对教练的信任，然后记录了每支队伍赢得比赛的次数，以此作为衡量球队成绩的指标。即使德克斯从统计学的角度消除了另一些影响比赛成绩的因素，如教练员的经验、球队的人才等，但他依然发现，队员对教练的信任在赢得比赛的原因中占 7%的分量。信任水平最高的两支队伍，都取得了优异的成绩。其中一支在全美大学体育协会锦标赛中排名全国第一，而另一支则在竞争全国联赛冠军。信任水平最低的球队，只赢得了 10%的比赛，而且教练在赛季结束之时被球队解雇了。巧合吗？我认为不是。

能力与动机

最佳的教练员及领导者如何帮助他们的团队取得胜利呢？他们要建立两种类型的信任：基于能力的信任和基于动机的信任。当你赢得团队员工基于能力的信任时，他们会认为你能干而可靠，这是打造超强号召力的第一步。赢得基于能力的信任，意味着你的团队相信你正在做的事情。

当你赢得基于动机的信任时，人们相信你有着积极的意图，干什么事情的出发点都是好的。有了这种信任，你的团队将支持你的愿景，因为他们相信，你所做的一切，其实是从他们的最大利益的角度来思考的。他们将跟随你到世界的尽头，并且对你提出适度的建议，以便提醒你。让我们假设你当前必须砍掉 10%的预算，如果你赢得了团队员工的基于动机的信任，员工更有可能接受这一行为，而不是把它解释为你的恶意。

基于能力的信任和基于动机的信任，都要用多年的时间才能慢慢建立，但有可能在朝夕之间就彻底毁灭。赢得这两种信任，并不需要什么高深的知识，但它需要采取一系列连贯的、有时甚至是违反直觉的行为。马特·特怀曼是伦敦大学心理学系的一位研究人员，他的团队第一次将信任划分为这两种类型。他们以大学生为样本设计了一个实验，来了解当人们听到别人提出一些风险很高的活动时，会不会信任对方，那些活动包括悬挂式滑翔运动或者在矿山工作。马特的团队发现，学生信任这类提建议的人：他以前提过的建议十分准确，以及他与他们有着共同的价值观（如对待环境的责任、政治上的活跃分子，以及美德），同时，在较低的程度上，也信任有着某些身体特征的人。在这里，第一个要素，即以前提过的建议的准确性，涉及能力。第二个要素，共同的价值观，与建议者的动机有关（第三个要素与我们的探讨关系不太大）。

把基于能力的和基于动机的信任想象成你身体上两个不可或缺的器官，比如你的心脏和肺。它们都是必不可少的，但仅靠它们中的某一个，你不可能生存下去。同样的道理，作为领导者，你必须赢得团队成员对你的两种信任。接下来让我们学习怎样做。

建立基于能力的信任

赢得信任的最基本条件是能力。如果你的团队成员相信你知道自己正在做什么，便会信任你。如今的领导者，可能会管理他们以前从未工作过的部门。比如，财务总监可能有过会计工作的背景，但他除了负责管理会计，还要管理金融、房地产和人力资源等。不论你的职务是什么，必须让你的团队相信你具备那个岗位所需的必备技能。这并不意味着财务总监得完成人力资源的轮训，而是意味着，他需要表现出对每个部门工作的理解（并且承认他自己不懂的东西，我们马上就会探讨这个话题）。

你的团队成员对你基于能力的信任，将促使他们以更高的水平投入工作。马萨诸塞州大学达特茅斯分校的萨蒂亚纳拉亚纳·帕拉坦及俄克拉荷马州立大学的罗伯特·杜利二人，对美国 109 家医院的高级管理团队进行了调查，包括医院管理人员和医生行政事务负责人（这两个人群的合作并不算太好，这是众所周知的事）。他们发现，当团队中存在基于能力的信任时，团队能够做出更优秀的战略决策。

让我们来看一个现实生活中的例子。1997 年，安德鲁·罗伯担任可口可乐公司人力资源规划主管还没满一个月，就接手了一项任务：将人力资源管理人员介绍给该公司在世界各地分公司的领导者。他刚刚着手举办见面会时就发现，与会者的表情似乎在暗示，他们预料这是一场“常规的”人力资源演示。

安德鲁决定采用一种出乎人们意料的方法来演讲。他没有一开始就讲人力资源，而是花了 45 分钟时间深入分析公司的市值。他回顾了公司的有形资产（包括工厂、设备、存货、办公楼等）及无形资产（商标和商誉）的估价，然后将它们累加起来，并且指出了公司的市值与总资产之间的差额。这一差额高达 700 亿美元。他说道："这 700 亿美元的差额，就是我们的客户合约、我们的流程及我们员工拥有的知识、技能和绩效的总和。让我们假设员工在其中占有 200 亿~300 亿美元的份额，那对我们的市值十分重要，对吗？这也许值得我们花一些时间来好好规划吧！"

领导者们点头称是。

"好的，"安德鲁说，"现在，让我们来谈一谈人力资源规划的问题。"

安德鲁破解了能力的密码。他迅速向企业领导者表明，他理解他们的目标，并且知道对他们来说重要的事情是什么。他可以帮助他们。

你可以采用两种方式来照着安德鲁的方法去做，现在，让我们来研究这两种方式及怎样在团队中建立基于能力的信任。

评估和发展你的知识、技能与能力

正如安德鲁所做的那样，具有超强号召力的领导者必须辨别他们需要精通哪些领域。一般而言，那意味着如何用学科语言来跟下属或同事交流。目的是表明你知道你正在探讨什么，因而也知道他们正在谈论什么。我曾和一位成功的高管共事 5 年，她在这方面做得格外出色。她领导着一个技术性很强的部门，并且对自己的业务十分精通。随着我对她的教育背景的了解，我感到震惊，她原来学的是政治学。

怎样最好地提升你的能力？首先，尽量参加各类行业会议，并时刻关注行业的最新动态。如果你没有导师，想办法找一个。你也许还想设计一个监测体系，来监测自己在一些关键的个人指标上取得的进展。这不需要进行复杂的训练，那些指标也不一定要量化。只要挑选你希望始终追踪的 4 ~ 5 个指标就可以了，然后每月回顾它们。

坚持下去

要赢得基于能力的信任，还要长年坚持兑现自己许下的承诺。如果人们觉得你不是那种能够兑现自己诺言的人，就会觉得你没有能力。许多没能坚持到底兑现承诺的领导者，本意原本也许是好的，只是有时候，我们自己并没有意识到自己做出了承诺。比如，有一次，我正收拾东西，准备出一趟公差。我对老公抱怨说，院子里的落叶太多了，显得十分凌乱。他点了点头，说了句："嗯，是的。是需要扫一扫了。"一周之后我回到家，发现那些落叶仍然散落在院子里。我问老公时，他古怪地望着我说："我从来没说我要去扫啊！我只是说，需要扫一扫了！"

这里并不存在谁对谁错。我把我老公的评论解读为承诺，因此，当他没有兑现这一承诺时，我备感失望（别担心，我们的婚姻生活非常美满，这只是其中的一个小插曲而已）。但是，只要有一项自己曾许诺的事情没有做到，可能就会侵蚀别人对你的信任。

领导者没能坚持下去的另一个原因是过度承诺。以一位名叫格雷格·赫尔的医生为例，他是新罕布什尔州一家医院的放射室主任，刚刚被任命为一项新并购业务的负责人。

在并购完成后不久，格雷格到实地考察了一次，对自己的新团队作了讲话。有位超声波检查医师带着他来到她负责的 B 超室，告诉他说，那里的门挡坏了。对那位检查医师来讲，那并不是一个小问题，她每次经过的时候，必须用手撑着门，或者使门始终保持开着的状态。格雷格心想，不就是坏了一个门挡嘛，应该很容易解决，于是信心满满地承诺说："嗯，好的。我一定派人修好它！"

但是，格雷格回去之后，由于其他事务占据了他的时间，他把这事给忘了。一个月过去了，他还是没有记起修门挡的事。

接下来的那个月，医院的高管团队聘请我，目的是确保并购过程顺利进行。在我和格雷格的团队员工逐一访谈时，我听到了员工对门挡那件事的抱怨。因此，我在向高管团队递交报告时，把格雷格拉到一旁说："如果你在接下来的 24 小时内必须要做点什么的话，赶紧把那个门挡给换掉吧。"格雷格本以为这只是一个微小的疏忽，没想到已成为他下属团队面临的一个对他信任与否的大问题。他作出了承诺，但没能兑现。

格雷格立即来到医院，请修理工前来更换门挡。他自己也开车来到放射室。虽然这花了他 20 分钟的时间，但他的团队一下子欢欣鼓舞起来。格雷格继续作出其他提高号召力的改进，使大部分员工吃惊不已。我们随后会在这本书中回顾他的做法，到如今，他下属的团队依然拿门挡那件事（亲切地）跟他开玩笑。

我发现，说到履行承诺，有两种方法最为管用。

其一，密切地关注你作出的承诺。不论哪种方法最适合你（记日志、写便利贴或者采用老式的做法如写在纸上），每次你对别人作出了承诺，便记下来，同时还记下你承诺的时间期限。如果没有真正履行完毕，不要删除。如果你不能按时履行某个承诺，尽快让对方知道，并向对方道歉，重新协商履行承诺的时间期限。

其二，少作承诺。想一想，有多少次，你做出的承诺，只是为了让别人高兴呢？因此，除非你相信你能做到而且应当做到，否则，不要轻易承诺你会做某件事。有些事情，有礼貌地拒绝别人，胜过起初答应下来，而后却无法坚持做下去让别人失望。在拒绝别人时，你可以说："感谢你想到让我来做这件事。但我不想自己承诺一件事情之后办不到，反而让你失望。”

如果没有兑现承诺，就要及时跟对方重新协商时间期限，征求大家的意见，如何以其他不同方式来实现目标，或者学会将任务托付给他人。我们将在第 12 章探讨。

关于基于能力的信任，还有最后一句提醒。你不仅应当表明你自己可以赢得这种信任，还应当培养你的团队也赢得这种信任。如果你的团队成员相互信任，彼此觉得可靠和胜任，那么，整个团队的绩效将有所提高。

建立基于动机的信任

即使你完全信任某人的能力，也可能依然不相信他们会始终牢记你的最大好处。这种情况说明那个人并没有赢得你的基于动机的信任。不要让这种情况发生在你身上！让我们探讨一下提高团队员工对你的基于动机的信任的 3 种方法：自我揭露、展现公平、真诚行事。

自我揭露：基于动机的信任的最有效成分

2011 年 5 月，59 岁的帕特 · 萨美特被诊断为早发型老年痴呆症。她当时正处于事业的顶峰期——担任田纳西州立大学女子篮球队的教练。在她的带领下，球队取得的胜利场次，比其他任何大学篮球教练执教时取得的胜利都多。如果换作你，在收到这一将导致事业终止的诊断书后会怎样做？很多人会严格保守秘密，不让别人知道。为什么？因为害怕它的后果——被人们所嫌弃。

但萨美特并没这样做。她勇敢地决定公开这一信息，承认她患上了一种可能影响她执教成绩的病症。然而，学校领导并没有让她退休，而是鼓励她在条件允许的时候，继续带领学校的女篮队伍。2012 年 4 月，萨美特退休了，她退休后仍然作为名誉主教练与整个球队站在一起。

想象一下，如果萨美特不把自己患病的消息告诉任何人，会发生什么？过了一段时间后，她的队员及学校领导会注意到一些不对劲的地方。当真相大白之时，他们也许觉得她一直在说谎或故意欺骗他们。她那勇敢的自我揭露行为，很大程度上使她得以继续作为教练干下去，在减轻病痛对她的影响方面，学校给了她很大的帮助和支持。

作为一名领导者，你是否产生过被人误解的感觉？也许你出于某个原因作出一项决策，但你听到人们议论，说你由于其他的原因而作出决策。也许你的老板要你重新组建一个部门，而你的员工觉得，你这样做是想降低人头经费。当他们不知道决策的背景时，如果他们不信任你的动机，可能会编撰一些恶意的理由来解释你的决策。

自我揭露是这种现象的“解药”。我对自我揭露有所了解。读高中时，我“最有可能”做的事情是“把某个人藏得最深的秘密告诉一个人，然后大家发誓保守秘密”。这是真的。进入职场后，我试图改变同班同学向我指出的这种做法。我遵循了这些传统智慧——“不要让他们看到你在流汗”“勇敢面对灾祸”“宁愿闭上你的嘴巴，被人当成傻子，也不要开口说话，让人认为你就是傻子”——换句话说，我把自我揭露看成一个弱点。

时光荏苒，转眼 15 年过去了。最近，我花了几天时间来举办一次关于领导力的静修活动。在活动中，我对自己以前的态度思考得更深入、更清晰了。在研讨会召开期间，一位领导者走到我面前说：“我们知道你有多么厉害，你帮助过那么多的组织，培训过那么多的领导者，他们都那么成功。”我自豪地微笑着。他接着说：“那很好。但我从来没有听人说起过你的缺点或失败的经历。我知道你一定有。我们都有。你得实话告诉我们，你经历过什么失败。”

那感觉，就好比有人拿匕首直刺我的心脏。我无语了。他说得对。

你的员工对你的动机、思考过程、个人史等方面了解得越多，就越会假定你的动机与他们的最大利益保持一致。这是领导力的重要一课。向你的员工表明你到底是什么样的人，固然很重要，但与此同时，还要告诉他们你的缺点及一切。这才是人们期望的。如果你很好地做到了这一点，你的团队会信任你，跟你的动机产生共鸣，并且为你拼命工作。

以下是一些促使你自己及你的团队成员自我揭露的几点具体建议。

- **找一些无伤大雅的事来揭露。**告诉大家你喜欢的宠物、你的业余爱好、你一直想去的度假胜地或关于你家人的一些故事。先从那些轻松的话题开始分享，再聊一些更加个人的东西，与此同时，要了解哪些东西适合分享（比如，你正经历离婚纠纷），哪些东西不适合分享（比如，你有多么恨你的妻子或丈夫）。
- **参加公司的社交活动。**和你的同事一起吃饭。在公共区碰到同事时，停下脚步，聊上几句。每个星期都要几次走到员工中间，和他们非正式地聊聊天。
- **鼓励你的团队员工自我揭露。**与他们一对一地共进午餐，或者一起参加休闲活动。
- **每隔几个月举行一次简短的团队集体活动，交给一位或两位团队员工负责组织。**这方面的一个例子是举行“3 个亮点”活动。要求每位员工用五分钟时间描述他们人生的 3 个亮点，说一说他们记忆中最为自豪的事及为什么那些事让他们自豪。我曾和一个 IT 团队举行过这样的活动。他们发牢骚说：“那是浪费时间。我们在一起共事已经 10 年了，互相很了解。”我还是请他们照我说的做。等到活动结束时，我让他们告诉我，他们是不是至少知道了一件使自己更了解别人的事情？结果大家都把手举了起来。活动很成功。

- **每季度或者每半年举行一次团队外出活动。**使你的团队有调整身心、一起活动的空间和时间，无论是通过聚餐，还是通过打保龄球之类的活动。别担心，这不会影响工作，只要确保不安排得太频繁就行了。
- **领导者必须熟练地掌握坦率承认自己“不懂”的艺术。**这是自我揭露的最后一个要素。承认你自己不懂，有助于建立信任。为什么这么说？我们反过来想，可能更容易理解。你上一次看到有人不懂装懂是什么时候？那让你很厌烦，对吧？我们人类非常擅长发现别人假装。当你开始触发别人的敏感时，他们会以为你在隐藏什么东西，更糟糕的是，他们可能觉得你的假装是在侮辱他们的智商。

自我揭露有助于提高能力，尽管这看起来似乎违反直觉。如果你对自己的“不懂”很坦诚，那么，你的团队将会相信你的动机。他们会发现，对你来说，把事情做对，胜过表面上看起来光鲜亮丽。

我的部分职责是帮助那些新上任的领导者熟悉情况，使他们融入团队，并且建立信任（我称这些业务为“吸收新的领导者”）。有一次，我负责帮助一位潜力巨大但经验不足的领导者，她刚刚获得晋升，领导着一个区域的团队。我觉得，明智的做法是和她的团队开一次会，以确定团队的目标，并且让大家有机会相互熟悉一下。

我们正在安排会议的时候，她对我说：“我太紧张了。如果有人问一些我不知道的事怎么办？”

你有多少次产生过这种感觉？这通常被称为“冒充者综合征”。尤其是当我们刚担任一个全新的职务时，我们通常会想，完了，他们一定会发现我是一个骗子，什么都不懂，然后把我降级。听到那位领导者的担心后，我说了一句让她备感震惊的话：“告诉他们你不懂。”

可以十分确定的是，在会议召开期间，一定会有几个她无法回答的问题。

她无须假装什么，只要说："在这个问题上，也许你们比我知道得还多。你们怎样认为？"我在会后逐一跟团队成员交谈时，很多人指出，她的这一举动，为她有力地赢得了员工的信任。

虚拟团队中的信任

对于虚拟团队的领导者来说，最大的挑战也许是在团队内部建立信任。对你来说，可能难以信任你的团队成员，因为你不可能像和他们在同一幢办公楼里上班那样来管理他们，他们可能也难以信任你，同时，团队内部也难以形成信任。这种情况下，误解也许一直伴随他们。在虚拟团队建立信任要做好以下几点。

1. 尽可能经常地见面交谈。研究发现，面对面地交谈，即使只有一次，也能极大地增进虚拟团队成员对团队领导者的信任。因此，要千方百计地使大家见面交谈。如果那不可能，试一试视频会议。有越多的团队成员可以互相看到对方（无论是虚拟的还是现实的），就越容易在他们之间建立信任。

2. 尽可能消除不确定性。虚拟是产生不确定性的温床，而不确定性对信任是有害的。一定要确立每个人都能理解的清晰目标，告诉大家合作的指导原则，并且就你们相互之间如何沟通达成一致。

3. 经常地且可预见地沟通。在虚拟团队中，沟通是信任的基础。要迅速地为团队成员提供信息，并且避免沉默。不要让他们想：我的老板没有回答，到底是因为她很烦我，还是一时忙不过来？

4. 建造一台虚拟的"水冷却机"。在一幢办公楼里共事的团队员工，部分的合作依靠非正式互动来完成（如在餐厅一起吃饭时闲聊、在大厅偶然遇见等）。虚拟团队也可以构建类似那样的论坛。在会议正式开始之前，让大家可以简短地交谈几句。或者尝试着采用"虚拟的喝咖啡时间"，让团队员工可以花 15 分钟的时间在电话里交谈。

运用“特里 · 瓦格纳法则”来促进自我揭露

让我们研究帮你进行自我揭露的最后一条秘诀。我称之为“特里 · 瓦格纳法则”。特里 · 瓦格纳是我的母亲，她在她个人的名片上命名了这一法则。母亲出生在密歇根州海湾市，是一位成功的企业家。她从小在为人谦虚的外公外婆的影响下长大，他们教她勇于承担个人责任的重要性。第二次世界大战时，我的外婆艾米莉亚在陆军妇女队中服役，担任牙科保健员。我的外公温德林曾担任军医。外公外婆养育了 3 个孩子，在孩子还很小的时候，两人就教他们，“当你把事情搞糟时，爽快地承认，勇敢站出来，自己动手把事情处理好”。

母亲把这句箴言传给了我。我在爱思考的青少年时代就开始模仿这些做法，长大后我懂了，这是领导者可以运用的最有效的自我揭露工具。为什么？因为，对领导者来说，犯了错，等于获得一个绝好的机会向他率领的团队表明他自己到底是什么人。承认你把事情搞糟了，只是一个小小的举动，有助于让下属知道，出现当前的局面，并非你的本意。不管怎样，人人都知道你把事情搞糟了。如果你不承认的话，只会显得你不切实际。

当团队成员进行自我揭露时，团队将取得最佳绩效。也就是说，不仅你自己乐于且能够承认你的错误，并且你的团队员工也觉得，那样做并没有什么好难为情的。根据我的经验，领导者可以采取的最强有力的行动是承认他自己的错误。特里 · 瓦格纳法则可以感染别人，而且是正面地感染！

使用下面这个表格（见表 1-1），帮助你将特里 · 瓦格纳法则转换成你可以在现实生活中应用的表述。

表 1-1

短　语	现实中的表述
把事情搞糟了	我错了 我犯了一个错误 对不起，这不是有心的
站起来承担责任	对这个错误，我得负责 这全都怪我
自己把事情处理好	我来负责处理这里的局面 我会纠正它的

公平与信任互为邻居

公平是基于动机的信任的第二个构成要素。乌得勒支大学的帕特里克·穆勒发现两者之间存在因果关系。一次在实验室里完成的实验中，学生们参加了一个经济学游戏，把资金相互委托给对方保管。结果显示，当学生认为这个游戏很公平时，会把更多的资金交给别人托管。这在“现实世界”也是同样的道理。最近，我和一位员工进行交谈，他告诉我，“严格来说，我希望经理身上具备的最重要的品质，就是公平”。

那么，当员工觉得你作为领导者并不公平时，会发生什么？根据作家大卫·罗克的观点，不公平现象会刺激我们，并且激活了前岛叶皮质。前岛叶皮质是我们大脑的一部分，涉及诸如厌恶等情绪。我们这部分大脑的激活还会阻挡我们的同理心。因此，如果你没有公平地对待员工，而你自己身上发生了一些不好的事情，员工非但不同情你，还会觉得很满足（德国人把这称为“幸灾乐祸”）。

甚至，他们还会进一步想：“我们扯平了。”美国中佛罗里达大学的商业伦理学教授莫琳·安布罗斯和她的同事开展过一项研究，调查员工为什么会有意地伤害、扰乱他们的管理者或组织，或者让管理者难堪。他们以第一人称归纳了 122 次职场破坏事件，结果发现，80%的事件之所以发生，都是由于员工感到不公平。他们越是感到不公平，就越会制造更为严重的破坏事件。

要让员工觉得你公平，你必须练习 3 种类型的公平。专门研究组织公平的研究人员杰拉德·格林伯格和詹森·科尔奎特曾概括过这 3 类公平。我称它为“公平的三级跳”。

1. **结果公平**。员工是否认为，他们获得的回报（晋升、奖金、额外的福利待遇）与他们的付出成正比？你是否始终如一地运用这些规则？在号召力超强的领导方面，这是结果的公平。

2. **程序公平**。你执行决策时使用的程序是否适当？员工会不会有想法？是否还有其他的方法来执行决策？这既涉及结果公平，又涉及人与人之间的公平。

3. **人与人之间公平**。你在决策之前、之中和之后是不是同样尊重员工？这涉及关注人，人与人之间的公平。

在前言中，我们讨论了领导者在平衡人性化与绩效两个因素时所遇到的挑战。作为一位具有超强号召力的领导者，有时候，你的决定不可避免地会让一些人感到不快。但是，如果你的员工信任你，觉得你公平对待他们，他们更有可能接受你的决定，并且认为你是从他们的利益出发而做出该决定的。

让我们来看一个例子。科罗拉多商业银行市场营销部主管斯科特·佩奇一度不得不关闭他主管的那些没有盈利的业务。毫无疑问这是一个正确的决策，但他知道，对该分公司的领导者来说，这是一个难以接受的决定。尽管面临这种严峻的形势，但斯科特和他的同事们知道，他们需要公平的处理。

首先，他们准备了丰厚的离职补偿金，作为对这位分公司领导者帮助公司迈向成功所付出努力的补偿。这确保了结果公平。其次，为了显示程序公平，他们就该决策的形成方式进行了公开而坦诚的交谈。最后，他们重视人与人之间的公平。斯科特注意到，他原本可以请别人和那位领导者交流，但他为了尊重他，决定自己跟他谈一谈。斯科特谈得很简练："瞧，这很难。我们要关闭这个部门，我们必须请你离开。"他没有支支吾吾，说一些"作出这个决定，对我来说比你更难"之类的话。斯科特用简明直接但语气平和的语言，尊重了那位领导者的尊严。

那位领导者觉得斯科特是个绅士。他感谢那笔离职补偿金（结果公平）和斯科特等人坦诚的态度（程序公平），同时也明白，斯科特做的每件事都是为了帮助他改变（人与人之间公平）。他和斯科特至今仍有联系。公平产生信任，当你信任某人时，你们的关系就会变得非常牢固，再强烈的风暴也不会将其摧毁。

以下介绍一些提高你的公平指数的秘诀。

- **结果公平**。观察你的员工付出了什么。对于他们的责任心、辛勤劳动、高质量的工作，及他们承受的压力，你有没有相应地回报他们？列出团队中绩效最优异的和最差劲的员工，你有没有将回报差别化？不要一方面给绩效最优异的员工 20%的奖金，另一方面给绩效差劲的员工 18%的奖金。这对绩效优异的员工是一种侮辱，并且被视为不公平（我们将在第 8 章回到"不要让员工觉得他们理应获得你的感谢"这个主题）。
- **程序公平**。你是否始终如一地运用程序？是否使程序公开透明？是否让你的员工有机会提出疑问，并且在整个过程中使他们知晓？
- **人与人之间公平**。你是否同样地以善良、尊重和关怀来对待你的员工？你是否请他们提出自己的想法和评价？

言行一致：真诚的表现

现在，让我们看看基于动机的信任的最后一个构成要素——真诚，并了解它为什么如此重要。时任范尔度假村管理公司招聘和组织发展部门主管的鲍勃·查普曼，有一位员工老是惹他生气，鲍勃却难以准确地说出到底是什么原因。

到一个季度结束时，鲍勃就他监管的部门所取得的绩效做出了决定，那位员工虽然没有直接受到该决定的影响，但还是来到鲍勃的办公室提出质疑。他暗示鲍勃，他只是在遵守公司的规定。鲍勃认为："我不需要向他解释什么。这对公司来说是最好的决定！"当鲍勃说不出作出这一决定的理由时，那位员工大声宣称："这么说来，那并不是最好的决策，因为它没有以任何的原则为依据。"

几个月后，鲍勃打电话给那位员工，请他到他的办公室，以便给出一些反馈。他对那位员工说道："显然，你有着办事拖拉的不好声誉。"听到鲍勃的这番话后，那位员工看着鲍勃说道："我不在乎我的声誉。我在乎我的原则。"鲍勃翻了一下白眼，就匆匆赶去开会了。

这件事情产生了十分恶劣的影响。过了很长一段时间，鲍勃才慢慢吸取了这个教训。在此之前，鲍勃曾经把成功定义为"迅速地干好工作、管理好公司的人才、培养公司的领导者"。但他开始发现，他的决策并没有以任何个人原则为中心。鲍勃意识到，作为一名领导者，真的需要根据你自己的信念（认为什么事情是正确的）来决策，而不是根据公司的规定来决策。只有那样，才能让你的决策与原则之间形成有意义的关联。鲍勃现在已经是艾克塞尔能源公司负责人才管理的高级董事，他觉得，那次经历是他在培养领导者过程中的关键经验。那次经历动摇了他的信念，并赋予他新的力量。

我把真诚定义为“拥有坚定的、清晰表述的原则，并且在实践中始终不渝地坚持它们”。真诚是信任的一个关键组成部分。如果你的团队成员无法以相当的准确性来预测你的行为，他们就会感到不安。你是否曾信任过某些并不具备真诚品质的人？从来没有吧？

那么，怎样培养真诚的品德？第一步就是写出你的领导史。只有你自己能够理解你的处世原则了，你的团队才能理解它们。而只有当你意识到这些原则是如何形成时，你才能够理解它们。

帕克基督复临医院的首席执行官莫雷尔·迪安认为，如果你可以清楚地讲述你自己的故事，人们便不太可能怀疑你的动机。莫雷尔本人的故事极具吸引力。他是一位砖瓦匠的儿子，母亲在他 5 岁时就罹患癌症去世。童年时代，他的暑假都是在一个农场里打工度过。从来没有人想到他日后会成为一家医院的首席执行官。在失去母亲后，他就立志进入医疗保健行业。16 岁那年，莫雷尔获得了他第一份在医院的工作，并很快遇到了那家医院的首席执行官罗恩·萨基特。萨基特告诉他：“我拥有世界上最好的工作。每天，我都在帮助人们实现人生中的重大转变，让他们的生活日渐好起来。”从那一刻起，莫雷尔的目标就变成了当一家医院的首席执行官。令他自己都没有想到的是，在 30 岁时，他就做到了。

令莫雷尔更加吃惊的是，他并没有感觉到实现理想的那种满足感。不久后他发现，他并不是那种由于自己的名片上印有“首席执行官”字样便产生成就感的人。对他来说，更重要的是他的婚姻、他的孩子、他的团队及他对别人的人生带来的影响。因此，当莫雷尔的家人决定移居科罗拉多州时，他认为，从加利福尼亚州格伦代尔市这家拥有 500 个床位的医院的首席执行官的岗位上辞职，去丹佛地区领导一家更小的医院，完全是合理的举动。

不过，对那些面试他的人来说，他的这一举动并不合理。莫雷尔马上跟面试官们讲起了他的故事。他告诉他们：“我这样做的动力，是希望我的家人幸福。而我希望在一个组织中干出一番事业，不管它拥有 900 名员工，还是 2 400 名员工。我不会从医院拥有的员工数量之中去寻找我的自我价值。”

最终，他通过了面试。

这个故事映证了讲述你的领导史能产生多大的影响。我还建议你们读一读比尔·乔治的著作《真北》，它是你理解自身价值和处世原则的卓越指导书籍。你还可以思考下面这些问题。

1. 你的童年时代发生的最重要的或者影响最重大的事情是什么？那些事件对你世界观的形成产生了怎样的影响？

2. 你还是个孩子时，对你长大后将干什么有着怎样的憧憬？随着你日渐成熟，这个梦想怎样改变了你？为什么？

3. 你第一次参加工作的经历是什么？它让你对工作和领导有着怎样的认识？

4. 你曾遇到过的最好的领导者是谁？最差的呢？他们每个人是不是都让你懂得了成功领导者最珍视的品质是什么？

5. 回顾你作为领导者时感觉最好和最差的时刻。它们教会了你什么？它们怎样改变了你对领导力的看法？

回答完这些问题，你应当对自己的领导原则有了清晰的认识。现在，可以进入下一步——树立你的领导原则。到最后，你应当确立 3～5 条原则，当作你前进的动力，成为你当领导者的不可或缺的要素。例如，我的领导原则是责任、同情、服务、参与和动力。我相信，别人和我一样，必须对我们的行为和工作结果担负起责任；必须用善意和同情对待他人；必须以一种服务他人的心态来对待我们的工作；必须努力做到开放的、参与式的领导，让那些受到决策影响的人们也能参与决策；还必须对取得的成绩和成功表现出深深的认同感。我会跟你们讲我自己的故事，那些故事一直伴随着我的成长。你们的故事比我的故事更重要，不论从哪个方面来看。

一旦确立了你的领导原则，你就要和你的团队分享。如果你刚刚履新，这样做不但对你特别有帮助，而且，对任何团队都有价值。向团队成员解释你为什么分享它们及为什么这种分享很重要。请员工对你一直实话实说，并且监督你的所作所为，确保你的行为与那些原则一致。例如，如果“参与”被你列为领导原则之一，而员工发现你总是关起门来决策，没有听取他们的意见和建议，那你就处在“危险区”了。在你的日常决策中，尤其是当你在困难局面下做出决策时，要使你的决策与你的领导原则相一致。你会发现，决策中取得一致和共识的过程，比你想的明显快很多。

培育真诚，最后一步是尊重团队的秘密。秘密总是有它的传播方式的。我曾遇到过一位导师这样对我说：“在这个公司，每个人都有两个他们可以信任的人。而那两个人，各自又有两个可信任的人。”

下面这个例子，证明了保守秘密具有多么强大的力量。我为了确定客户的团队在提高绩效方面的最佳方法，通常和团队成员逐个访谈。我首先跟他们讲，作为一位心理学家，我遵守美国心理学家协会的职业道德准则。我说，这个准则的一个重要部分是保守秘密，他们的回答将以匿名的方式进行公开。有一次，我和金融服务行业的一个领导团队合作，在我们合作结束了几个月后，我在一次聚会上偶然碰见了一位团队成员。闲聊时她告诉我，我在和她的访谈之前做出的那番声明，立即赢得了她的信任。

即使你不是一位心理学家，也可以运用这一原则。如果你尊重员工的人格，那么，他们将不可避免地告诉你一些或敏感或机密的信息。除非这些信息违反了职业道德或法律的要求，或者涉及他人安全，否则，你应该只是默默听他说，不要去传播它们。这至关重要。此外，进行敏感的交谈，地点一定要选在秘密的地方，这同样很重要。我在一家医院工作了几年，结果发现，有些人在护士站谈一些敏感话题，人人都可以听见他们交谈的内容，这让我惊奇不已。

如果你不确定哪些谈话的内容是机密的，可以问对方："我觉得，你刚刚跟我讲的那些，只希望我们两个人知道。是不是这样？"如果对方回答是，那就守口如瓶，不要和任何人说起，包括你的至亲至爱——你的配偶或密友。想象一下，如果你的经理把你个人的秘密告诉了他信任的两个人，而那两个人又把它告诉了他们各自信任的两个人，依此类推下去，会发生什么情况？你会有什么感觉？这种传播是一种破坏信任的行为。

最后，我还建议你们想一想俄国著名作家契诃夫说过的话："你必须信任和相信人们，否则，生活将变得不可能。"当你信任你的员工时，你会珍视和欣赏他们内心深处的人性及履行岗位职责的能力。他们通常也会以同样的方式对你。当他们信任你，而你也信任他们时，那就是真正的共赢局面。

号召力超强的措施

赢得基于能力的信任

- 通过真诚的反省和反馈，理解履行你的岗位职责必备的技能和知识。
- 将继续学习放在首要位置，并且追踪你的成功，以持续不断地提高你的能力。
- 设计一个追踪观察体系，确保你可以追踪观察你的承诺，并且只做出那些你可以兑现的承诺。

赢得基于动机的信任

- 帮助你的员工理解你是什么样的人，既指 8 小时以内，也指 8 小时以外。同时，鼓励他们加深相互间的了解。
- 让团队员工有时间开展非正式的交流，并且尝试组织一些提高团队凝聚力的活动。
- 你不知道某件事时，要勇于承认。承认你的知识仅限于哪些方面并寻求别人的帮助，胜过假装你什么都知道。把自己装扮成“百事通”会使员工感到心烦。

- 像我母亲特里·瓦格纳那样，当你把事情弄糟了，先承认，再承担，最后自己处理。
- 确保员工得到的回报与他们付出的辛劳成正比，并且要确保你在决策时始终一致地运用你的领导原则。制定公开透明的、鼓励参与的决策程序。在重要决策之前、之中和之后，都要尊重你的员工。
- 回想你以前担任领导时的故事。在你的人生中，有哪些事件让你形成了对成功和领导的认识？和你的员工分享你的领导原则，并且请他们说出自己的想法。
- 当员工向你透露他们担心的事情、他们的缺点及他们存在的问题时，一定要让他们感到安全。要像对待瘟疫那样拒绝传播谣言。没错，有时候我们很想传播一下谣言，但那是缺乏教养的行为！

第 2 章

做到真正的公开透明

我曾受一家油气公司的聘请，为其领导者提供指导。一天，我正和该领导者下属的员工进行一对一的面谈，地点是该公司专门为我准备的一间非常不错的办公室。面谈的效果很好，员工们似乎很乐意说出内心的想法。我也觉得十分满意，结束后高兴地回了家。

等我下一次再到这家公司时，我听说一则有意思的谣言在公司内部传开了。由于我是一位对应聘者进行面试的招聘官，因此，那些当时和我面谈的员工产生了疑虑，他们担心是否还能保住自己的工作。这家公司的领导团队非常清楚我为什么被聘请到公司来，但他们并没有对公司所有员工保持公开透明，也没有向员工说清楚我工作的目的。

类似这样的事情在你身上发生过吗？当员工对部门或公司内部一些原本普通的日常事务发挥他们的想象，似乎合情合理地杜撰了一些故事时，你会不会感到震惊呢？

在关注人上，不和员工分享信息是个严重的问题。它将侵蚀员工的信任、打击员工的热情，给事业成功带来阻碍。如果你的员工认为你在隐瞒什么东西，那他们会由于你没对他们直接说明白而开始怨恨你，然后，只要一有机会，他们就可能为了自己的利益而牺牲你或者出卖你。假如你想对团队隐瞒某件大事，但你隐瞒的事情最终被揭露出来，情况将会更糟糕。这样一来，那些心烦意乱和备感失败的员工，将更加确信他们此前的怀疑了！不要把赌注押在你能长久地隐瞒某些事情上。正如《开放领导力》的作者李夏琳所说的那样，“信息泄露无处不在”。

从关注结果来看，如果你的员工没有获得关于本部门或组织的适当信息，他们就不可能作出与组织目标相一致的选择。他们甚至可能做一些不必要的或重复的工作、差劲的决策，并且无法创新。

正如我们早前发现的那样，当员工没有获得他们想要和需要的信息时，便会为自己身边发生的一切去寻找理由。而人们杜撰的“阴谋论”，通常远比事实真相本身更可怕，也更具“创造性”。这些阴谋论成为四处传播的谣言，通常涉及组织的决策，如临时裁员、人员晋升或其他各类改革措施。同时，谣言还可能严重地损害到人和结果。

有研究表明，一位普通的经理，每周至少会听到员工传播一则具有破坏力的谣言。谣言往往增大了领导者的压力。例如，第二次世界大战期间，围绕战争而传播的大量谣言，体现了公众在战争期间所经历的焦虑感和不确定性。这些谣言被研究人员广泛研究。最近，澳大利亚昆士兰大学心理学教授普拉桑特·波迪亚认为，谣言远远胜过人们在休息室里的谈论带来的影响，它们带来两种破坏性的因素：伤害人（导致互不信任和心理压力）和结果（有损公司的声誉，降低公司的股票价值）。

波迪亚和他的团队开展过一项研究，他们把这项研究巧妙地命名为“经理就是异类！组织改革过程中的谣言与压力”。他们研究了澳大利亚一家正在经历大规模改革的大型公立医院里传播的谣言。当时，这家医院的改革措施包括：新建一些分院；采用新的技术；进行内部重组；引进一些跨学科的团队。研究人员给医院的员工分发了调查表，询问他们最近听到的传言是什么。结果，负面的谣言比正面的传言多，其中，负面的谣言包括：由于采用了新技术，医院不再需要那么多员工、员工将不得不干更多的活，同时拿到的工资也更少了。还有一条是我个人最喜欢听的，这家医院将搬迁到首席执行官故乡所在的州去，以便节约他的小伙伴们的医疗费。听到了负面谣言的员工承受的压力比那些没有听到谣言的员工大得多。但是，波迪亚在这项研究中最重要的发现是，如果领导者为员工提供了全面的信息，谣言就不太可能一下子冒出来。

一想到谣言正在你公司的员工中传播，可能导致你的血压马上升高，尽管如此，你要记住：谣言背后的目的，也许不像它们表现出来的那样邪恶。我敢保证。在一般情况下，员工需要知道他们工作环境中正在发生的事情。当他们什么也不知道的时候，他们会根据内心最强烈的恐惧情绪，提出自己的理解。

在我的经历中，许多领导者未能和员工分享信息，并不是他们有意而为，只是不愿意让大家知道严重的后果。这里列举一些领导者不愿意使决策公开透明的常见原因。

- 我们太忙了，没有时间。
- 我们希望，如果事情有所变化的话，能够避免产生不良后果。
- 我们担心分享信息会让我们陷入麻烦。
- 我们不想用坏消息来让员工烦恼或困惑。
- 我们不想打消团队的积极性。
- 我们隐瞒一些信息，是因为这会让我们感觉自己在团队成员面前表现得强有力。

具有超强号召力的领导者可以做到两种类型的公开透明。第一是意图的公开透明，它以领导者对自我揭露和公平的探讨为基础，做法是告诉员工为什么要作出这一决策。第二是信息的公开透明，它意味着使部门和公司的战略、财务收支及运营状况保持公开透明。如果只做到一类透明，另一类不透明，组织就会存在一定的危险。如果两者都不透明，则危险性更大。

让我们一同关注两种类型的公开透明。在表 2-1 中，你可以发现，理想的状况是右上角的方框，也就是“清晰的意图”和“信息高度透明”交叉之时。如果员工对你的意图认识模糊，则可能殃及关注的人；如果你分享的信息不够多，则可能影响绩效。

表 2-1

	信息不透明	信息高度透明
清晰的意图	C. 使员工陷入无序状态	D. 使员工变成步调一致的热心支持者
模糊的意图	A. 使员工变成困惑不已的阴谋论者	B. 使员工变成消息灵通的怀疑论者

A 种可能性是最坏的可能性，既没有做到意图公开透明，也没有做到信息公开透明，这会使员工变成“困惑不已的阴谋论者”。员工不知道公司正在发生什么事情，或者不知道决策的原因是什么，因此把注意力放在那些错误的事情上，开始杜撰一些事实，谣言也因此开始四处蔓延。你越是把决策的意图和信息藏着掖着，员工越是会以为你在隐瞒什么事情。

B 种可能性是向员工分享信息，但不告诉他们你的决策意图，从而使员工变成“消息灵通的怀疑论者”。这时，你的员工知道公司的战略、运营和财务状况，但不清楚决策背后的原因。比如，他们也许知道整个预算将削减 15%，但不理解为什么要削减预算。或者，他们可能知道公司即将兼并另一家公司，但不理解为什么公司领导要和商业顾问召开闭门会议。在这种状况下，他们很容易制造一些阴谋论，觉得领导者在策划着缩小团队的规模。

C 种可能性是把决策的意图告诉员工，但不透露部门或公司的战略、运营和财务状况等信息。这会导致员工变成“无头苍蝇”，陷入无序状态。他们虽然了解了公司决策的来龙去脉，但对公司的现状缺乏完整的了解。这样的结果可能是员工很尊重你和你的公司，但由于他们不确定自己需要实现什么样的目标，从而导致各项工作陷入无序的状态。

D 种可能性是理想的状况。将决策的意图清楚地告诉员工，同时也分享相关的信息，这将使员工变成“步调一致的热心支持者”。拥有这种员工的团队，运营起来好比一台加满油的机器。员工信任和尊重领导者，感觉到事情变得不确定时能直接地提出来，而不是在暗地里散布谣言。

真正公开透明的五大行动

现在，我们已经理解了意图的公开透明与信息的公开透明怎样结合，因此，可以学习如何做到这两类公开透明了。在我们进行更加细致的观察之前，先探讨一下做到明确无误的公开透明的 5 种行动，然后，再探讨你到底要公开些什么。

第一，在打算分享信息之前，确定你本人、你的经理、你的同事的目标都一致。如果你们中间有人对事情的理解不同，就可能在员工面前的说法各异，这通常会造成混乱。如果你分享的信息格外难懂或者令人备感疑惑，更是如此。花些时间就你们每个人将如何解释你们的决策和承诺达成一致。帕特里克·兰西奥尼曾把这种现象称为“承诺澄清”。把预期会被员工提到的问题摆到桌面上来，大家一起研究，达成一致，找出大家都同意的明确答复。

第二，对要公开的信息和意图保持透明。我采用我的导师兼任经理吉姆·唐尼教给我的方法：当你知道某件事并能把它说出来时，就把它说出来，不能把它说出来时，就告诉大家为什么；当你不知道某件事时，告诉他们你什么时候会知道，以及你知道后会采取怎样的后续措施。

第三，做好公开信息和意图的组织工作。举办一些论坛、会议来定期分享信息。可以采用每月召开员工大会的形式、每周开小会和短会的形式，或者每天召集大家一起来说点事情的形式。重要的是要确定究竟是采用面对面交谈、电话沟通的形式来分享信息，还是通过电子邮件的形式来分享信息。我从员工口中听到的一句常见的抱怨是，他们的领导者没有为经常的沟通做好上述这些安排。

第四，经常以中立的态度搜索各种谣言。我以前的老板曾在员工大会上向大家提出下面这个问题："你们听到了什么谣言？"结果，她听到的回答令人难以置信，其中一条谣言居然说公司即将破产，而这个时候，我们刚刚争取到一个投资额为 3 000 万美元的资本改良项目！当你发现了谣言时，最好的办法不是去攻击员工，而是直接予以应对。对员工来说，他把听到的谣言告诉你，本身就需要一定的勇气。你要感谢他们的勇敢，然后澄清事实。

第五，知道什么时候不能公开透明。有时候，分享信息的弊大于利。比如，当事情还可能存在变化时，如果你在尚未完全确定之时就公布具体细节，可能给公司或部门带来极大的损害。为了使员工的焦虑和怀疑最小化，在一些细节最终确定之前，不要分享它们，如新的组织结构图。想象一下，如果有位员工看到了新的组织结构图，显示你的岗位明显变动了，一周之后，他又看到了另一张不同的组织结构图。这会怎样？在这种情况下，对没有确定的细节保持公开透明可能带来严重的后果。因此，不要分享还未最终确定的细节，而是向员工解释其中的过程，并且请他们给你一定的时间期限，到你能够公开的时候，一定向他们公开。

这 5 种行动有助于你做到真正的公开透明，既包括意图的公开透明，也包括信息的公开透明。现在，让我们解释一下这两种类型的公开透明。

意图的公开透明

在第 1 章，我们探讨了自我揭露的概念，而自我揭露与意图的公开透明，很大程度上相互重叠。但是，意图的公开透明，并不只是告诉员工你是什么样的人，还包括向他们透露你为什么要做出那些决策。它还类似于我们前面探讨过的程序公平。除了解释你决策时采用的程序，还要解释决策背后的原因。当你做到这一点时，员工会看到你人性化的一面，并且用优异的绩效报答你对他们的公开透明。

为了使你的决策意图完全公开透明，你自己必须首先理解它们。我在第1章提到过，要“制定你自己的领导原则”。有了这些原则，将决策意图公开透明就有了坚实的基础，因为作为一位领导者，你秉持的领导原则与你的工作经验对决策意图有着很大的影响。

对于每项可以向下属团队公开的行动或决策，问问自己下面这些问题。

- 这一决策与我的领导原则有着怎样的关联？
- 为什么我要做这件事（我的意图是什么）？为什么我不做这件事（我的意图又是什么）？
- 我希望我的团队取得怎样的成果？不希望获得怎样的结果？
- 我希望自己取得怎样的成果？不希望获得怎样的结果？

瑞麦地产公司首席执行官玛格丽特·凯莉因其对房产地市场的广告直言不讳而闻名。她极力支持决策透明，因而也影响到她对待员工的方式。最近，按照瑞麦地产信息技术小组的建议，玛格丽特和她的高管团队作出了一项决策：将公司的广告转到一项全新的电子邮件应用中去。这个决策看起来简明直接，似乎有百利而无一害。但广告转换后，并没有像技术小组预期的那样正常运转。员工们颇多异议。几个月后，玛格丽特越来越明显地感觉到，这次转换是个错误。因此，她给公司所有员工发了一封电子邮件，表扬信息技术小组在准确地执行高管团队要求执行的任务时所付出的努力。但她同时指出，她和高管团队作了一个错误的决策，他们的本意，实际上是希望广告投放更容易一些，而现实却正好相反，他们必须马上纠正这一错误。结果，玛格丽特收到了员工回复的很多封电子邮件，对她的包容和坦率表示感谢。瑞麦地产依旧采用了原来的那套系统，而员工也知道，那个错误决策背后的意图是纯洁的。

你也许不是一位首席执行官。你也许正在回想你的上司曾做过的决策，让你不得不向你的团队作出解释，但那些决策，你自己也一直没有理解。如果你没能了解到那些决策背后的原因，不要只为了回应员工的质疑而杜撰。这样告诉大家是可行的："到目前为止，我还没有完全理解这一决策背后的原因，但我知道，我们的公司对员工十分关心，除非别无选择，否则不会做出类似这样的决策。"一般情况下，即使你不知道高管为什么做出了某个决策，也可以对照公司的战略、价值观和文化来探究。该决策怎样与公司的战略、价值观和文化相关联？把你对这个问题的理解告诉你的员工，你会发现，无论是从关注人来看，还是从关注结果来看，你都会获得回报。

信息的公开透明

领导者作出的每项决策，都应当与公司的目标和战略相一致。信息的公开透明并不代表只告诉员工公司前进的方向，它还代表着解释你的团队怎样与公司的目标取得一致。如果做不到这一点，你的员工会感到很困惑，他们会拖公司的后腿，无法达到公司的目标。

你的职务越高，跟员工沟通就越难。有位高管曾私底下向我透露，她还是一名一线员工时，常常觉得公司的高管完全不称职，觉得他们没有理解与员工分享最基本信息（如公司的财务状况等）的重要性。每次一到自己的办公室，她就会觉得，负责经营这家公司的是一帮多么倒霉的家伙。

后来，她也成了那帮倒霉家伙中的一员，于是她马上明白了，有些事情并不像她曾想象的那么简单。有时候，她可以掌握很多信息，并且想和员工分享，但上司阻止她这么做。或者，她觉得自己掌握的信息尚不完整，不愿意和员工分享，以防情况有所变化。或者，她已经掌握了相当完整的信息，但害怕这些信息会让员工感到恐惧和不安。

对高管而言的公开透明

一般而言，随着领导者在组织中不断晋升，他们和员工分享的信息也越来越少。这并非故意。当你可以接触到太多的信息时，很容易忘记一点：其他人并不会有你这么幸运。对高管而言，公开透明地与员工沟通常常决定着成功与失败。

1．搞清楚员工想知道什么。请你的直接下属定期向你报告“街头流言”。组织中正在流传的谣言是什么？面临的挑战是什么？哪些事情让员工感到困惑？在和员工互动时，不要忘了问他们脑子里在想什么，或者直接问他们对公司最近的改革有什么看法。用这些信息来调整你和员工的沟通。

2．为员工创办经常性的论坛，以便他们可以直接从你那里了解信息。从你这里了解信息的员工越多，你就越能帮助他们了解公司正在发生什么。无论是召开员工大会，使用微博、微信、博客还是视频，都可以使员工经常性地与你的组织直接对话。

3．帮助员工了解公司的大局和大势。作为领导者，你有着最好的机会帮助员工理解公司的决策如何与大局和大势紧密相连。每次你跟他们交流信息，都要谈一谈决策如何与公司的使命、愿景、目标和价值观相一致，以及为什么相一致。要明确表述，不要自以为员工已经知道这些。

虽然众多的领导者面临这些担心和挑战，但研究表明，决策公开透明对组织大有裨益：有助于提高员工的忠诚度，并产生优异的绩效。例如，丹麦奥尔胡斯大学商学院的市场营销学教授和统计学教授雅各布·艾斯基尔森、卡伊·克里斯滕森开展过一项研究，观察各企业在瑞典全国客户满意度指标上的得分情况。他们发现，在银行、手机运营商和超市等企业中，对定价策略和产品信息等保持公开透明的企业拥有更加忠诚的客户。客户愿意花更多的钱来购买他们的产品。

向员工提供信息，也会产生类似的效应。曾与我合作过的一位客户，对其公司如何开展业务进行过无数次改革。我们注意到，领导者和有些团队沟通过了，却没有和另一些团队沟通。那些不了解组织的愿景、目标和战略的员工说，他们觉得气馁，感到公司并没有重视他们。掌握了这些信息的团队对改革的结果虽然并非始终满意，但他们能够控制自己的反应，并选择最佳的应对方法。这两类团队对改革的态度有明显的区别。

具有超强号召力的领导者往往对 3 种主要的信息保持公开透明：部门和公司的战略、运营状况及财务状况。让我们逐一研究它们，以便你可以向自己的团队公开这些信息。

战略的公开透明

迪士尼互动媒体集团的布拉德·戴维斯刚刚接管销售部时，距离下一个财政年度的开始只有两周时间了。预算已经确定下来，集团的全国销售大会将在半个月后召开。

那一年是 2005 年，迪士尼互动媒体集团的营业收入在下降。由于受到 2002 年互联网泡沫破裂的影响，销售部一直未能很好地恢复元气，并且，他们也没有为集团公司带来真正的价值。

布拉德知道，要取得成功，他的团队必须成为向孩子们和母亲们销售产品的专家。他受聘后，上司给他 3 个月的时间来实现这一目标。他知道，如果无法制订一个别人都能理解的、可以被清晰阐述的计划，那他团队的工作根本不会有起色。

因此，他把自己团队的 25 个人带到洛杉矶进行静修活动，包括他的运营副总裁和销售助手。布拉德确定了一个人人都可遵循的时间期限，并且阐述了他们需要交付的工作业绩，团队则用较长时间讨论了新战略的细节。

在整个过程中，布拉德帮助团队成员理解他们在执行战略方面所发挥的作用。他告诉他们："我不会在这里帮你们做成销售业务。那是你们的工作。我的工作是为你们做成业务提供指导和咨询，并且促使你们从宏观的角度来分析你的角色。你们有权利和义务去实现我们的目标，我在这里支持你们。"布拉德做出的重要选择是使他的团队成员参与这一过程，帮助他们理解他们的目标，并且使每个人都清楚地知道他们在实现目标的过程中所发挥的作用。

怎样以类似的方式帮助你的员工理解你的战略呢？可从以下问题入手。

1. 你的团队为何而存在？它向客户和组织提供了什么价值？
2. 你想创造的未来是怎样的？
3. 在你的行业中，市场竞争的情况怎样？你将怎样参与竞争？
4. 你的公司和团队在未来 3~5 年内要实现的最重要的目标是什么？
5. 每个人的作用怎样与宏观大局相一致？

如果领导者与他的团队共同回答了这些问题，他将欣喜地看到团队不断取得最出色的业绩。例如，布拉德在与团队共同商讨后，团队这一年的营业收入从此前的 1500 万美元猛增至 2600 万美元，在此期间，团队的凝聚力和积极性得到了极大的提高。现在，他就是真正的号召力超强的领导者。

运营的公开透明

克里斯蒂·马尔泰洛是玫瑰医疗中心骨科、神经学科和脊柱科的护士长，她刚刚担任这一对她来说全新的职务。一上任，她就恳请护士把她们在工作上面临的最大的挑战说出来。比如，她的团队对公司的休假制度很不满，他们抱怨当她们想休假的时候，却没无得到上司批准。一年 365 天，每天 24 小时都在为医疗中心工作，实在令人受不了。因此，克里斯蒂开始把员工休假的规则告诉她的团队。等到她贴出下一个工作日程安排表时，她发现，当她开始平衡团队员工中的任务时，不必作出什么改变，只需要帮助她们理解运营的现实，一切便可迎刃而解。

在你和团队讨论运营的时候，可以提出下面几个问题。

- 什么样的日常问题最令你感到失败?
- 为什么我们要以这样的方式做事?
- 我们可以做出哪些改变?
- 我们的日常决策怎样与公司的战略联系起来（也就是说，为什么我们不能做这件事）?

财务的公开透明

作为一家私营企业，瑞麦公司数十年来一直保守其财务秘密。公司从没有向员工展示过财务报表，年复一年，无论是公众还是瑞麦公司员工，都不了解公司的财务状况。

在 2008 年至 2010 年房地产行业崩溃期间，瑞麦公司的首席执行官玛格丽特·凯莉一直在收缩业务，同时要求员工努力提高营业收入。她突然意识到，她请求员工做的事，实际上不可能做到，因为她没有给他们一个目标。

玛格丽特史无前例地召集员工开会，向他们透露公司的营业状况和财务状况。她对他们说："这就是我们最起码要实现的营业收入。我向你们透露这一信息，表明我信任你们，并且希望你们能从大局来考虑。”玛格丽特公开公司账簿的决定，促使员工把注意力集中到提高营业收入中来。结果，瑞麦公司的业务明显好转，员工发挥了巨大作用。

让员工了解组织的财务现状，并不是只有员工才会受益。普华永道会计师事务所的埃里克指出，公开发行股票的公司如果向公众公开其财务状况，可使其股票价格提高 25%。

无论你的公司是私营的还是公共的，你都有权在你的职权范围内把公司的财务现状和目标告知员工。在和下属团队探讨财务状况时，你可以试着回答下面这些问题。

- 我们公司目前的财务状况怎样？我们的营业收入增长和支出管理的目标是什么？为什么确立那些目标？
- 用来评估部门绩效的关键财务指标是什么？每个人怎样为提高绩效做贡献？
- 我们的团队怎样做出与公司的财务目标相一致的日常决策？

最后需要指出的是，具有超强号召力的领导者，通常既向员工公开大事，也将公司的小事公之于众。其实，无论事情大小，藏着掖着可能导致灾难性的后果。

还记得那位忘了更换门挡的放射室主管格雷格·赫尔吗？在格雷格的医院收购了门诊放射业务后，领导者开始设计一座技术最先进的全新的分院。我在这家医院和员工举行一对一的面谈时，经常在一间员工很少进去的会议室里谈，而新建分院的计划恰好就摆在桌子上。很多员工告诉我，这是他们第一次看到那些计划。他们有意向我透露某个特定部门的人员数目，并且与那个部门当前员工的数目进行比较，确定那所分院在人员规模方面肯定会缩小。

具有讽刺意味的是，格雷格和高管团队在医院的大事上却对员工保持公开透明。比如，他们从一开始就向员工清楚地表明，保证每位员工第一年的工作都不会受影响，但有些部门最终还是会被撤掉或缩小规模（他们具体到了某些部门）。但员工依然对小事情感到焦虑不安，包括新大楼的设计图纸等。

最近在和我的一次对话中，格雷格向我透露了为什么对员工公开所有信息那么难。他说："总会有一些敏感的信息不能公开。但如果你不对每个人都公开透明的话，不可能赢得信任，不可能让团队对你忠心耿耿，不可能获得成功。你得找到合适的分界线，使那些某种程度上秘密的信息不让别人知道。从第一天开始，我们就已经将大事公开了。我们希望每个人都可以参与这栋新大楼的设计。我们承诺和员工携起手来，共同建好大楼。但是，不对他们出示建筑计划，他们觉得我们在隐瞒什么。"格雷格最终的决定让人感到非常惊奇，我们将在第 5 章进行讨论。眼下，对领导者来说要吸取的教训是：无论是大事还是小事，都必须保持公开透明。

号召力超强的措施

如何做到公开透明

- 在信息的公开透明和意图的公开透明方面，一定要让你本人与你的经理达成一致。预先想好一些问题，并且准备好明确且始终一致的答案。
- 如果你不能把某件事告诉你的团队，跟他们说出你的原因，并且要在能够告诉他们的时候，一定告诉他们。
- 创建一些论坛来分享信息，比如召集小型会议或者举行全体员工大会。
- 主动地寻找并击破谣言。
- 在决策或改变尚未最终确定之前，谨慎地公开信息。

实现意图的公开透明

- 告诉你的员工，组织中发生的事情背后有何原因。
- 如果你了解不到决策的原因，那么，使你的决策与公司的战略、文化或价值观紧密相连。

实现信息的公开透明

- 每年至少两次和员工分享并探讨公司和部门的战略与目标及面临的市场竞争的情况。
- 一定要让员工懂得，他们应当怎样与公司的大局保持一致。
- 将公司的运营现状告诉你的团队，并确保他们可以理解如何将那些现实与公司的战略联系起来。
- 就你的公司和部门的财务状况定期和员工沟通，并一定让员工理解他们日常的行动怎样与公司的财务状况息息相关。

第 3 章
确定清晰的期望

史蒂夫·格尔曼在读大学的时候遇到过一位数学教授，这位教授一直坚守一条称为“我的方法”的规则。教授始终认为，即使有很多方法来解答数学题，但学生只能按照他希望的方法来解。否则，他们得不到学分。

史蒂夫一点也不喜欢“我的方法”规则。

几十年时间一晃而过。2009 年冬天，史蒂夫被任命为美国西图公司工业企业集团的总裁。当时，经济萧条马上就要到来，他的下属团队一直在努力保住客户。由于原油价格的直线下跌，团队不得不叫停了他们最大的项目，并且完全不知道第二年该怎么办。公司的决策不容有失，此外，领导者还得为更坏的情况做准备。

史蒂夫团队的员工对公司最终取得成功有着强烈的信念，不过，他们在地理位置上很分散，而且很少有机会进行面谈。不安的情绪开始突然冒出，大家最近也难以步调一致地开展工作。虽然他们每周都会召开电话会议，但史蒂夫没有看到他想要的局面。

当史蒂夫开始联系我的时候，他知道他需要我的帮助，和很多领导者一样，他对问题产生的原因困惑不已。他不喜欢社会等级，他知道他的团队里都是一些聪明、能干而且资历很深的人。他想："我不应该把他们按地位高低来分类，但他们怎么会不知道他们应当做什么呢？"

我开始和史蒂夫的员工一一面谈，一些真正的问题开始浮出水面。这个团队及史蒂夫本人都觉得，他对公司的一切事务负责。几乎每次涉及决策的电话会议，下属都邀请他参加。由于他的下属不清楚史蒂夫希望他们做什么，所以，尽管他们喜欢他，也尊重他，但他们不敢胡乱猜测他的意图。他的一位直接下属悲叹道："我只是想让他告诉我们该做什么。"由于团队成员彼此之间不知道对方的任务是什么，所以，当问题出现时，他们都去找史蒂夫解决。这种领导模式我见得很多，通常的起因是期望不明确。回想史蒂夫大学时代的那位数学教授，他并不想告诉学生怎样解题，这样一来，学生们对题目也知之甚少，也不知道应该做什么。

史蒂夫和我开始深入研究这些问题。我们安排了为期 3 天的集体研讨，以评估团队的运行情况，力求有所改变。在安排这次会议的几个星期里，我日益明显地感到，工程师出身的史蒂夫对一切事情都小心翼翼地予以关注。

接下来，在 2010 年 1 月那几个寒冷的冬日，我和史蒂夫的团队进行了长时间的探讨。虽然过程并不美妙，却至关重要。团队成员展开了详尽的讨论，并且就他们自身的任务、取得成功至关重要的因素、他们的目标、可接受的和不可接受的合作方法、各自不同的角色和职责及指导他们决策的原则等，全都达成了一致。

会议的转折点出现在史蒂夫概括他自己的期望之时。他的期望是这样的：

- 我们要通过增进信任来提高决策的能力；
- 决策的做出及问题的解决，要尽可能从最低的层次开始，让涉及其中的人保持最少，只在有必要时，才向整个组织公开；
- 销售利润是所有指标中的关键指标，单位研发资金所产生的总利润是衡量组织效率的指标；

- 团队员工相互之间对对方负责，并且相互依存；
- 提前预警不好的结果发生，胜过坏结果发生后惊慌失措。

我记得，当史蒂夫的团队成员听到他说这些时，如释重负般地长吁一口气，他们终于搞懂了他想要什么。作为一位具有超强号召力的领导者，史蒂夫利用这次探讨的机会，终于把他的期望简要地概括了出来。他的这种成是极其显著的，就跟他的团队随后取得的绩效一样。这是我亲眼目睹过的印象最深刻的团队改革之一。

这些问题的原因，非常常见。史蒂夫原来十分信任下属团队的能力，以至于觉得没有必要设定清晰而明确的期望，但这一行为反而使团队员工的信心降低了。很多没有给下属团队提出明确期望的领导者，原本的想法是好的，跟史蒂夫一样，他们不想进行微观管理，不希望什么事都插手。但正如我们在上一章中探讨过的那样，人们需要获得一些信息来降低不确定性。设定了清晰期望的领导者，不但推动了绩效的提高，还提升了团队的信心。

这并不意味着你应当做一名独断专行的领导者，而是表明，你应当明确地规定下属团队的工作规则及工作成果。当你清晰地阐明了你的期望，便减轻了员工的焦虑感，并且降低了不确定性，尊重了员工对可预见性的需要，同时使得员工把注意力放在提高工作绩效上，而不是浪费时间去猜测你想要他们做什么。

哥伦比亚大学的理查·罗内及其团队开展的一项研究，支持了这一观点。该研究表明，当团队中存在明确的领导者和跟随者，而不是并未明确阐述每个人职责的扁平式组织结构时，可以取得更优的绩效，并且员工之间的冲突也会少一些。在员工间的合作十分重要的组织中，尤其如此。

为什么会这样？一种解释是由于我们的大脑的原因。在角色模糊的组织中，尽管我们的注意力会集中在没有领导者的组织，觉得它们会有一定的好处，但是，角色定位的模糊，有损我们的大脑保持专注的能力。沃尔夫勒姆·舒尔茨和他的同事利用功能性磁共振成像技术来观察一些玩牌者在下注时的大脑活动。他们研究了做出“有风险的”选择（其中，结果的概率是已知的）和“模糊的”选择（其中，结果的概率是未知的）的人之间，其大脑活动有何差别。结果显示，在前景不明的情形中，额叶皮质和扁桃体的响应更强烈一些。简单地讲，大脑对不确定性的反应，与我们在“战斗还是逃避”的反应中采用的机制是相同的。面对不确定情形，大脑的响应跟我们面对一头灰熊的反应是一样的。不确定性就那么可怕。这是一个严肃的话题，任何领导者都要引起重视。

5 个方面的清晰期望

试图准确地推断老板的期望，就好比你不和你的配偶或同伴好好交谈，就想弄清楚他为什么对你发火。这种可能性很小，除非你可以读懂别人的心。

我们在第 2 章中探讨过的克里斯蒂·马尔泰洛是一位新上任的领导者，她想用榜样的力量来进行领导，不想被员工看成一位成天坐在办公室里不出门的老板（坦白地讲，在医院里走动，随处可以看到死亡）。接任这一职务后，克里斯蒂马上投入新的工作中，穿上手术服，为患者服务，甚至在需要的时候当一名助理护士。她希望她的员工在亲眼见到她自己的所作所为后，理解她的期望。

但还是有一个问题。她从来没有向员工说起过那些期望。在几个月时间里，医疗中心的患者满意度得分急剧下滑。要知道，这个指标是衡量工作成果的一个重要指标。

克里斯蒂马上意识到，她得让她的团队员工明白她的期望，而员工并不具备读心术这种特异功能！为此，她召集了一次员工大会。在会上，克里斯蒂肯定地说："你们是一群工作非常努力的专业人士。我们可以做得更好。"

克里斯蒂解释说，团队需要注重 3 个方面的事情：礼貌、同情和减轻病痛。她的团队在同情方面的得分较低，尤其让克里斯蒂感到烦恼，因为许多护士之所以干这一行，是想帮助他人，结果他们对病人没有展现足够的同情。她问他们："如果我在办公室里走来走去，但对你们正在做什么事情表现得没有任何兴趣，你们会是什么感觉？你们还会尊重我吗？"护士们摇了摇头。"那么，你们觉得我们的病人会有怎样的感觉？"突然间，大家似乎明白了什么。不久之后，克里斯蒂的部门从以前的患者评分最低，一跃跻身于得分最高的行列。

克里斯蒂和史蒂夫都掉入了很容易掉进的陷阱之中——忘了告诉他们的团队成员，他们到底需要得到什么，到底期望什么。具有超强号召力的领导让员工清晰地了解未来的前景、员工的职责、工作成果、个人行为及团队行为这 5 个方面。让我们逐一研究它们，学习怎样为你的团队设定清晰的期望。

清晰的未来前景

我曾和一个正在进行内部业务整合的团队合作过，这一整合的过程，带来了大量的冲突和混乱。起初，他们请我为新融合的组织创建一个领导力模型。在我刚开始和其中一个即将被兼并的部门的员工座谈时，听到了一片反对的声音。该部门的领导告诉我："我无法想象在这里领导什么，因为我根本不了解这个部门未来前进的方向。"在团队了解公司的大局之前，不可能探讨任何其他事情。因此，我们后退了几大步，让员工从了解公司的大局开始。到会议结束时，我们就该部门的前景和使命、短期的目标及一系列在前进道路上需要解决的问题达成了一致。

最起码，你必须跟你的员工就未来的前景进行沟通，无论你是刚刚担任一个新的职务、领导员工进行一项改革，还是在日常的领导工作中，都要如此。以下是你在磨砺这种沟通技能时可以提出的问题。

1. 我们团队的优势是什么？我们在哪些方面可以胜过别人？
2. 我们团队的劣势是什么？我们需要解决哪些方面的问题？
3. 在我们的行业或市场中，存在哪些威胁和机遇？
4. 这个行业未来 5~10 年将发展成什么样子？
5. 我们希望这里 3 个月以后变成什么样子？6 个月呢？一年呢？

清晰的工作职责

回想一下西图公司的史蒂夫·格尔曼的团队，在那里，很多问题都源于职责定位不明确。心理学家把这种现象称为“角色模糊”，当员工不清楚他们应当做些什么时，往往会出现这种现象。这种不确定性催生了焦虑，浪费了精力，损害了业绩，打击了员工的积极性，甚至影响他们的健康。角色模糊与血压升高、心跳加快、荷尔蒙含量升高及心脏病等存在关联，而且还会降低免疫系统的功能。不清楚自己职责定位的人，还有可能对别人怀有敌意，使积极性大为受挫。史蒂夫在向员工清晰地阐明他们各自的职责定位后，一方面发现工作绩效提高了，另一方面发现团队更加快乐了。

你除了可以借鉴史蒂夫采取的行动之外，还可以使用一种工具来辨别下属团队中不同的职责，那便是“RACI 模型”。这一模型来自项目管理文献。对于每个项目，仔细回答以下的每个问题。每项任务或每个项目最理想的结果，是明确其责任人员或相关人员的姓名和职责，使他们各司其职、各负其责。这些责任人员和相关人员，分别用 R、A、C、I 为开头的单词来代表。

- R（Responsible）代表实施人。哪个团队或个人将负责实施这个项目，成为“行动者”？

- A（Accountable）代表负责人。谁负责项目的成功或失败？（在某些团队中，这个人可能是负责实施项目的团队成员。）
- C（Consulted）代表咨询方。谁是对项目的结果感兴趣的或者拥有否决权的利益相关方？谁拥有可以融合到团队中的专业技术？
- I（Informed）代表告知方。谁需要了解项目的现状及结果？有时，这些人是高级领导者；有时，他们是客户。咨询方与告知方的不同之处在于，咨询方可以提出建议，而告知方则只是获得最新的情况。

以下问题有助于你的团队明确职责定位。它们可以用在个人身上，也可以用在团队身上（不过，我通常发现，用在团队身上最有效）。

1. 每个人对团队的主要贡献是什么？他最重要的项目是什么？
2. 你预计员工将怎样分配他们的时间？
3. 员工有多么希望相互协作？同时，目前存在哪些共同的、独特的职责？
4. 为求成功，每个团队成员需要其他团队成员为他做什么？

在清晰表明团队成员的职责定位时，把你自己想象成一支著名管弦乐队的指挥，你正指挥着每位音乐家清晰地理解他们将要演奏的音符。为了演奏出美妙的音乐，音乐家们必须拿出他们自己高超的演奏本领，并且知道他们该演奏些什么。

清晰的工作成果

我们在第 2 章介绍过，迪斯尼互动媒体集团一位名叫布拉德·戴维斯的领导者，在其担任领导职务的两年时间里，度过了他职业生涯中最好和最坏的时刻。两年之后，他超额完成销售目标 60%，由于业绩异常突出，被晋升为在线广告销售部门的高级副总裁，一位新上任的高管是他的上司。一天，那位新高管把布拉德叫到她办公室，对他的领导风格提出了警告。她解释说，他并没有表现出迪斯尼的高管们期望下属表现出的行为。

布拉德既感到困惑，又极为震惊。我怎么知道高管们期望的行为是什么？他想不通。你们刚刚才提携了我。显然，我之前一定干得非常不错。

如果把这事放在他职业生涯的早期，他也许会当场递交辞职报告。但他热爱这份工作，想干出一番事业。他对这位新高管说："好的。请帮我了解你期望我做些什么。如果可以的话，让我回家再好好想想，确定我是不是能够满足你提出的要求。"随着这位高管回答他的问题，布拉德准确地了解了迪斯尼的高管对下属有着怎样的期望。她告诉他公司都有哪些责任托付给他，并且说，他出差太多了一些，希望他能多出席一些内部的会议。最令人惊奇的是，她还对他说，很多人觉得他只为自己的团队呼吁（他在以前的岗位上一直就是那么做的），而不是从整个公司的利益着想。说实话，要让布拉德平静地听着高管说这些，实在是难为他了，但他立刻懂得了，他面临的游戏规则已经变了。

回到家里，布拉德考虑了他的各种选择，最终决定留在公司。他和他的上司安排了一些会议，并且向上司阐述了他制订的计划。对这一计划，他决定用不同于以往的方式来实施。会议开得很好，3 年之后，他参加了公司的高管培训项目，这是针对迪斯尼领导者的最高级培训。布拉德从差点终止在迪斯尼的职业生涯的地步（差点递交辞呈），逐步迈向了成功领导者的顶点，就是因为他深入了解了领导对他的期望。

有多少次，你让你的员工不得不猜测你的期望？太多的领导者没有阐明这些，他们会说，他们只想"授权"给员工。但这并不是授权，相反，这是放弃职权。如果你想让你的团队清晰地了解你期望他们完成的工作任务，必须设定有效的目标。

目标：创造明确和鼓舞人心的成果

2000 年，安德鲁·罗伯和他的合作伙伴陷入了困境。他们在 1999 年创办了名为“eSkye 解决方案”的公司，当时，公司的 B 轮融资到了关键时刻。他们已经筹集了 600 万美元的资金，正处在准备签署筹集另外 7 000 万美元资金的投资意向书阶段。但在投资方签字之前，市场崩溃了，融资未能实现。他们当时有 50 多名员工，账户里的所有资金都不够发半年的工资了。

安德鲁向他的团队承认，这让人很烦恼。但他呼吁：“从现在开始，我们每天早晨起床后，必须做一些事情。”由于他们的融资未能实现，因此，资产负债表中的融资已经发生了变化，但可以确定的是，人员和市场，也就是员工所代表的无形资产及市场机遇还是没有变化。他知道，他的团队拥有一些最优秀的员工，如果他们重新回到正轨，有可能再次筹集到资金。他激发他的员工积极投入工作，只在短短 3 个月的时间里，团队就达到了目标，完成了 B 轮融资，筹集到 4 800 万美元，这是这类公司迄今为止实现的最大数额的融资！

安德鲁的故事是展示目标的力量的绝佳例子。目标激励人们创造业绩，而在实现目标的过程中，我们产生了自尊和自信。1987 年，罗伯特·伍德和他的同事进行过一项研究。在公布研究结果时，他们宣布：“我们已经确切无疑地知道，目标与绩效之间的关系最为密切，所以，我们今后不必再去研究它们之间的关系了。”想想吧。你有没有经常听到某位学者说，我们应当不再研究某件事情了？

在深入研究如何确定伟大的目标之前，让我来回答你也许会问的一个问题：“我对我的团队期望的目标，到底应当设定得多高才合适呢？”对这个问题，科学家给出了答案。荷兰蒂尔堡大学的彼得·范登伯格领导的一个研究团队着重研究了领导者对员工的期望所产生的影响。研究人员收集了来自荷兰各组织的 900 多名员工和经理的调查数据。他们发现，对员工期望较高的领导者，与员工建立了更高质量的关系、确定了更难的目标并且向员工提供了更多的学习机会和实时反馈。所有这些，反过来使得员工的积极性进一步高涨。

简而言之，和 eSkye 的安德鲁及其合作伙伴一样，具有超强号召力的领导者，通过为团队确定较高的期望，来推动员工取得优异绩效并且关心员工。让我们学习他们的做法。

SMART 目标推动员工取得优异绩效

我猜想，你在自己的职业生涯中至少听说过一次"SMART 目标"。它是由乔治·多兰、亚瑟·米勒和詹姆斯·坎宁安三位学者首次引入项目管理实践中的。他们认为，确定优秀的目标要遵循 SMART 原则，SMART 中每个字母代表一层含义。

- S（Specific）代表具体性。目标是不是足够具体地被表述了出来，以至于等你将来达到了目标时，自己可以知道目标业已实现？
- M（Measurable）代表可测量性。目标是不是能够被评估？要么是定性的评估，要么是定量的评估。
- A（Attainable）代表可达到性。目标能否实现？
- R（Relevant）代表相关性。目标是否与你公司或部门的目标一致？
- T（Time-based）代表时限性。具体而言，完成目标的期限是什么？

我曾无数次耐着性子听完培训师对员工进行的关于如何设立 SMART 目标的培训，也曾制定过无数个 SMART 目标。我曾在战略规划、绩效目标和培训计划中见过它们。但实际上，SMART 目标并没有拯救这个世界。原因何在？

因为它们是以结果为导向的，通常并没有关注人（你有没有曾经跟某人约会，那人在相片上看起来很漂亮或者很帅气，但你与其约会的时候，就是产生不了感觉？同样的道理）。因此，我们在这里介绍更实用的 SAIL 目标。

SAIL 目标拥抱人性

SMART 目标对公司很有帮助，但由于它们没有将关注人与关注结果综合起来，因此，它们好比一艘美丽的航船，看起来也许很美，却无法在海上航行。下面介绍 SAIL 目标的构成，它包含拓展（S）、能力（A）、重要性（I）和学习型（L）等要素。

- 拓展。目标是否具有足够的挑战性，使得人们可以在实现目标的过程中提高自身水平？
- 能力。达到该目标的人，是否具备实现它的能力（或者可以从中适度地学习）？
- 重要性。目标是否使人们在实现它的过程中觉得自己很重要？
- 学习型。目标是否能够帮助实现它的人提高技能？

让我们首先从“拓展”开始探讨。拓展的目标类似于吉姆·柯林斯提出的 BHAG 目标：宏伟的（Big）、艰难的（Hairy）和大胆的（Audacious）目标（Goals），从一开始，它就得到了研究人员和管理学者的极大关注。设定目标的学问告诉我们，目标的难度与员工的绩效之间存在着密切关系。艰难的目标有助于我们提高绩效，因为它将迫使我们在达到目标的过程中另辟蹊径。打个比方，如果一位资产管理专业人士必须使自己的客户数量翻倍，那么，如果他只是比平时多打了一倍的推销电话，也许无法实现这一目标。可以肯定，他得综合运用不同的方法，例如，寻求让当前的客户向别人推荐他的业务。

最适宜拓展的目标是那些有25%~50%的几率实现的目标。为你的团队设定这样的目标，但也要记住，由于拓展目标本身的性质，它们并非总能实现。当你给员工同时提出了“正式的”目标和“拓展的”目标时，万一他们没能实现后者，你千万不能以“没有达到卓越”为理由而惩罚员工。

SAIL目标的第二个要素是“能力”。让我们假设，上面提到的那位资产管理专家将自己的目标确定为一年之内使客户数量倍增。但即使他非常擅长管理资金和资产，他的销售技能也无法被衡量。他的目标符合SMART标准吗？是的。它是拓展目标吗？当然。但它能够实现吗？有可能实现不了。如果他想努力去实现，但其他条件没有变化，或者没有获得其他的支持，结果没能实现，那么，到最后他可能动力尽失、士气低落。

在设定目标前，实实在在地观察员工当前拥有的技能，并且将需要的技能归纳到一起。如果员工并没有通过培训、指导或辅导而合理地学习，或者并未拥有学习需要的资源，那么，超出能力的目标的设定弊大于利。

SAIL的第三个要素是“重要性”。设立目标的科学表明，具体的、具有挑战性的目标可以带来更优异的绩效，只有当这个人接受那些目标，并且致力于实现那些目标，才可以带来更优的绩效。如果目标给人的感觉是不重要的、琐碎的，你的员工也许不会每天早晨起床后想着：“我一刻也不能等待了，只想马上投入今天的工作之中！”重要的目标可以让我们产生一种参与、有意义和有信心的感觉。这些都是具有号召力的领导者要承认的人类需求。我们将在第6章探讨有意义的理念。

有时候，简单地变换一下表述目标的方式，可能意味着极其重要与毫无意义之间的天壤之别。比如，亨利·福特的某家汽车制造厂装配线上的工人，也许制定了一个目标，即每天要处理100个零部件，但是，这一目标他也许从来没有觉得特别重要。但如果换一种方式，把那个目标与更广阔的世界相联系，每天处理 100 个汽车零部件，制造出汽车，给美国人民提供交通便利，以此来改变世界。会怎么样？那是一件几乎每个人都会为之兴奋的事情。

SAIL 的最后一个要素是“学习型”，它通常在设定目标时被人们忽略。绩效的目标只是根据投入与结果而被简单表述的，并没有表明员工将在实现目标的任务中学习些什么。即使学习型的目标与绩效目标最终产生的结果是相同的，但前者还侧重于员工技能的不断提升。学习型目标造就了更优异的绩效，并且帮助员工变得更有活力。

让我们假设前面提到的资产管理专家和他的上司正在设定当年的目标。考虑以下两种目标之间的差别。

- **目标 A：**我将在未来半年的时间里为新业务赢得 5 位客户的推荐。
- **目标 B：**为了提高我的影响力，并且帮助我成为总经理继任人选，我将在未来半年的时间里为新业务赢得 5 位客户的推荐。

目标 A 是一个绩效目标，存在固有的局限。当我们只把关注的目光聚焦于结果时，往往会把遇到的挫折归咎于缺乏能力，因而感到气馁。相反，目标 B 是一个学习型目标，它为人们“在实现该目标的过程中可以学到什么”提供了更广阔的背景。研究人员观察员工对这两类目标的反应时发现，员工对学习型目标有着更为稳定的积极感觉。从人性化对待员工和促进绩效提高两个方面分析学习型目标，我们可以发现，学习型目标包含了这两个方面。

上面例子中的哪个目标（目标 A 还是目标 B）更像你为自己及你的员工设定的目标？我猜想，大约 90%的读者，也就是说绝大多数读者，会确定绩效目标（目标 A）。坦白地讲，这是可以理解的。毕竟，我们回顾每天的工作，都首先会想到绩效。但如果事情变得艰难时，如果你能帮助员工确定目标 B，将垂头丧气的感觉降至最低，可以肯定，他们的绩效将有所提高。

清晰的个人行为

帕特·劳伦斯在酒店行业逐渐成长。在职业生涯的早期，她担任过人力资源部门的领导者，找到了一位重要的导师，那位导师将她由一位商人塑造成人力资源部门的人才。帕特的导师告诉她，要始终想着她作出的每个决策将如何帮助整个公司。

因此，当帕特成为瑞麦公司主管人力资源的副总裁时，她花了大约一个月时间与团队成员交谈，倾听他们的意见和建议，然后再阐明她对团队成员完成工作任务的期望。她告诉她的团队，她的期望是每个人所做的每件事都必须使客户满意，即使他们在人力资源部门工作。帕特说道："不要告诉我你们参加了哪些活动。告诉我你们为公司及客户做出了什么样的成绩。"她继续解释说，她不希望她的团队整天不切实际地想着那些令人分心的"举措"，而是希望员工把为客户服务摆在头等重要的位置。

帕特给员工讲了一个她在基斯通集团工作时的故事。假日期间，当招聘任务不多、团队成员不怎么忙的时候，她让他们到山顶的假日酒店内当电梯操作员、服务员和前台接待员。人力资源部门的终极目标是让他们的顾客满意，因此，一年到头坐在办公室里工作，没有什么意义。帕特想把她在基斯通人力资源团队采用的方法搬到瑞麦公司来，而且非常明确地表明，团队中的每个人需要做些什么来支持客户服务。

具有超强号召力的领导者不只是阐述需要完成何种任务的期望，同时还明确且经常地表达哪些行为可以被接受、哪些行为不可被接受的期望。大部分员工都想做正确的事，并且，你的员工不希望你失败。但如果他们没有清楚地了解你期望他们表现怎样的行为，他们将会一头雾水。

如果员工不得不猜测领导对他们有怎样的期望，既不利于人性化的因素，也不利于工作绩效的提高。我曾遇到过一位因行事变化多端而远近闻名的领导者。他的期望似乎每隔一小时就会改变。由于我不确定他的心情怎样，所以，我通常在开会时带上两份报告，而这种重复的劳动，让我无法把注意力集中在提高工作绩效上。我在试图猜测他的期望时浪费了大量精力，这使我疲惫不堪，斗志全无。

如果你不想变成这个样子，那么，在把自己对团队行为的期望告诉员工时，可以考虑以下几个问题。

1. 对你来说，你希望员工表现出来的行为，哪 5 种最重要？为每种行为举一个例子，详细阐述相应的情形及你希望看到的行为。

2. 对你的团队来讲，哪些行为是破坏团结与合作的？也就是说，哪些事情会让你突然发脾气？哪些行为让你觉得错得离谱？

3. 如果员工碰到了问题，你希望他们怎样处理？

4. 你希望你的员工怎样和你交流，以及怎么经常地交流？如果员工想和你面谈，将此列入你工作日程的最佳方式是什么？

5. 当员工在撰写报告或书面文档时，你通常希望看到怎样的报告？简明精练还是无所不包？

在虚拟团队中确定期望

不确定性会给虚拟团队带来严重的后果。对于在同一栋办公楼里工作的团队，即使没能明确表述职责定位或期望，有时候可能还不是一个大问题，然而，对虚拟团队的领导者来说，这个问题严重得多。同在一个地方办公的团队，确定期望的过程通常是在面对面的座谈中发生的，并且，可以通过非正式的接触强化期望。但虚拟团队的领导者，强化期望要难得多。他们需要采取以下几种方法。

1. 告诉员工你到底要求他们做什么。要尽早花些时间给你的员工打电话（最好是面谈），告诉他们你到底对他们有着什么样的期望。给他们一些时间来回答问题，然后问他们对你有什么要求。

2．试着经常沟通。我建议至少每周打一个电话。如果形成了经常沟通的习惯，可以使虚拟团队发生翻天覆地的变化。要把养成可靠而有效沟通的文化作为你的目标。

3．让员工可以预见到你将给出的反馈。在员工完成某项任务之后，要努力做到迅速向他们给出你的反馈。这样做，将减小不确定性，使员工有机会理解你要求他们做什么。

清晰的团队行为

2008 年，一家公司聘请我为一个价值 10 亿美元的工程项目服务，该项目位于加拿大艾伯塔省的含油砂地之中。在开发之初，项目的某些设计工作从一个位于卡尔加里的团队手中外包到一个位于布宜诺斯艾利斯的团队手中，但在项目启动之后，问题很快开始显现。卡尔加里的团队和布宜诺斯艾利斯的团队并没有清晰地理解他们各自的职责，并且，由于语言的障碍，两个团队在沟通方面面临着巨大问题。

两个团队的项目经理联系了我，请求我帮助他们解决这些问题。我和两个团队的员工召开了一系列的会议，开始明确地定义他们如何合作。我们制定了一整套指导原则，那些原则概括了团队成员相互之间的期望、完全坦诚、为人善良、相互尊重、切实负责、有耐心、事先告知等要求。我们还制定了明确的指导方针，确定了沟通的方式。项目的领导者每周电话联系一次，遇到新情况，将通过电话及后续的电子邮件来相互分享。

两个团队达成的这些一致，使他们可以迅速把注意力放到项目的启动工作上。团队成功了。但遗憾的是，到 2009 年，由于原油价格的下跌，项目最终失败了（这也是具有超强号召力的领导者不可能控制一切的明证）。但我们还是可以从这个例子中学到好的经验。

为帮助你的团队学习最佳合作方式，你可以提出以下几个问题。

1. 你的团队对你期望他们实现的工作成果有着怎样的预期？

2. 你将怎样与团队成员单个沟通及集体沟通？多长时间沟通一次？团队成员应当怎样相互沟通？座谈会应当开成什么样子？哪些座谈会的议程紧凑，哪些座谈会是临时召开的？哪些是短会，哪些是较长的会？

3. 适宜的沟通方式是什么？你将使用电子邮件来做什么？哪些事情可以不使用电子邮件？

4. 你和团队喜欢看到哪些行为继续下去？哪些行为需要改变或改进，以帮助你们更密切地合作？

5. 你在决策时采用的一般指导原则是什么？你预计你的团队将独立作出哪些决策？哪些决策需要咨询他人？

第 4 个问题中提到的行为，通常称为“团队规范”“团队指导原则”或“基本准则”。坦白讲，只要你在你的团队中树立了它们，我并不在乎怎么称呼它们。我建议这种原则不要超过 5 条，因为如果你的团队无法记住，一定不可能遵循它们。

我最近和辛辛那提市的一个团队合作，该团队提出了两条重点高度突出的团队规范：（1）开展高效且训练有素的对话；（2）他们所谓的“大笨蛋因素”意味着，在团队成员清楚地搞懂了他们那位经常啰嗦的领导者玛丽的意图之前，他们可以不断地提问题（别担心，玛丽本人也觉得这条规则实在令人捧腹）。这个列表好就好在它简单明了，而且毫不意外的是，团队运用这两条规范后，马上就出现了可喜的进步。

几年前，我老公和我在巴塞罗那庆祝他的 40 岁生日。有些朋友给我们列出了一个“不容错过的餐馆”名单。一天傍晚，我们决定到这座城市最受欢迎的西班牙风味小饭馆吃饭。那家饭馆有多受人欢迎？除非你提前几个月预订，否则不可能在当天晚上 9 点—10 点在那里用餐（那个时间段是西班牙晚餐的高峰期）。我们决定在饭馆还没有开门的时候，也就是晚上 7 点之前就来到饭馆外面，以便获得提前购票的优惠，这与北美地区大多数饭馆的优惠一样。我们听说许多游客也是早早来到饭馆外面，因此，做好了排长队的心理准备。但当我们到达时，只看到一些人在餐馆附近晃荡。

我们不愿意排在队伍的第一个，因此决定坐在隔街相望的一个户外咖啡馆中关注饭馆这边的情况。经过了很长时间我们仍没有看到任何动静，只见三三两两的人在饭馆外漫无目的地乱转。大概到了 6：50，我开始变得焦虑不安，于是下定决心去排队。我们刚走到饭馆门外，不到半分钟，就有 12 个人排到了我们的身后。每个人都在做着和我们一样的事：局促不安地逛来逛去，等待着别人排好队，再去跟在队伍的后边。

在我们排队时，饭馆里有个服务员轻声地笑了起来，她似乎没有兴趣帮助我们，那让我们感到非常不舒服。虽然我在这家风味小饭馆吃到了有生以来最棒的一顿饭，但是，饭馆并没有很好地向顾客阐明“应当怎样排队”的期望。不要让那种事情发生在你的团队里！世界上到处可见期望模糊的情形，但你作为一位领导者，能不能清晰地表达你的期望，责任在你自己。一旦你表明了你的期望，你的员工就知道该怎么做了。

号召力超强的措施

清晰地阐明你想要员工做什么

- 期望。一定要为你的团队确立较高的期望。较高的期望可以产生更好的关系、更难的目标、促成更多的学习、进一步调动员工的积极性。
- 愿景。向员工描绘公司的未来，以指引他们的工作，并促使他们思考他们扮演的角色。
- 职责。明确地定义每位员工的职责，使用 RACI 模型来问一些问题，并且定义具体的贡献。

- 成果。通过设定 SMART 目标和 SAIL 目标，向员工清晰地表达你希望他们取得什么样的工作成果的期望。

清晰地阐明你想要员工怎么做

- 个人的行为。告诉员工，你希望他们个人表现出怎样的行为，并且为他们如何完成自己的工作概括你可以接受和不可接受的行为。
- 团队的行为。给员工以清晰的指导，告诉他们你希望他们怎样参加会议、解决问题、撰写报告和书面文档等。帮助你的团队明确了解他们应当怎样合作，包括怎样开会、怎样沟通、团队运行有哪些原则，以及决策有哪些方式，等等。

第 4 章

表达发自内心的同情

《卧底老板》这个电视节目是领导者学习怎样同情员工的正面例子。在一期节目中，制作方跟踪拍摄了下水道清洁服务公司罗托–路德公司的总裁和首席运营官里基·阿奎拉开展的“卧底”行动，他装扮成一名一线员工，与其他员工共同为客户服务。

在节目中阿奎拉遇到 3 个人。第一个人是一位名叫克里斯的下水道疏通技术员。他让阿奎拉想起了自己的父亲。他父亲是一名蓝领工人，酗酒成性，最终因饮酒过度而离开人世。而克里斯本人以前同样沉迷在酒精之中，如今已成功戒酒，但他并不忌讳向别人说起那段不堪回首的往事。在节目中，阿奎拉承认，有好几个晚上，他都因为想着克里斯而难以入眠。

阿奎拉在节目中结识的第二个人是女调度员坎迪斯。他了解到，坎迪斯的生活十分艰难，白天要照顾患有自闭症的孩子，晚上要上夜班，此外，她还得拿辛辛苦苦挣来的血汗钱支付房贷。阿奎拉看着坎迪斯操作他曾经帮助设计的调度系统，才知道这个系统有多么混乱。

接下来，阿奎拉遇到了亨利，一位潜心钻研、兢兢业业的技师。亨利仅用了 3 年的时间，就在同事之中脱颖而出，成为大家公认的专家。阿奎拉亲眼看到，亨利在为一位老客户修复下水道时，并没有拿出他全部的本领，不把下水道一次性修得很牢固。起初，阿奎拉很生气，随后意识到，由于亨利的工资是靠佣金来获得的，因此，如果他一次性修得很牢固的话，自己会损失收入，而那位客户有着固定的收入，亨利只是希望她的下水道能够过不了多久就坏一次，这样的话，她就会再次叫亨利去修理。在经过 14 小时的工作后，亨利不无自豪地告诉阿奎拉，他晚上还在工作之余给一支年轻的篮球队做教练。阿奎拉难以相信他的员工居然有这么大的决心帮助孩子们参与体育锻炼，这让他感动得无法控制自己的泪水。

在节目结束之时，阿奎拉反思了自己的经历。他第一次了解了自己的员工工作有多努力。他发现，他不希望自己成为只关心利润却丝毫不关心员工的人。到最后，他流下热泪，他清晰地了解了曾与他一起工作的人，并且感谢员工的帮助使他成为一位更优秀的领导者。

阿奎拉一开始并不是一位坏领导，但他深受一种常见的错误之害：忘了向员工表达同情。当你不理解、不支持员工时，他们会觉得自己好比一台机器中的齿轮。这种感觉，肯定使员工无法对你或者对他们的工作产生强烈的责任感，一旦有其他的工作机会出现在他们眼前，他们很可能跳槽离开。

同情能够推动工作绩效的提高，是有科学证据的。创造领导力中心开展的一项研究，对全世界 38 个国家的 6500 多名经理进行了调查，结果发现，表现了同理心（这是同情心的一个成分，我们马上就会阐述）的领导者的绩效，胜过没有表现同理心的领导者。这对世界各国的领导者都一样，不过，在某些国家中，两者的关联更紧密一些。

如果我们说，同情是成功领导的关键要素，应该很少有人会否认。但是，由于诸多原因，人们难以做到持之以恒地表现出同情心。你也许太忙了，根本没有注意到某位员工需要支持。或者，你可能并未足够了解你的员工，没有深入他们的内心世界。或者，也许你太专注于推动工作绩效的提高，没有注意到你的团队正处于困境之中。

在这一章，我们将揭示表达同情的重要性，它是一项可以学习的技能。

教会同情

让我们来看一个例子。多年前，雷·比希尔是一位新毕业的没有太多行业经验的博士，他遇到一位年龄较大的绅士，名叫欧尼，是一家高科技机械厂的领导者。公司领导要求雷·比希尔想办法提高员工的士气，而欧尼的这家机械厂，在公司各工厂中的士气是最高的。自然，雷找到欧尼，想看一看到底为什么这家工厂的士气最高。

他花时间和欧尼一起工作，观察欧尼的工作方法，并且试着深入了解欧尼。一天，雷请欧尼说出他的秘诀。欧尼说道："雷，这很容易。要提高员工的士气，就要理解爱的概念。"

雷迷惑不解地问道："什么？"作为一位有过科学研究经验的人，他又问道："你怎么去测量它？"

雷起初怀疑，这种模糊的、难以测量的概念，到底是不是欧尼的团队中士气极高的关键所在。但随着对欧尼的了解加深，他意识到，欧尼说得对。雷亲眼目睹了欧尼和他的员工之间深深的感情——当欧尼对雷谈及员工的困难时，他时常发现欧尼的眼中充满了泪水。领导力是关于爱的：对人们深切的关心，对员工充满爱，对客户充满爱。这次经历，伴随着雷走过了数十年。如今，雷已经成为一位成功的领导者，作为我的导师，他给我讲的第一件事，就是这个故事。

读到这里，你也许陷入沉思。你可能在想："那对欧尼来说很容易，但我不可能像他那样。"其实几乎每个人都拥有这种能力，它并不像看起来的那么复杂。同情心是一种感情，是我们人类一个至关重要的基本情感因素。它并不是要你拥抱你的员工和他们一起号啕大哭，或者听他们诉说他们悲惨的童年经历。同情心比这简单得多，也实际得多。一位住在加州的名叫道格拉斯·诺尔居的律师，曾经很好地表述道："同情心并不是怜悯，也不是一种情绪的东西。同情心是一种意识状态。"

幸运的是，几乎每个人都有同情心。有些研究者认为，作为一种情绪，同情心逐步发展，最后促成了所谓的"亲社会"的行为，或者是帮助我们人类生存的行为。事实上，我们的大脑本来就可以感觉到别人的感觉。研究人员已经确定，在猕猴（一种灵长类动物，跟人类十分相似）的大脑中，存在一种 "镜像神经元"。当猴子或人类看到其他猴子或其他人正在体验某种强烈的情绪时，镜像神经元就会触发边缘系统（这是人类大脑中负责情绪的部分），让我们也感受到对方感觉到的东西。比如，为什么当我们在电影中看到别人踩香蕉皮滑倒时，也会不由自主地低着头猫着腰。

但并不是每个人都能够同情别人。大约有 4%的人天生就反社会，也就是说，他们不能从心理上感受到他人正在遭受的痛苦。不过，另外 96%的人，即使没有每天都表现出同情心，我们也没有任何理由去责怪他们。我们也许并不会天天都表达同情，但可以努力做到。美国加州大学欧文分校的一个以约翰娜·夏皮罗为首的团队承担了一项艰巨的任务，去帮助医学院的学生提高同情心。而医学院学生这个群体，通常被人们大加诽谤，原因是人们误以为他们缺乏同情心。研究人员带着 22 名大学一年级的学生举行了 8 场阅读和讨论活动，阅读和讨论的对象是一些诗歌、短剧、小故事，它们阐述了诸如医患关系和倾听能力等涉及医学人性化的内容。研究结束时，很多学生的同理心提高了 54%，这证明：只要我们去努力尝试，大多数人可以提高同情别人的能力。

在另一项研究中，罗彻斯特大学医学中心的迈克尔·克拉斯纳和他的同事承担了一项更加艰难的任务：教医生学会同情。克拉斯纳和他的团队认为，大多数医生缺乏同情心是环境造成的。他们推断，医生的工作压力太大，以至于很容易对周边的环境失去感觉，包括那些需要同情的病人。

这个研究团队调查了 70 位完成了为期 1 年的专注力培训的初级护理师。这些培训包括一些提高他们对周围环境的感知的简单活动（如讲故事等），聚焦于注意力和意识，并且强化了积极的个人体验。最后，医生反映说，他们的幸福感增强了，也没有以前那么疲惫了，并且具备了更强烈的同理心。

最优秀的领导者知道他们需要表现同情心，但对很多人来说，他们要和员工一同体验，才知道为什么同情心如此重要。让我们尝试着稍稍缩短这一学习曲线，并且深入探究你究竟可以做些什么来向别人表现同情心，并从中受益。对别人表达同情，首先要通过同理心，然后要通过支持的行动。

同理心的构成要素

我们在第 2 章讲了护士长克里斯蒂·马尔泰洛的故事，她认为当一名管理人员其实很容易，直到她自己真的当上护士长之后才发现并不是那么回事。在此之前，她觉得对待那些绩效差劲的员工，可以采取直截了当的方法，训斥一顿就行了。但她担任护士长之后不久，发现有位护士在接班时经常迟到，克里斯蒂并没有选择呵斥她，而是发自内心地想，首先需要坐下来和她谈一谈。

克里斯蒂了解到，那位护士在家里过得很不好。她让护士说出自己的困难，并让她稍稍发泄了一番，结果证明，这是一种最佳的方法。最后，克里斯蒂告诉那位护士，她会一直支持她，同时也提醒她注意自己经常迟到的问题，即使事出有因，也应尽量不迟到。那次交谈后，那位护士表现得更优秀了，再也没有迟到过。通过显示自己的同理心，克里斯蒂并没有斥责员工，就解决了问题。当年，那位护士被提名为医院的“年度优秀护士”。克里斯蒂认为，如果她当时只是简单地警告一下那位护士（换句话说，不展示出同情的姿态），那位护士可能会就此辞职。同情心帮助克里斯蒂避免了重大的人员损失。

在员工身处困境时表现出同理心，有助于提升他们的信心和工作热情，而他们会在你需要获得同理心的时候，也对你做同样的事。在这一部分，我们将研究同理心的 3 个关键要素：换位思考、懂得你的头衔的影响、喊出别人的名字。

换位思考

吉尔·麦克卢尔在她大学的最后一个学期摔了一跤，把胳膊摔断了，不得不进行急诊手术。那时，她正在当地一家电台担任午后节目的主持人。她把所有事情都放在一边，安心去做手术，结果留下了很多的工作没做，也耽误了学业。等到她再次回到电台，她觉得特别对不起自己，因为她不得不带着一支受伤的胳膊去工作，同时还得努力完成最后一个学期的学业。电台的节目制片人在大厅里碰到了她，把她拉到一边说："你应当认真考虑一下给大伙写张便条，感谢他们帮你顶班。"

吉尔一听就火了："什么？我可并没有故意摔断自己的胳膊！"

制片人说道："没错，吉尔。即使你并不是故意这样做的，但是，你没来上班，确实给你的团队增加了负担。承认他们帮过你，真的很有好处。"

对吉尔来说，这是一种全新的想法，但她忽然想起来，第一天回来上班的时候，电台里的很多人对她的到来显得不冷不热。那天深夜，她按照制片人说的，写了一些真心感谢的话，她想象了一下，她的同事为了顶替她，可能会感到措手不及，虽然那并不是她本人主观上的过错。第二天，吉尔把便条给了同事，到了周末，吉尔注意到，同事们对她的态度发生了很大转变，特别是那些以前看起来很烦她的同事，如今都由于吉尔的同理心而变得支持她，对她表现出友好的态度。

如今，吉尔已成为科罗拉多州油气协会首席运营官，但她经常会想起这件事。当她的团队面临一些困难时，无论是主观上的还是客观上的，她都会努力站在员工的角度来思考，并且感谢员工。

如果你了解你的团队正在经历什么，而你的团队也知道你对他们的困难有所了解，那么，他们将帮你更多地分忧，并且能够更好地应对艰难的局面。请注意，只要你感谢他们，并且指出你知道你的团队面临着多么困难的局面，那么，对你的团队来说，那都不是什么困难了。

读到这里，你也许陷入了沉思。“嗯，这么说那很简单。我就是需要更具同理心。我明天就开始练习！”但不要忘了这一现实：由于你是一位领导者，有时说起来容易做起来难。我们都听说过“绝对的权力产生绝对的腐败”，这是有一些道理的。美国西北大学凯洛格商学院的亚当·加林斯基及他的同事证明，权力致使我们过度依赖我们自己的视角，难以从别人的视角来观察。

研究人员让实验的参与者做好准备，请他们回忆自己要么拥有很大权力，要么拥有较小权力时的经历，然后请他们在自己的额头上写下字母“E”。拥有较大权力的参与者比拥有较小权力的参与者有 3 倍的可能性写下一个他们可以从镜子中看出来的“E”。不过，除他们自己之外，任何人去看这个“E”，都是反的。因为他们是从自己的视角，而不是从别人的视角来写下这个字母的。拥有较大权力的参与者，还在判断别人的情绪响应方面暴露出更多错误。让我们确定，你是否可以在你的额头上正确地写下字母“E”，我们是不是应当从别人的视角来写呢？这里有一些帮助你理解团队视角的建议。

- 跟吉尔·麦克卢尔一样，在决策时，一定要问你自己：“如果我就是那个受到这一决策影响的人，将面临怎样的挑战？”
- 跟克里斯蒂·马尔泰洛一样，尽可能经常地问一问你的：员工过得怎么样？面临什么困难？你能怎样帮助他们？

- 跟里基·阿奎拉一样，一定要让大家看到你经常跟员工打成一片。深入一线，花一天时间跟着土木工程师干活。花一天时间和你的销售团队一同奔波。然后，把你对团队的理解告诉他她，并且向他们表明，你懂得他们工作的艰辛。

懂得你的头衔的影响

玛格丽特·凯莉懂得头衔的影响。当她从瑞麦公司高级副总裁的职位晋升到公司总裁和首席运营官时，即将离任的总裁告诉她："今天你还是玛格丽特。明天，你就是总裁了，你将不再是玛格丽特。"

只要你拥有一个头衔，周围的情况就变了。即使你只是收发室的管理人员，你的头衔也会对收发员产生影响。这既是好事，也是坏事。之所以是好事，因为人们可能更听从你；之所以是坏事，因为你在担任领导职务之后表现出来的与之前同样的行为，对员工来说也许变成了一种威胁。如我们在第 1 章中了解的那样，要让员工看到你人性化的一面，从而让他们尊重你的职务，同时也把你视为普通人。

你还可以运用你的头衔，对别人产生好的影响。在瑞麦公司的年度大会上，如今担任公司首席执行官的玛格丽特，尽可能跟大约 3000 名代理商握手。她总是努力说些真诚和善意的话。有一年，玛格丽特跟一位个子不高但体格结实的妇女热情地打招呼，看到对方穿一件蓝色西装，她称赞道："你看起来真漂亮！"

第二天，那位妇女双眼噙满泪水来到玛格丽特面前。她说："我真心谢谢你。你让我昨天晚上觉得自己很漂亮。"

玛格丽特说："是的，你很漂亮！你穿了一件蓝色西装！"

那位妇女说："你不知道的是，我刚刚做完乳房肿瘤切除术，身上缠满了绷带。我觉得自己丑死了，直到你跟我打招呼的那一刻，我才觉得自己漂亮。对我来说，一位首席执行官能对我说出那些话，真是太令人感动了。”这位代理商只跟玛格丽特有短短 4 秒钟的交流就对自己的感觉产生了巨大的转变，她将永远忘不了那天的经历。

你的职务头衔会影响你的员工如何看待你。作为一位领导者，你的行为无论好坏，都将被放大。具有超强号召力的领导者明白，关注和赏识会给别人带来多大的动力。因此，下次当你在大厅跟某位员工擦肩而过时，出于善意，跟他打一声招呼。

喊出别人的名字

莫雷尔·迪安有点自鸣得意，他当上了加利福尼亚州一家拥有 2400 名员工的医院的首席执行官。一天晚上，他和家人正在吃饭，他儿子突然问道：“爸爸，你知道你们公司多少位员工的名字？”

莫雷尔夸口说：“大约 200 位吧。”

他儿子的脸上顿时没有了高兴劲。“爸爸，你太差劲了！每 12 名员工，你只知道 1 个人的名字。”

在一瞬间，莫雷尔就意识到儿子说得很对。在以前的组织中，他叫得出所有 400 名员工的名字，还可以说出他们大多数人的配偶和孩子的名字。现在他知道自己还有很多事情要做。

高管的同情心

担任了高级职务，上司要求你把注意力更多地集中在“大局”之上。研究表明，高管很容易忽视员工人性的一面。这将使你陷入忘记表达同情的危险之中。

1. 留意你的语言。警惕那些行话，把人当成“人力资本”或“人力资源”减少了对基本人性的关注。在讲话措辞时，要让自己想起他们也是人，是跟你一样的人。

2. 随时在员工左右。如果你的员工觉得你不可接近，要么由于你有一间宽敞而气派的办公室，要么由于你从来没有和员工打成一片，那么，员工将不会和你心连心。走出办公室和员工们说说话，问他们一些问题，亲眼看着他们工作，而不是把他们当成报表中的数字，有助于提醒你注意他们人性的一面，这也使得你更容易对他们产生同情，反过来也一样。

3. 不论什么时候出差或旅行，拜访一下你的员工。即使只有几分钟时间，也想办法在别的地方和员工共处一段时间。比如，“和鲍勃一起吃早餐”或“和卡尔一同喝杯咖啡”。对员工表现出兴趣，并且回答他们的提问。

4. 记住，他们现在的处境你曾经历过。如果你还记得，他们现在的处境就是你本人曾经经历过的处境，那么，你将更好地理解和感恩员工当前正在经历的情况。

人类学家发现，无论是地球上的哪种文化，人的名字都是不可或缺的部分。很大程度上，名字就是我们的身份。它们将我们与别人区分开来，让我们变得独一无二。我们和别人相遇时，第一件事就是告诉对方名字。

我以前工作过的一家公司的首席执行官十分擅长记住别人的名字。我记得我刚开始在这家公司工作的那几个星期曾和他有过短暂的交流，但我没有想到，他居然记住了我的名字。4 个月后，我在电梯里偶然碰到了他。他根本没有停顿地说道：“你好，塔莎。新的工作还顺利吧？”我微笑着回答了他，我顿时觉得我是这个公司里最重要的人。

了解员工的配偶、伙伴、孩子和宠物的名字，你可以制造一种类似于我在电梯里感受到的效应。如果我们这样问候别人：“嘿，乔，周末过得怎么样？

你和芭芭拉玩得开心吧？”而不是“乔，周末过得怎样？”，从根本上来说更加人性化。虽然那句问候很简单，但乔知道你足够关心他，甚至还知道他妻子的名字。

我听很多领导者说过这样的话：“嗯，我就是不擅长记住别人的名字。”这是废话。只是你没有认真去记罢了。有多少次，你和别人见面交谈时，由于你没有用心去记他们的名字，所以根本就没有记住？擅长记住名字，很大程度上是和别人第一次交谈时，就耐心地真正地倾听对方说话。对于记不住别人名字的人，这里有一些解决办法。

- 重复记忆。当你遇到某人时，把他们的名字说两遍，比如：“南希，很高兴遇到你，南希。”
- 写下他们的姓名，或者请他们给你名片。通常情况下，看一眼你写下的东西，有助于你日后回忆起它们。
- 有时候，用某样东西或某个人帮助联想别人的名字，比如动物、物体或名人。这些帮助记忆的东西使你的大脑更容易管理和回忆新的信息。
- 在记一大群人的名字时，考虑使用照片的方式。很多公司都制作了工牌，存有一些照片。找到它们，好好看一遍，加深对每个人的印象。
- 为了记住员工的家人，把了解他们的名字作为你日常工作的一部分，或者，将他们的名字放到你的电子邮箱联系人数据库中。

支持的举动

记住，**同情心 = 同理心 + 支持的举动**。在这一公式中，支持的举动指的是伸出援手帮助员工。想一想，有没有哪次你知道某位员工身处痛苦之中时却没有伸出援手？光有同理心还不够，你还得真正地帮助别人才行。除了理解和珍视员工的基本人性，你还得帮助他们。如果员工需要你的帮助，而你却没有搭把手，那你可能失去他们，或者让他们感到疲惫不堪、充满怨恨。由于你帮助员工之后将带动他们反过来帮助你，因此，他们会在工作中表现出越来越强的活力和责任感，以此作为回报。在以下的内容中，你将了解向团队提供支持的 3 种方式：和他们一同战斗在第一线；全神贯注地倾听他们的呼声；在他们的工作和生活变得艰难时伸出援手。

和员工一同奋战

埃梅卡·埃内明白，领导者可以做的最伟大的事情，就是坚定地和他的团队一同奋战。这里的奋战，既有字面上的含义，也有隐喻的含义。埃梅卡身为石油数据无线服务公司的首席执行官，下属的能源服务公司向来自世界各地的运营商提供碳氢能源解决方案，从西非到中东再到北美。他的很多员工都在油气田里工作，工作环境非常危险。但埃梅卡要求员工做的事情，他自己总是身先士卒，战斗在第一线。几年前，公司员工在一口特别危险的油气井中工作，他二话不说，穿上工作服，深入到一线，始终和员工站在一起。他不希望把员工放在危险的火线，自己却躲在一边。员工终于安全地完成了任务，而埃梅卡也因为始终身处一线，赢得了团队永远的尊重。

埃梅卡的行动，无声地激励着他的员工。他向员工表明，他不认为自己当上了首席执行官之后便和员工有什么不同，或者比他们更优秀。在这方面，历史上有一个著名的例子：亚瑟王曾把他的骑士聚集在圆桌旁商谈军事，以便每个人都有一个平等的位置。另外，以我曾合作过的一家位列《财富》500 强公司的首席执行官为例，他拒绝了公司留给他的专用停车位。如果他上班来晚了，你会发现他和别人一样，开着车四处找停车位。这是非常了不起的。他是人，跟他的下属员工一样，下属的员工同样也是人。这样的举动，蕴含着巨大的力量。

这方面的举动其实很简单。和你的员工站在一起、共同面对问题，尤其是危急时刻。在重大项目即将完成的时候，和他们一同工作到深夜；推出一种新产品时，到呼叫中心听一听消费者的反应；到建筑工地上走一走。对你来说，重要的是亲身（或虚拟地）到那些地方去，成为团队中的一分子。

全球领袖的同情心

对于全球领袖们来说，用同情心来领导一个国家，是一项格外重要的技能，它一定能够缩小文化之间的差距。不同的文化之间一种有意思的差距称为“权力距离”，这是测量权力在某一文化中分布时有多么平等或者不平等的指标。权力距离小的国家，国民更具有合作精神，权力结构也较为“平坦”，而权力距离大的国家，更注重等级制度或家长式作风。以下是一些例子。

- **权力距离大的国家：**马来西亚、危地马拉、巴拿马、墨西哥、埃及、印度、阿拉伯联合酋长国、巴西。
- **权力距离小的国家：**美国、澳大利亚、哥斯达黎加、英国、奥地利、以色列（一个有趣的事实，尽管美国属于权力距离小的国家，但它的权力距离比同时处在这个类别中的其他国家更大！）。

尽管在所有国家中同理心都很重要，但创造领导力中心在2010年开展的一项研究中发现，在权力距离大的文化中，领导者的同理心与员工绩效之间的关系，比权力距离小的文化中两者之间的关系更加密切一些。为什么？事实上，在国家或组织中权力距离越大，领导者提供的支持和保护产生的影响也越大。

这并不是表明在权力距离小的国家中领导者缺乏同理心或同情心，但世界各国领袖必须意识到这些差距，并且在权力距离较大的国家之中，采用他们认为合适的方式来向人民展示同理心。

把你全部的注意力给员工

我曾经为一个高管团队举办过一次战略规划静修活动。我很担心那个团队是不是整天都能全神贯注地参与其中。这并不是因为他们全都有注意力缺陷障碍，而是因为他们人人都有 iPad。只要有人开始收发电子邮件，这一举动就像快速传播的病毒，其他所有人都会马上低头，玩起他们的 iPad。

我们生活在一个高度互联的社会，如今，要吸引所有人全部的注意力，几乎不可能。这一事实让你的领导工作更难做，特别是当你自己也容易分心的时候。想象一下，你的一位员工来办公室找你，你也做好了和他交谈 30 分钟的安排。他为了这次交谈，准备了几天甚至几星期之久。但当他走进你的办公室时，刚一坐下来，你便对她说："你来了，太好了。请稍等一会儿，让我写完这封邮件，我会很快的。"等你发完邮件，你们刚开始交谈，你的手机又响了。那一刻，你没有再倾听他说话，而是瞟了一眼你的手机，看看是谁打电话，确定不接听之后，再把注意力集中到那位员工身上，并且向他表示歉意。几分钟后，你看到你的上司从走廊里经过，便朝他挥挥手。

如果你是那位员工，你会有怎样的感觉?

我把这种现象称为"光鲜物体综合征"。虽然这些是相对不太冒犯别人的行为，但你做的每件事都暗含这样的意思："我没有集中注意力。"对方会马上把这理解成："我在你心目中不重要。"这不但可能让员工烦恼，并且，将来他们可能不再跟你报告一些重要的事情，因为他们觉得你没有认真听取他们的意见。接下来，还没等你意识到，整个团队的绩效已经受到影响。

我曾遇到过的一位优秀的老板，每周都和我面谈一个小时。每次面谈时，她会关上自己的门，关掉手机和手提电脑。她在用这些行动告诉我，她很重视我，也珍视我的时间和我的贡献。我记不起来我们都谈过什么，但我总会记得我当时的感受。所以，对她交给我的任务和项目，我总会付出更大的努力、投入更多的时间。这并不是偶然的行为。

全神贯注是支持举动的一个简单而有力的要素，幸运的是，你可以百分百地掌控。《哈佛商业评论》的专栏作家凯尔·安德森这样认为："全神贯注是任何人际关系中最首要的和最基本的组成要素。和那些不能或者不会全神贯注对待你的人，你不可能和他们进行很好的交流，形成亲密的感情……我们应当全心全意地控制我们的思想、行为，实际上，这就是掌控我们的生活。

因此，把注意力集中起来，做出能够让你全神贯注投入的选择。这里有一个不可思议的简单的诀窍：和员工交流时，在你的内心给他们照一张"头像"，以便你看着他们时，就好像在端详一张已经装裱好的照片。你只需把眼神望在那个相框之中便可以了。（要注意：不要过度地使用眼神交流！试着在80%的时间里盯着他们。超过了80%，他们会觉得不自在。）

但通常情况下，由于你不得不同时做多件事情，所以，要让你全神贯注，说起来容易，做起来却难。有一位领导者问我："如果有人需要我全心全意地关注他，但我在那个时刻做不到怎么办？"这是个很好的问题。让我们假设你的某位员工有一天敲你的门，而你当时正在写一个急待提交的报告。你要向他坦诚相告，请他允许你先集中精力把手头的任务完成。你可以这样说："谢谢你来看我。我应该全神贯注地跟你交流，这一点很重要。但是，请先让我完成手头的这份报告，一个小时内我再来找你，怎么样？"一般情况下，这都是可行的，而你可以先把自己的重要事情做完，同时也没有不尊重员工。

在员工处境艰难时给予帮助

正如第一部分的开篇介绍的比尔·丹尼尔斯对杰瑞·马利奥所做的那样，如果你的员工身处困境，你得和他们站在一起，无论他们面临的困难是个人的悲剧、过度加班导致的疲惫、身处压力重重的局面、被临时解雇还是面临并购等，当你发现你的某位员工正遭受痛苦和压力时，接近他们，对他们说："一切还好吧？你看起来很疲惫（此处插入某种情绪，比如沉默抑郁、愁眉不展等）。我能为你做些什么吗？"问一问他们是否想跟你谈谈，这通常是个好主意。

这既表明你很关心那个人，同时又没有说一定要他们跟你谈。如果你的员工确实想跟你谈一谈让他们焦头烂额的事，让他们跟你谈，这有助于他们排解心头的烦闷。将人类的感觉转化成语言（科学家称这种做法为"情绪标签化"），从生理上降低了负面情绪的强度。当然，你要自己判断这样的讨论到什么程度才合适。比如，对有些领导者来说，员工遇到什么委屈，在他的办公室哪怕哭哭啼啼一个小时也不要紧，而另一些领导者则受不了。最后，你还可以对他们说一句话："如果你需要的话，我就在这里。"

还记得吧，我前面说过，对大多数领导者来说，同情心通常并不涉及拥抱员工、听员工哭诉并谈论他的感受。但有时，那些举动又是必要的，特别是当领导者长期以来缺乏同情心的时候。

我记得，有这样一位领导者和他的员工在交谈时经历了极其艰难的时刻。这个团队由一位刚刚上任的、格外看重任务指标的经理所领导。我当时正帮助这个团队作第二年的规划，但我发现，真正的问题已经暴露得很明显，那位经理对他下属的团队，一点同情心都没有表现出来。

事实上，在面谈开始之前几分钟，一位员工偷偷地拉着我到收发室，跟我谈起了他的感受："他就是不关心我们，在他眼里，我们就像机器人。我再也受不了了。我从来没有感到如此不值得。"

我知道，如果我们不直接解决这些问题，团队不可能完成当年雄心勃勃的计划。因此，我设计了一个练习，我知道这会使那些问题浮现出来。在会议开始前，跟我偷偷透露感受的那位员工勇敢地站起来，主动说出她自己对团队运行情况的感受。她一边抽泣一边说："当你每天来上班，经过我的办公室时，你从来没有跟我打过一次招呼。当我向你提出一些问题时，你似乎从来不关心这些事情到底给我们带来了多大的压力。你从来没有问过我任何一件关于我个人的情况或者我在这里工作的事情。看起来你根本不关心我们。"

那位经理认真地听着她讲的每个字，那些话显然深深地刺痛了他。我看到他的双眼噙满了泪水。他转身偷偷抹去眼泪，希望没有人看到。我问他，他是否想作出回应。

他开始说了："听到这些，我感到极其震惊。我总以为，我的问题只是十分看重任务指标的完成情况，但我不知道你会产生这样的感觉。对于我给你造成的任何痛苦或愤怒，我深表歉意。请你原谅，那绝对不是我的本意。我确实很在意你们所有人，不过，我并不十分清楚如何向你们表达那种感觉。"从那一刻起，我们一致同意制订一个计划，绝不再让如此糟糕的事情出现。在相互拥抱、各自抹一阵眼泪并短暂休息一下之后，员工们回到了工作中，制定了一个不可思议的好战略，并且使之具体实施。

所以说，少数领导者有时候的确需要拥抱和哭泣。但不论你是不是需要这种戏剧性的表达，你想要传达的信息都是一样的。爱和同情都必不可少，尤其对于领导者而言。

号召力超强的措施

表现同理心

- 决策时从员工的角度来考虑。
- 记住，你的头衔对你的行为可以产生成倍的影响。
- 经常想一想员工的生活过得怎么样。
- 努力做到了解员工的姓名，他们的配偶、孩子甚至宠物的名字。

表达支持

- 在和员工互动时，要全神贯注地投入其中。
- 如果不能全神贯注地投入其中，告诉他们为什么，并且尽快安排机会进行交谈。
- 在重大的和挑战性的时刻，和你的员工始终站在一起。

BANKABLE LEADERSHIP

第二部分

尽力帮助员工和培养员工责任感

对萨米尔·阿尔–法奎赫来说，领导一个团队并不是件容易的事。他出生于约旦，在美国知名制药公司默克药厂位于摩洛哥的分公司担任商业运营主管。

萨米尔在默克药厂工作了 6 年之后，参与了公司在波斯湾地区 HIV 和 AIDS 产品的研发和配送主管一职的应聘，并成功就任。就任后他接管了一个现场销售协调员团队，团队中有一位员工总是达不到领导的期望。那位员工每天把大量的时间耗在办公室里，使得大多数销售专家对她极为不满，当萨米尔要求那位员工必须改变现状，努力去满足客户的需要时，她觉得难受极了。尽管不是萨米尔招聘她来团队中的，但现在，解决她工作绩效问题的责任，落在了萨米尔身上。这对那些接管了绩效低下的团队的领导而言，是经常出现的情况。萨米尔和他的上司探讨了解决这些绩效问题的方法，但没想出什么好办法。最后，萨米尔让全体销售员投票决定，解雇了那位协调员。当他把这件事告诉老板时，上司顿时火冒三丈。上司告诉他，那位员工的离职，原因并不在她自身，是他没能管理好员工。上司将来再也不会让他来管理其他的员工。上司还说，萨米尔没有努力做到让这位现场协调员对自己负起责任，也没有帮助她调整自己的行为，以达到岗位职责的要求。

那天，萨米尔有种茅塞顿开的感觉。许多人被上司训斥后，一般都要想办法替自己辩护，或者觉得自己很冤，但他却意识到，作为一位领导者，他得重新定位自己的关注焦点。他决定从这次经历中吸取教训，努力做一位让员工觉得优秀的领导者。

尽管萨米尔以前的上司反对，但他继续在中东和北非地区领导着一个绩效优异的跨学科团队。当他们面临失败时，萨米尔不是"让人们负起责任"，而是通过授权给员工、帮助他们主导各自的重要职责、指导他们做出正确的选择等各种方式来支持员工。萨米尔懂得这些支持的重要性。过了一段时间，结果不言自明，萨米尔的团队没有一个人主动离职。而且，这个团队的员工在事业上都十分成功。其中一位担任了一款知名度很高的产品的销售部门的领导职务，另一位在萨米尔晋升后接任了他的职务。令人印象最为深刻的是，默克药厂非洲地区的销售业绩达到了最优异的水平，增长幅度达到 47%。显然，萨米尔学到了宝贵的经验，帮助他成长为号召力超强的领导者。

在这一部分，我将解释具有超强号召力的领导者如何帮助员工取得成功，以及怎样激励员工对自己的行为和决定负起责任。要同时做到这两点，给人的感觉可能很难，正如号召力领导模型的其他领域一样，两者之间的矛盾，通常使得领导者以牺牲一个方面为代价去追求另一个方面，走向两个极端。领导要么变成事事都帮员工做，要么变成过于推动员工承担责任。在萨米尔的案例中，他过于注重那位经常坐在办公室里的员工对自己的行为负责，却没有为帮助她获得成功而进行指导与规划。

尽力帮助员工 ⟷ 培养员工责任感

使能者 ⟷ 独断者

同样把"尽力帮助员工"和"培养员工责任感"想象成一个频谱的两个极端。处于最左侧的领导者，什么事情都想帮员工去做，他们不允许员工拥有或者感受其对工作职责的责任感。处于最右侧的领导者，则过于注重让员工对他们自己的工作担负起责任，以至于对员工实行微观管理。这两类领导者都把员工当成了孩子，但却出于不同的理由。最左侧的领导者没有向员工赋予成年人应当担负的责任，而最右侧的领导者，不允许员工做出他们自己的抉择。

最左侧的领导者是“使能者”。他们总是怀着好意去帮助员工，但是，这种领导风格带来的结果可能是灾难性的。使能者往往过于帮助员工，亲手为员工做事，而不是让他们把自己的工作接管起来。比如，使能者不去指导员工如何找到正确的行动方案，而是直接给出答案，以免他们在自己寻找解决办法的过程中感到苦恼。或者，如果员工经历了失败，使能者可能自己动手解决问题，让员工以为他们本人真的无须对自己的工作承担责任。使能者可以接受平庸的工作绩效，或者把员工已做完的低标准工作亲手再去做一遍，目的只有一个，避免让团队中的任何一位员工生气或尴尬。

同样危险的是频谱最右侧的领导者，他们是“独断者”。这种领导极为重视员工能否对工作成果负起责任，但又不为他们的成功创造条件。他也许会制定很多的政策来代替员工良好的判断，或者，不给员工做出最优决策提供灵活的空间。通常情况下，这种领导者是在推员工，而不是在拉员工。如果员工没有按照独断者希望的去做，他们可能大加渲染让员工负起责任。

在接下来的几章中，随着我们逐步揭示这种二分法的特性，将有助于理解领导力的 X 理论和 Y 理论。这两种理论，是由知名的管理学教授道格拉斯·麦格雷戈在他 20 世纪 60 年代出版的著作《企业中人的方面》中首次提出的。

简单地讲，X 理论的最高境界就是微观指挥。秉持 X 理论的领导者认为，工人生性懒惰，必须推动他们去完成工作任务。相反，秉持 Y 理论的领导者认为，工人天生就有动力去追求成功，而且，他们对自己及公司的成功都很有兴趣，领导应当着重帮助他们取得成功，而不是着重控制他们。

X 理论就是一种明显偏向频谱右侧的领导风格，要结合它诞生的那个时代——工业革命时代来看。20 世纪初，工厂开始注重大规模生产，同时，由于工厂是围绕业主——经理人来建设的，因此，领导者缺乏我们今天拥有的典型的治理结构：首席执行官、总裁、董事等。在工厂中，领导者注重对高产的奖励。员工完成的工作任务很大程度上不需要技能，所以，领导者认为工人是可以被替换的。我敢打赌，“如果你不能做这件事，我会找到别人来做”这句话，一定是在那个时期首次流传开来的。那个时代占主导地位的管理风格就是对过程实行严格控制，表面上推动工人取得最大产量。

“让你的员工负起责任”是 X 理论留给现代社会的副产物，它已经变得十分流行，以至于成为了一种陈词滥调。这句话暗示：员工不会去想方设法取得他们应当取得的工作成果（难道有什么人为了追求优异的绩效而“负起责任”吗？绝不可能）。但这里存在一个问题，负责任只是人们对工作成果的一种反应或态度。它是外在的，而且是在已经形成事实之后发生的。强调让员工负起责任，则在暗示员工没有怀着好意，或者没有动机去做正确的事。而责任感是内在的，如果员工对他们所做的工作觉得自豪，就会产生责任感。我建议从你的词典中删除“负责任”这个词汇，而是选择“责任感”。

经历了工业革命和两次世界大战之后，世界（及各个组织）变得日趋复杂，最终需要采用 Y 理论的方法。无需技能的工作和标准化的工作已不复存在，取而代之的是一种要求合作、解决问题和持续改进的环境。经理的职责从让员工负责任，转变成为员工的成功创造机会。这包括给他们自主做出选择的权利，而不是一味地以命令压人。

Y 理论介于“使能者”和“独断者”的频谱中间。运用 Y 理论方法的领导者，能帮助他们的员工取得成功，并且激发员工的责任感。

让我们观察一个例子，看一看领导者用 Y 理论方法来替代 X 理论方法时，带来了多么强有力的转变。1927 年至 1932 年，研究人员对“霍桑的作品”——一座位于伊利诺伊州西部的电子工厂进行了一系列里程碑式的研究。研究最初的目的是揭示这家公司如何通过为工人创造最理想的工作条件，来提高装配线的效率。埃尔顿·梅奥和诺思·怀特黑德这两位研究人员对该公司装配线上的 6 名女性工人进行了研究，她们面临的工作条件各不相同，如照明、监管、休息时间和午餐时间等。

梅奥和怀特黑德发现了一个有意思但令人费解的现象：不论装配线上的工人做了什么，其产量总在增加。即使研究人员最终把工人们的工作条件换回到研究开始时的样子，依然是这种情况。

到底发生了什么？梅奥和怀特黑德意识到，在研究的过程中，由于改善了员工工作的条件，给了他们更多的休息时间，员工一下子有了更大的自主权和自由来完成他们的任务。结果，他们的责任感增强了，职业道德也得到了提升，产量也随之增加了。这次的研究还显示，当领导者给员工充分的自由，让他们能够以他们自己认为合适的方法来完成工作任务时，工作效率更高。具体地讲，拥有熟练技能的员工，他们并不一定会完全运用这些熟练的技能，因为技能并不是绩效公式中的唯一组成部分。

绩效 = 技能 + 动机

你有没有遇到过具备胜任岗位能力却丝毫不想努力工作的员工呢？如果你试图激发那个人的动机，用金钱也许无法达到理想的效果（而员工有着高度的动机却无法获得成功所必备的技能的情况，往往不太多见）。

这是一种可怕的现象，许多领导者不知道用什么才能真正地激发员工的动机。纽约的劳动关系学院从 1946 年开始进行第一次研究，后来又在 1949、1980、1987、1995 年进行反复研究。在这些研究中，工作人员请员工列举最能激发他们动机的因素。随后，又请经理做同样的事。

最后发现，员工觉得，最能激发他们动机的因素是欣赏、经理的支持及指导。但经理觉得哪些因素对激发员工的动机最重要？金钱。经理不仅猜错了最能激发员工的因素，还把欣赏、包容和指导排在各种因素的最后。1999年，丹尼尔·平克在他那本具有里程碑意义的著作《驱动力：有关激励的惊人真相》中公布了40多年来的研究成果。他在书中认为，最能激发员工动机的三大要素是自主权、熟练程度和目的。同样，金钱还是没有被列入前三大要素之中。

在电影《同床异梦》中，珍妮弗·安妮斯顿饰演的角色说了一句内涵深刻的话。这句话中包含的意义，概括了太多的领导者对那些没有动力工作的员工的感觉。电影中的那个角色对她即将离婚的丈夫说："我希望你想去洗碗。"强调了"想"的主动性。在工作中，难道你不希望你的员工想去努力工作吗?

当你创造了激发员工的工作环境时，他们将感受到强烈的责任感，觉得要对自己的工作成果负责。

一个晴朗的春日，我在俄亥俄州新建的辛辛那提机场航站楼附近闲逛，那天恰好是航站楼正式开放的第一天。我和一位登机门服务员闲聊起来，他自豪地宣称："我今天本来休息，但我来帮着刷墙漆，以便为这里正式运营做好准备!"他毫不隐瞒地表露了内心的责任感、归属感及自豪感。

我问道："是什么激励你那样做呢？"

他回答说："我们的上司真的让我们对自己的工作感到兴奋不已。几个月来，她一直在跟我们讨论我们工作的重要意义。"我立刻明白了，这位上司是一位具有超强号召力的领导者。

你也许已经看出来，我是Y理论领导方法的坚定信奉者。在这个部分，我将为你们介绍3种向Y理论迈进的方法。首先，在第5章，我们探讨当具有号召力的领导者把他们的员工视为成年人时，可以怎样在关注人及关注结果上都受益。怎样把员工视为成年人？既要认为他们是可以做出优秀决策的聪明人，又要摒弃那些过于控制员工工作方式的老套做法。在第 6 章，我们将学会不采用手把手教的方法也能有效地支持员工。在第 7 章，我将帮助你成为一位给员工带来最大利益的领导者，指导他们工作并充分发挥他们的长处。

让我们继续学下去吧。

第 5 章
别把员工当成小学生

早前，我在一家公司就职后不久，当人力资源部门发给我一份 5 页的《着装规范》时，我无法相信这个事实，我才到这个岗位上工作了几星期的时间。

先介绍一些背景。我是一个几乎患有强迫症的严格遵守规则的人，这还要回溯到我读高中时。我不会经常制造麻烦，但会向校长报告什么人在制造麻烦（别担心，我现在已经长大了，打小报告也只是偶尔为之）。到今天为止，我相信我可以适当地管理好我自己的着装和行为。

但是，根据那本《着装规范》，我在着装方面还需要改进。《着装规范》包含了详尽的指导原则和规则，清楚地规定了我可以化什么样的妆（淡妆）、我的指甲可以留多长（从指尖算起不超过半英寸）、可以穿什么样的鞋子（不能露出脚趾的）、多长的裤子（不能短于七分裤），甚至穿什么样的内衣（真的是这样，我并没有夸张）。当我站在那里，手里拿着那本《着装规范》的时候，一种奇怪的感觉从内心涌了上来。

我感到气愤。

难道他们真的不相信我能够自己穿着合适的、得体的衣服来上班吗？我一言不发，但义愤填膺。

那么，我怎么应对呢？我这个好好先生，开始用消极的方式来反抗，设法不按照这本《着装规范》的规定来做。我买的裤子，达不到《着装规范》中要求的七分裤的标准。有一次，我甚至戴了一副假指甲，以便看看我到底会不会被领导者赶回家，如果那样，我会觉得太滑稽了。

几周后，我来到诺德斯特龙超市的鞋子专柜面前，试穿了一双稍稍有点露出脚趾头的鞋子，我知道，穿着这双鞋去上班，可能别人看不出我的脚趾露了出来，因而可以侥幸逃过惩罚。我在试鞋镜面前转了几下，然后看着镜子中的自己。突然，我一下子醒悟了。我对自己说："我在做什么啊？"

很明显，当组织制定了一些制度来代替员工的良好判断时，几乎人人都会像我这么做。过于控制员工的领导者，暗示着他们不相信员工具有决策的能力，他们要么没有帮助员工获得成功，要么没有促使员工增强责任心。当经理说"我们这里没有真正负责任的员工"时，那是一个警示信号，表明他们正在把那些勤奋工作的大人当成小学生来看待，这种情况一旦发生，关注人和关注结果都会受到损害。

很多领导者并不是有意这样做的。我从经验中发现，我们制定的制度，至少有 90%是不必要的。为什么制定出来了？因为领导者太害怕跟某位令人不愉快的员工交谈。大多数制度是专门为各方面表现最差的 2%的员工制定的，那些人经常干蠢事，使得公司领导者开始考虑制定制度。

过多的制度带来糟糕的领导，而这些制度通常对绩效差的员工不起作用。如果你的团队里有人穿着超短的牛仔短裤来上班，和你向人力资源部门去抱怨、投诉相比，与那个员工坐下来并且就穿超短裤上班这件事展开一场令人不舒服的谈话，二者哪个容易得多？当然是前者。然而，一旦你出台了"不允许穿牛仔短裤上班"的制度，你只需把制度搬出来，对她说："瞧，这就是我们的制度。"而那位违反制度的员工也不会对你生气了。这是一个恶性循环。领导者依赖制度，而员工怨恨制度。

明确的解决办法是把你的员工当成大人来对待，不再严格控制他们的工作方法，使他们对自己的行为产生真正的责任感。在著名的诺德斯特龙百货公司，制度手册只有 8 个简洁而精妙的句子，而我也从这家公司的制度中获得了灵感，想出了我自己的《着装规范》。诺德斯特龙百货的制度手册是这样的。

诺德斯特龙员工手册

欢迎加入诺德斯特龙。我们很高兴你到这里来工作！

我们首要的目标是提供卓越的客户服务。请确定高标准的个人目标和职业目标。我们充分相信你能够实现它们，因此，我们的员工手册十分简单。

我们只有一条规则……无论面对什么情况，运用你良好的判断。

任何时间，如有任何疑问，请向你的部门主管、店面主管或者人力资源代表咨询。

当然，相信员工能够做正确的事情，也存在一定的风险。但这是迄今为止最恰当的选择。正如维尔软件公司的创始人和首席执行官马克·雷斯里曾对 Inc. 杂志所说的那样："我认为，如果你想要获得别人的信任，那么，你必须首先信任别人……有时候，你可能被别人背叛，但信任所产生的价值，大于有时候被人们背叛所付出的代价。"

在这一章里，我将探讨别把员工当成小学生，而是把员工当成大人来对待的两种方法。首先，我们讨论你可以怎样通过相信员工的能力，来帮助员工取得优异的绩效。然后，我们将讨论如何通过授权你的团队，使他们对自己的所作所为产生责任感。你会发现，其核心在于，授权可以帮助员工变得独立自主。你授予员工的权力越大，他们的责任感就会越强。

充分信任，激发潜能

你有没有遇到过这样的人？由于你十分相信他们的能力，因此，他们最后实现了一开始你认为不可能实现的目标。

克拉伦斯·迈克戴维德和我正为怎么解决他的问题而犯愁。克拉伦斯是玫瑰医疗中心主管人力资源的副总裁，我当时正坐在他的办公室里。一个月前，我加入了他的团队，为医院建立一个领导力提升项目。除此之外，医院还聘请我创办玫瑰大学，为所有员工提供职业发展机会。在一个月时间里，我们上了几堂有关新上任领导者的课程，由克拉伦斯的副手来授课，但那位副手刚刚辞职了。而我还有其他的工作要做，并且我们可用的资源十分紧张，因此，我没有办法来教那些课。

我试探着问克拉伦斯："我知道这听起来有点疯狂，如果我们将医院里的领导者培训成授课老师，让他们来教这些课会怎么样呢？"

我看到他的眼里闪过一丝光芒，并且马上凑近了一些。他对我说："跟我详细讲讲。"

我的主意虽然简单，却有风险。除了我一个人外，医院的高级领导者都没有教课的经验，更不要说是领导力发展方面的专业课了。但我相信，至少有 10 位领导者具备成为优秀讲师的潜力。克拉伦斯喜欢我这个点子，说："我支持。"

我们邀请了 12 位高级领导者担任玫瑰大学领导力课程的教员。为了获得资质，每位领导者将和我共同设计一门课程，完成排练，然后听取评委的评价，并且让我跟班，到教室里听他们讲第一堂课。当时至少有一半的人公开说我们疯了。但我们依然坚持做下去。

一年之后，我们这里成为医院里人人都羡慕的地方。我们有了 20 位教员，教 23 门课，因为这项工作使得我们员工的工作积极性得分跃居全院第一名，我们的患者满意度得分也有了很大的提高。有一次，我们的患者满意度得分在数百家医院中排名第 4。令人难以置信，却在我们的意料之中。我们相信那些领导者能够当好老师，而他们也向我们证明，我们的信任没错。

给予信任，得到结果

1963 年，哈佛大学的临床心理学教授罗伯特·罗森塔尔博士发表了一篇论文。论文指出，心理学实验中的期望，可以对实验参与者的行为产生影响。罗森塔尔强调，那种自我实现的预言，还可能在课堂中出现，也就是说，老师的期望将影响学生的成绩。在这篇论文发表后不久，罗森塔尔收到一位校长写来的信。旧金山一位名叫丽诺尔·雅各布森的小学校长希望他能够在她的小学里验证这一理论。

罗森塔尔博士的研究团队对所有学生进行了一次智商测试，不过，他们是以学业潜力评估的名义来进行的。研究人员随机将 20%的学生确定为具有较高学业潜力的学生，认定他们将来是“有作为的人”。研究人员告诉老师，这些人将来在学业上前途光明，但对剩下的 80%的学生，也就是实验的控制组，并没有提到他们在班上的表现会如何。8 个月后，研究人员对智商测试结果进行了管理，而那些随机挑选的“有作为的人”的智商测试得分，比那些处在控制组的 80%的学生，高出 15%。让我再说一遍，当研究人员告诉老师那些学生是聪明学生时，他们实际上就变得更聪明一些了。随着年级的提高，得分之间的差别慢慢变得不太明显，但其变化的规律依然如此，“有作为的学生”总是稳定地获得更高的智商得分，尽管最初的分配是随机的。后来，这种现象被命名为皮格马利翁效应。

几十年后，职场中对皮格马利翁效应的支持证据开始出现。多夫·艾登和亚伯拉罕·沙尼研究了以色列国防军中战斗指挥课程的教官和士兵。在上课之前，研究人员给了教官一个名单，上面写有那些随机分配为拥有“指挥潜力”的士兵的名字。他们告诉教官，上了名单的士兵能力更出众，未来的发展前途也更光明，还要教官们记住这些士兵的名字和“指挥潜力”得分情况。研究人员发现，教官对这些指挥潜力更高的士兵，期望也更高，而实际上，这些士兵也比其他士兵表现更优秀。指挥潜力较高的士兵，还给这些课程及他们的教官以极高的评价。

一条简单的领导力经验是：我们相信别人怎么样，别人就会怎么样。碰巧的是，研究人员发现，反过来也是如此。经理觉得哪位员工的绩效差，他们的绩效就真的差（我们将在第 9 章更详细地探讨这一点）。

当你在充分信任时，你会将员工看作最有天赋、最有积极性、最胜任的员工。为了充分信任，你必须深入思考你对团队作出的根本假设。要记住，这些假设是你选择的。以下这个表格提供了对同一种行为的不同假设的几个例子（见表 5-1）。

表 5-1

情形	负面的假设	正面的假设
员工犯错误了。	需要制定一项制度。	需要开展一场谈心。
员工上班迟到了。	这员工懒散或者生活一团糟。	他们家里一定有些什么事情，我能怎么帮他们？
你将出差一个星期，去参加一个会议。	我一离开，所有人都会在下午 2 点下班回家。	这是个好机会，我可以找出最优秀的和最聪明的人来顶替我一阵。

一定要实时地观察这些假设。你在做出判断时，要问自己：

- 为什么我那样认为？
- 我知道确凿的事实吗？
- 这种行为的另一种解释是什么？

表达期望，适当管理

我们一登上飞机，便相信飞行员能够把我们安全地带到目的地。我们一来到医院，便信任医生能够解决我们的健康问题。那么，为什么我们不信任我们的员工能够在工作中做出正确的决策呢？为什么我们要用规则和界限来限制他们呢？

吉姆·柯林斯在《从优秀到卓越》一书中探讨了这一点。他发现，当有些组织招聘了而不是摆脱了平庸的员工时，会制定一些制度来缓解那些员工对组织的损害。很快，这些组织变得官僚主义横行，无法留住最优秀的人才。在这些组织看来，似乎他们的员工不可信任，无法交出优秀绩效，因此，员工也就真的交不出优秀绩效。

少数几位勇敢的领导者和几家公司曾经和这一趋势背道而驰，他们淘汰了一些制度，目的是支持清晰明确的期望，并且依靠员工的判断来提高绩效。同时，他们把员工没有运用好的判断的后果清晰地描述出来。

许多人力资源专家喜欢制定制度。但是帕特·劳伦斯不是那样的专家。她刚刚当上瑞麦公司主管人力资源工作的高级副总裁时，公司有一本长达 70 页的制度手册。帕特觉得，把新员工都叫过来，请他们坐下，告诉他们不能做的所有事情，既不受人欢迎，也毫无帮助。相反，帕特帮助她的上司就员工应当做什么确定了一些清晰的期望。

慢慢地，7 年时间过去了，帕特大大压缩了瑞麦公司的制度手册。出于管理的原因，大约保留了 5 项制度（行为规范、骚扰和保密规则等），其他制度都废止了。正如诺德斯特龙百货公司那样，这全都取决于员工运用他们最佳的判断。那么，帕特是不是提出了解决人力资源面临的所有困难的完美方案呢？当然不是。她理性地分析说："有时候，员工做出了坏的决策，但是，我们的方法一定比简单地说'如果发生手册上列举的 500 件事情中的任何一件，我们将和你终止劳动合同’好得多。”

考特尼·哈里森是另一位具有超强号召力的领导者，她帮助组织像对待大人那样对待员工。考特尼是一个名为亚胜的初创技术保护公司主管人力资源发展部门的高级副总裁，在像对待大人那样对待员工这个目标上，她完成得很好。

最明显的改变发生在维修客户电话的制造中心。当考特尼第一次和该中心的经理查理座谈时，她发现该中心的人员流失率很高，现有员工的士气十分低落。在整个公司内，制造中心拥有的制度最多，很大程度上是因为他们担心员工会偷走客户的电话。

考特尼开始和查理展开一场冷静的对话。“查理，你总会面临一些偷盗客户电话的员工，你究竟应当围绕那些人来制定制度，还是应当围绕 98%的不会有偷盗行为的员工来制定制度呢？如果是后者，员工们将会相互管理，相互监督，无需采用那种父母对小孩的模式来规定和管理，而是让他们自己表现出责任。那不是容易得多吗？”查理起初犹豫了一下，但当他们谈到着装规范问题时，似乎茅塞顿开了。考特尼问道：“你会告诉一个你信任的成年人在面对客户的时候应该如何着装吗？”

查理回答说：“不会！”

考特尼接着说：“对。我们不需要一项长达 10 页纸的制度，我们只是需要清晰地阐明我们的期望，并且说明如果员工不遵守我们的期望，将面临怎样的后果。”

随后查理举行了一系列的会议，向员工清楚地说明那些期望。他对员工说：“我信任你们。但一直以来，我可能并没有表现出信任你们的样子。从现在起，让我们重新开始。我信任你们的其中一件事是早晨上班时的着装。我希望你们的衣服盖住这里（他指了指自己的双肩）和这里（又指了指自己的膝盖）。衣服不能有破洞，不能有宗教或政治的标志。不能穿平底人字拖鞋、露脐装或者露肚装。如果你不太确定，请到商店里买 5 件长袖 T 恤衫和 5 条牛仔裤!”员工们全笑了。

查理继续说道：“现在，如果你们来公司上班，对我刚刚提出的着装的期望还有些疑惑不解的话，你有 3 次机会。第一次，你可以回家，换好了衣服再来上班。第二次，你回家换衣服，但要扣掉这一天的工资。第三次，你会被炒鱿鱼。”团队的员工都懂了。一旦查理开始信任自己的员工，他们开始表现得像成年人那样。我们在第 3 章重点介绍的，“清晰地阐明你的期望”，就是像成年人那样对待员工的关键方面。对一个组织来讲，完全不要任何制度，又不清晰地表述其期望，可能是一种幻想。没有了制度时，员工必须对他们的行为负责，并且，当他们做出了不好的选择时，领导者必须马上干预。

你也许会想：“我不能控制公司的制度啊。我无权丢掉那些制度手册!”那也许是实情，不过，你可以对在团队中如何运用制度产生影响。让我们观察两类强化制度的谈话。

第 1 类谈话：“玛丽，感谢你前来和我交谈。我刚刚路过你的办公室，注意到你正在亚马逊网站上购物，却没有接听客户的电话。你知道的，我们的制度不允许这样做。（递给员工那本制度）你得遵守它。”

第 2 类谈话：“玛丽，感谢你前来和我交谈。我刚刚路过你的办公室，注意到你正在亚马逊网站上购物，却没有接听客户的电话。还记得吗？你第一天加入我们团队时，我们就谈到过迅速接听客户电话的重要性。我们还讨论了我对你使用互联网的期望，也就是说，只有在午餐后休息的那段时间里，才能因为个人原因使用互联网。我现在希望你不要再那样，你知道的，如果那样的话，公司将扣掉你一天的工资。我相信你能够做出正确的选择。”

上面的两类谈话，无论是哪一类谈话，都会令人感到不舒服。第 2 类谈话可能更难一些。但是，尝试着改变你的视角，并且站在玛丽的角度来看问题，你会发现，第 1 类谈话把她当成小学生，第 2 类则把她当成一名成年人来对待。你会选择哪一类谈话?

新任领导者如何不把员工当成小学生

新任领导者通常在成为以前的同事的领导后处于一个尴尬的地位。昨天，你还和你的同事是朋友，今天，你成了他们的上司。这一现实可能将新任的领导者转变成独断专行的人。“由于我现在是他们的顶头上司了，我最好要表现得像个领导，告诉他们该做什么，不该做什么!”你也许可以通过制定和执行各种制度来“压住”他们，但这样一来，便疏远了员工，这些都是像对待小学生那样对待员工!

1. 不能一夜之间改变，但仍要改变。你作为领导者，上班的第一天，就要以不同的方式来工作。告诉员工哪些事情将有所不同及你对他们有什么期望。同时还要提醒他们，你依然像以前一样信任和尊重他们。

2. 思考决策。与其单方面地行动，不如让你团队中的员工积极参与你做的决策。一定要就怎样做出决策事先和他们沟通。例如，是不是先让团队提供参考建议，然后你再决策？极为重要的是，让整个决策过程公开透明。

3. 记住你的过去，但接受新的职务。必要时承认员工在工作中面临的挑战，就在不久前，你还和他们一样。如果对他们面临的挑战视而不见，只会使你以前的同事疏远你。但要记住，你现在的角色已经变了。盲目地支持和鼓励员工，不仅让他们仍然把你当成以前那个朋友，而且还可能导致将来产生一些问题。例如，涉及尊重和决策的问题。

摒弃专制，营造归属感

营造归属感，是不把员工当成小学生，而是像对待大人那样对待员工的第二种方法。当你成功地做到这一点时，可以从某种程度上放松对员工的控制，让他们以及你的客户更高兴。

长期担任西南航空公司首席执行官的赫伯·凯勒尔是位具有超强号召力的杰出领导者，他曾说过："如果你营造了吸引人们真正参与的环境，那么，你就不需要控制了。"让我们例证控制与参与之间的反差。我最近打了几通客户服务电话，结果，遭遇完全不同。这几通电话，前后相隔不过几个小时。

第一通电话是打给航空公司。一次乘坐飞机，由于某种原因，航空公司没能把我送到目的地（他们决定飞机在奥尔巴尼而不是纽约市降落，那两个地方大概相距 150 公里）。我想知道谁该对我遇到的麻烦负责。我打电话给航空公司的一位客户服务代表，她告诉我，她没有权力处理这件事情。我说："好的。请找你的上司。"我觉得，她的上司应当能够帮助我。但是，电话转到她的上司那里，我就好比重复了歌舞剧场上的表演那样，一遍又一遍地重复着刚刚跟那位客服所说的话。这位上司同样又解释了一番，说他不能处理这件事。我说："那好吧，让我找你的老板。"后来，我和他们的老板又纠缠了 5 分钟，进行的对话又和前面的两场对话一模一样。最终什么也没解决，我厌恶地挂断了电话。

几个小时后，我打电话给一个购物网站的客户服务部门。客户代表问我："您好！请问有什么可以帮您？"我解释说，我订购的一件货物搞错尺寸了，但由于那是最后一件，因此没办法换了。我把我的情况告诉她后，她说道："女士，我将很高兴地为您全额退款。"我惊讶得差点从椅子上跌下来。她接着说："我们通常不会这样做，但我可以分辨得出，您不是故意这么做的。我们希望您对我们的服务感到满意。"这是一位获得了上级授权的员工，她的上司信任她能做出正确的决策。通过这番交谈，我这个原本不太确定自己今后还会不会在这个网站上购物的客户，一下子变成了他们网站的忠实客户！

过度控制的组织，与那些让员工能够自由做出正确决策的组织相比，工作绩效通常更为低下。领导力大师詹姆斯·奥图尔曾指出，当决策过程中存在层级障碍时，和我刚刚列举的航空公司客服代表的例子一样，产品和服务的质量都会下降。过度控制的组织往往只留住了那些绩效平庸的员工，而最优秀和最聪明的员工，都跳槽到了那些赋予他们更大自主权并且更尊重他们的组织中。如果你把高度控制的领导方法发挥到极致，必定在各方面都是自己说了算，所有的权力和决策，都要从组织的最高层来定。

当员工被赋予了权力、得到了信任，领导者把他们当成大人来看待时，往往会发生一些令人惊讶的事情。这里有一个例子。有一次，一个名叫彼得·沙克曼的人在飞机上度过了漫长的一天，经过长途飞行之后，在转机的间隙，他决定开玩笑地发一篇微博。他对莫腾斯发的微博全文如下："嘿，@莫腾斯，你能在纽瓦克的机场来接我，顺便带上一些牛排吗？我会在两小时内降落。谢谢。"他走下飞机时，惊讶地发现真的有两位莫腾斯下属的员工在等着他，他们穿着燕尾礼服，手里端着一份牛排。如果你跟别人打赌，说彼得·沙克曼会成为莫腾斯所在公司的终生客户，你会下多大的赌注？显然，彼得·沙克曼会因为这次经历而成为莫腾斯的终生客户。这就是授权给员工发生的惊人效果。

承担风险，理智授权

你也许会问，如果授权给员工有这么多的好处，那么，为什么很多公司难以做到呢？据我的观察，那些好心的领导者没能授予员工更大的自主权，是因为他们害怕。让我们回顾一下我们在序言中介绍过的油气公司领导者托德·汉比利斯顿的故事。当托德开始了他的创业旅程时，他作出了一个决定：承担授权的风险。他想休更长的假期、分配更多的工作给员工，并且使下属团队承担更大责任。他意识到，这样做可能会犯一些错误，但他坦然接受。

托德的第一个试验是让团队编制来年的预算。他问员工能不能把预算方案提到董事会上来，他对员工的能力很有信心，而且愿意帮助他们。大多数人满怀热情地接受了这一任务，他们告诉托德，他们能有这样的机会是多么兴奋。但跟预料的一样，有几位员工觉得这项工作太重要了，难以承担。于是托德和他们一起工作，了解他们到底担心些什么。当他知道是由于员工缺乏对预测过程某些要素的了解，以至于感到害怕时，他为员工提供了学习的机会，每周都利用某一天午餐后的时间来学习。到预算过程结束时，他的团队非常漂亮地完成了任务。更为重要的是，托德虽然承担了一些风险，但也获得了回报。他在那一过程中控制好了风险，而他的团队比以前更加积极主动了。托德的老板和董事会对这个团队的出色工作十分满意。

为了帮助你在自己的团队中开始这种授权的过程，这里有一些问题要问你自己。我建议像托德那样，首先从简单的事情开始，因为如果你一开始就毫无条理地向员工抛出一个个项目，只会制造一片混乱。

- 将你正在做的所有事情列一个清单。你必须做什么？想做什么？你想做的事情，是不是的确是你应当做的事情？你有没有向员工隐瞒一些对你来说有利益关系的项目，或者隐瞒了在你获得晋升之前就已经着手做的项目？
- 和你的员工座谈，搞清楚是什么让他们充满热情地投入工作。他们喜欢在哪些领域内做事、喜欢了解哪些领域，等等。为每位员工找一份额外的责任来承担，并且使他们拥有相应的自主权，可以自主做出与该责任相关联的决策。
- 将需要你批准的决策或者要求你审核的工作成果列一份清单。你可以将批准或审核的工作交由你的团队来完成吗？

表明愿景，充分授权

授予员工权力，另一个重要的考虑是清楚地表明你期望获得的结果，但对于员工应当怎样完成工作，不要做硬性的规定。要永远地抛弃“照我的方式做，否则走人”的心态。亚马逊网站的首席执行官杰夫·贝索斯最近被《哈佛商业评论》提名为世界上名列第二的绩效最优异的首席执行官，他曾这样解释他的公司取得的巨大成功：“我们固执地坚持我们的愿景。但我们灵活地对待工作的细节。”

1982 年，我母亲特里·瓦格纳在有线电视营销行业工作，公司的老板是比尔·丹尼尔斯，她的直接上司是杰瑞·马利奥。当时，有线电视行业刚刚诞生短短几年时间，运营提供商很难满足客户的要求。

一天，杰瑞打电话把我母亲叫到他的办公室。他说：“特里，比尔希望你建立一个客户忠诚度计划。你知道他的标准。必须是最优秀的，必须使我们在业界独占鳌头。此外，还要保证不违反社会道德和国家法律。其他的一切，全都由你决定。”

我母亲结结巴巴地说道：“但是，我们这个行业至今还没有哪家公司十分注重客户服务啊。难道他想让我们公司设立标准？”

杰瑞回答说：“正是如此。你只要告诉我们，如果由我们来设立这个行业的标准，都需要些什么。这是你的工作。”我母亲获得了授权。杰瑞和比尔告诉她一个清晰的、可以测量的目标，但没有规定她应当怎样来做。

知道了那个目标，我母亲启动了有线电视行业第一个客户服务的培训和改进计划。她知道，如果这个计划不逐步渗透到直接面对客户的一线员工那里的话，那么，比尔执着坚持的高标准将是一句空话。因此，她开始花时间和负责处理开发票、客户预约及解决基本问题的客服代表一起工作。第一天，我母亲在一间办公室里看到，有位客服代表把电话的听筒从话机上摘下来，以便自己可以安静地吃午饭。还有位客服代表正在接听一位想取消业务的客户的电话。客服代表这样对客户说："好的，你希望多快取消？"第三位客服代表将所有的电话都设置为"等待接听"，以便她可以完成手头的文字工作。

我母亲的脸阴沉了下来。她率直地问那些客服代表："你们觉得，你们在尽自己最大的努力提供最优质的客户服务吗？"

"没有！"他们回答道。

"那么，你们为什么不那么做呢？"我母亲问道。

她们马上给她列出了一个长长的清单，上面写着各种各样的困难，包括被主管逼得太紧、电话设备陈旧、缺乏培训以及在午餐时分没人顶班，等等。我母亲把那些反馈逐级向上汇报，并且以这个事例为由，认为需要启动客户服务改进计划。她第一步成功了。接下来，她帮助重新撰写各岗位的职责描述、购买新设备，创建了一个客户服务培训计划，以帮助同事理解和接受公司的目标，把公司打造成客户忠诚的一流团队。

我母亲等人干完这些工作时，公司的局面有了很大的改观。比如，当客户来电话要求取消他们的服务时，客服代表会想办法解决客户面临的问题："听您这么说，我很难过。我可以做些什么使您依旧使用我们的服务？"这项计划实施后，在短短几个月的时间里，他们发展的新客户数量大增，留住的老客户数量也同步增长。

也许这个故事最令人不可思议的部分是比尔最终如何奖励我母亲特里，以表彰她对公司的成功所做的贡献。他知道她总想着开一家自己的公司。在她注意到这样的机会来临时，她想离开比尔的公司，比尔问她，他可以怎样支持她的创业。两人讨论了一些方案，很快，他答应让我母亲转为他们公司的承包商，并且给我母亲提供了非常优惠的办公室租赁条件（每月 100 美元租金），让她可以在他的办公室附近办公。过了一年半左右，我母亲特里还可以调用比尔公司的一些资源，与此同时，为比尔的市场营销团队提供咨询服务和客户服务的指导。

比尔再次示范了真实的、基于信任的职业关系是什么样子。他告诉我母亲要实现什么，而没有告诉她怎样去实现，于是，给了她充分的自由，以她自己认为最佳的方式获得成功。由于比尔的领导智慧和我母亲的超强能力，在这一局，两人都成了赢家。

给予员工控制权

我的一个好朋友最近摔了一跤，不得不进行手术以阻止大脑颅内出血。这个朋友原本是一个自主意识很强的人，但不得不在医院待上一星期，这对他来说绝对不亚于待在地狱。没人喜欢住在医院，他觉得那种对自己缺乏控制的感觉难以忍受。他不能吃自己想吃的东西、不能决定什么时候出院、不能起床四处走动。

由于他变得垂头丧气，医生告诉他，他得定期与一位语言治疗师约诊。尽管他依然十分虚弱，头昏眼花，但他看着我说："我觉得我不需要进行语言治疗。"他自己太聪明了，以至于不知道这种治疗到底有多重要，我觉得，他是在运用他自己能够感觉到的最后一点点自主权和控制感。

幸运的是，我朋友恢复得很快很彻底，但这个故事，对经理们来说，有一条教训可以吸取。不论人们的年龄、职业类型、性别或文化程度如何，总想对他们自己的生活有一种控制感。在工作的时候尤其如此，因为在职场之中，大部分员工觉得他们能够直接控制的东西几乎没有。

研究人员穆阿迈尔·奥泽尔发现，那些觉得自己对工作方法有控制权的工人，与同事之间的关系更好一些，而且当别人需要帮助时，更有可能伸出援手。这有力地证明，赋予员工更大的控制权将有助于改善号召力领导频谱中关注人的部分。

在关注结果上，当员工拥有自主权和控制感时，绩效也更优异。蒙大拿州立大学的南希·多德和科罗拉多州立大学的丹·甘斯特曾研究了自主权对绩效的影响。两人请大学生完成一些测量语法、拼写和发音的文字测试，以测试学生的基础能力，然后，再给学生出示一些文本，要他们纠正其中的错误。研究人员告诉参与测验的学生，他们将和其他人竞争，并且要根据一系列完全不同的指示来完成纠正错误的任务，这些指示留给学生本人的自主权各不相同。拥有较大自主权的学生团队可以掌控这个计划，而自主权较低的学生团队，在每个环节都必须请求测验管理者的帮助。多德和甘斯特仔细审阅被参与实验的学生纠正过的文本后发现，拥有较大自主权的学生不仅更加专注地完成任务，而且也表现得更好。

我的一个朋友曾告诉我，“压力是没有控制的责任”，这一论断是有其科学依据的。最近有项研究发现，高级领导者（拥有更大的控制权）在工作中的压力较小。加里·谢尔曼和他的同事研究了参加哈佛大学行政领导发展计划的军队和政府部门的领导者，他们收集了压力荷尔蒙皮质醇的样本，并要求实验参与者自我报告他们的焦虑程度。研究人员发现，领导岗位级别与压力大小相关。压力减小得越多，领导者越高级。谢尔曼将这种现象的原因归为：高级领导者拥有更大的自主权。

为了给员工更大的控制感，具有超强号召力的领导者可以运用一系列方法。例如，印度一家名为 HCL 技术的 IT 公司曾发明了一种服务台，专门用来增强员工的工作体验。任何时候，只要员工觉得他们的工作中有些什么不对劲的地方，他们可以制作一张电子工作票，就好比在医院里挂号一样。也许他们不喜欢公司食堂的饭菜，或者他们对经理不满意。那些工作票将被分发给可以解决该问题的人。这种方法最明智的部分是：只有提交那张票的人，最终才有权完结它，好比只有最初挂号的人才有权销号一样。换句话讲，员工有完全的控制权，如果他们没有得到满意的答复，这张工作票就没有完结。

针对如何赋予员工控制感，还有其他一些方法。

- 请他们对项目和工作任务提建议。
- 问他们，你可以进行哪些方面的改革，以使他们的工作和生活更舒适。
- 当他们需要或想要时，不要限制他们休息的权利。
- 让他们自己制作日程安排或组织员工会议。
- 如果你的公司进行过工作积极性调查，考虑成立一个任务团队来负责那一调查。
- 允许员工根据他们独特的知识来影响部门的决策。

让员工可以自由安排工作时间和非工作时间

如果我每听到一位领导者发牢骚说他们的员工要求在家里工作，我便能获得 1 美元，那么，我可以把这本书获得的所有收益全部捐献给慈善事业。写这本书赚得的这些小钱，跟那笔巨款相比，简直是九牛一毛！我常常不确定他们为什么抱怨，给予员工充分的灵活性和控制感，实际上是企业势在必行的趋势。这包括一些选择，比如非传统的工作日（打个比方，每周工作 4 天，休息 3 天，每天工作 10 小时）、远程办公、灵活的时间安排，或者调整假期和病假制度等。据我所知，一家名为红蛙的活动策划公司对员工的假期天数不予限制。尽管这看起来似乎是一场灾难，但这一制度几乎从来没有被员工滥用。

灵活的工作安排，对关注人和关注结果都有着非常明显的好处。比如，在关注人上，远程办公的员工对工作更满意，而且主动跳槽的可能性也更低。此外，通过更为紧凑的工作日安排，让员工有更多的自由时间，这比起组织员工野餐或开展社交活动等，更能激发员工的积极性。在关注结果上，研究人员发现，灵活的工作安排总体上可使工作效率提高 10%。

显然，这种灵活性取决于客户和顾客的需要。例如，有些岗位要求员工亲临现场（比如汽车修理工）或者连续工作数小时（比如护士）。我建议，把那些灵活性“不可协商”的工作列出来，然后和你的团队共同探讨，想一想你可以给员工提供哪些最有意义的选择。在我的一位客户所领导的公司，前台员工想要在家里工作，以便可以专心致志地完成一系列的报告，这些报告是每个月必须完成的。我的客户同意她这样做，并且每两个星期允许她在家工作一天。这一天她的工作由其他员工来顶替。这样的安排，对那位员工来说，简直像梦幻一般美妙。

几年前，我刚刚获得硕士学位，开始在一家名为萨默维尔的专业咨询公司当一名初级咨询师。公司的首席执行官凯文·萨默维尔很快成为我的导师，并且始终相信我的能力。这种信任，远远超出了我对自己能力的自信。有一个星期，凯文找到了一位新的客户，他来到我的办公室对我说：“我想要你接手这位客户的所有业务。”我当时不由得打了个冷颤，因为我担心，如果我把这些业务搞砸了，不知道将面临什么后果。几天后，我鼓起勇气跟凯文交谈了一次。

凯文非常擅长讲故事，总是讲得绘声绘色，这次，他给我讲了一个在大中央车站展览的充气水牛的故事，以此来启发我。他说，那头水牛摆放在车站附近，经过的人会对它施以各种虐待，朝它身上扔垃圾、把烟头踩熄后扔在它的身上、踢它，如此种种。凯文曾问过旁边那位看护充气水牛的人：“别人如此虐待这只充气水牛，你怎么处理呢？”看护人轻描淡写地回答说：“人们对那头水牛的伤害，没有哪一样我不能在 5 分钟之内处理好。”

凯文说道，那位新客户的业务就好比那头充气水牛，而他本人就好比那位看护人。我犯下的任何错误，他都是可以纠正的，而他就在我的身后支持着我。当领导者授予员工权利并相信员工时，就会发生令人不可思议的事情。结果，我接手了那位客户的业务，进展得异常顺利。

我希望这一章有助于你以全新的方式来思考你的领导力。和我合作过的许多领导者对我说，把员工当成大人来看待的理念，有着开创性的意义。我鼓励你们在每次做出选择之前，客观地观察一下，并且问自己："我是把员工当成大人，还是当成小学生？"如果你的员工让你觉得格外伤脑筋，并且试图说服你，让你必须运用大量的规则或制度，那么，记得问一问你自己："我有没有充分信任……？"如果你觉得你的员工全都是一群不负责任的、无能的饭桶，那么，是时候改变你的方法了。

号召力超强的措施

充分信任

- 每天都检查一下你对员工作出的假设。
- 下决心把你的员工当成能力出众、心地善良、有着良好判断的专业人士。
- 不要制定太多的制度，而是跟员工进行坦诚的对话，并且把你期望他们做的事情明白无误地表达出来。
- 对 2%左右的行为恶劣的员工，清晰地阐明这样做的后果。
- 如果你掌控着组织中的制度，试着采用"成年人测试"。问自己：我需要把这件事告诉一位工作绩效优异的员工吗？如果不需要，考虑废除那一制度，并且设定清晰的期望，明确指出恶劣行为将面临的后果。
- 如果你必须遵守制度，不要在你和员工交谈的时候提到它们，相反，强调你的期望，以及你为什么要为他们确立这些期望。

营造归属感

- 确保你将决策的自主权下放，以便最接近客户的员工能够锻炼他们的判断能力。
- 理智地承担风险，让你的员工主导将给他们带来挑战的项目。
- 在给员工授权时，对你希望达到的目标设立异常清晰的期望，但要让他们能够自由决定如何实现目标。
- 经常让你的员工在对他们有影响的决策上拥有发言权，并且聆听他们的建议。
- 让你的员工对他们的工作有控制感，只要有可能，给他们以选择。
- 让员工能够灵活地安排他们的工作和非工作时间。

第 6 章

支持，但别手把手地教

1958 年，现已退休的约瑟夫·艾亨少将接手的第一项军事任务是前往加利福尼亚中部海岸的库克空军基地任职，该基地占地 8.4 万英亩（约合 340 平方千米）。艾亨曾经开玩笑说，他第一次抵达那里的时候，这个曾在朝鲜战争中作为陆军机动基地的地方，只由两根柱子和一条已经生锈的铁链组成。

当时，他这位脸上还长着粉刺的中尉和其他很多军人一道，被派往那里建设一个太空基地。1961 年，苏联人首次进入太空，因此，在肯尼迪政府卓有远见的领导下，美国人同样以进入太空为目标，并且期望能在太空实现更多的功能，比如通信、导航、情报等。

在那个时候，军队的领导就是直接的指挥与控制，巴顿将军和李梅将军就是许多领导者的榜样。库克营地的领导者也不例外，确立了严格的控制制度，设定了层层的组织架构。尽管这对军人来说是一种司空见惯的熟悉模式，但那些来自私营企业的人开始反抗。那些"太空人"每天和日益先进的技术、研发部门、运行测试及发射任务等打交道。在他们的脑海里，光靠直接的指挥与控制，无法完成任务。他们也不想被别人呼来喝去，他们需要得到领导者的支持和鼓励，而不是压制。这项任务涉及国家的战略，并且在技术上有着极大的风险。在取得重大突破之前，往往要经历无数次的系统故障，甚至崩溃。只要想一想那些描述科学家怎样与军方争夺项目控制权的电影，就明白了。艾亨当时看到的，正是那样的情形。

在太空基地，领导者一定都是追求工作绩效的，处在“关注人”与“关注结果”这一频谱的右侧。他们制定刚性的制度和流程，主要用来灌输责任感，但在这种情况下，反而弱化了责任感。艾亨认为，某些系统之所以失败的比率如此之高，原因就在于这种相当不平衡的领导方式。

幸运的是，领导者逐渐懂得，他们需要找什么人来弥补这些差距，那样的人，便是具有超强号召力的领导者。于是，霍勒斯·韦德将军出现了。韦德毕业于西点军校，他知道，尽管他必须在责任和成果两个方面都确立高标准，但还必须帮助下属意识到他们的前途和潜力。他制定了一些制度、梳理了手头拥有的一些资源，并且围绕自己的那一理念建立了教育体系。艾亨说道：“并不是说韦德不以结果为导向，而是他有一点更倾向于以人为导向。”

1963 年，艾亨认识了韦德将军，当时，韦德正在某空军基地视察，而艾亨还只是一位低级军官。为了迎接将军的到来，空军基地精心策划了欢迎仪式，其中有一项是由低级军官拎着韦德的公文包到司令部去。艾亨记得，韦德当时笑着对他们说：“别干蠢事。我会自己拎公文包。”艾亨至今仍然把这句话记在心里。

更让他印象深刻的是他和韦德将军在一起的时候。艾亨说：“你可以真正地跟他交谈。”韦德向艾亨提了一些问题，搞清楚了艾亨来自哪里、干得怎样、心中理想的职业道路是什么。有时，他问艾亨的问题一针见血，这使得艾亨甚至怀疑，他比艾亨本人还了解自己。韦德告诉艾亨，伟大的领导者，一次就可以凭借一个人的力量建设伟大的组织。

霍勒斯·韦德随后晋升为四星级将军，当上了美国空军副总参谋长，而艾亨也一路晋升到少将，担任了美国空军的土木高级工程师，并在西图公司任副总裁。如果没有韦德将军的影响，艾亨的成功及致力于当一名卓越领导者的决心，还有他对下属官兵的深厚感情等，还会出现吗？也许会。但他的这一经历表明，一位伟大领导者的影响，可以帮助人们实现伟大的目标。

如果你可以在不让一些人牢骚满腹的情况下也能支持你的员工，会怎么样？具有超强号召力的领导者就是那样的。他们通过帮助员工探寻他们工作的意义来培养员工的责任感，在不亲自动手为员工解决问题的情况下对员工给予极大关注，并且营造一种支持员工成长的环境，以便员工理解相互之间的责任。但如果做得再进一步，这种支持就会变成“手把手地”教员工，结果导致员工绩效平庸，成长步伐放缓。谁希望那样？

我最近和一位高级副总裁进行了会谈，他的公司刚刚和我签合同，将接受我的专业指导。他似乎在启动专业指导这一过程时显得犹豫不决，因此我问他，到底是什么让他烦恼。他死死地盯着我，说道：“嗯，我总不能给我的员工换尿布吧。”

我一脸的困惑，搞不懂他在说什么，因此他继续说道：“我绝对不想让你把我变成那种‘溺爱’员工的领导者。他们是大人，不是小学生。而且，他们需要表现得像个大人。”你也许可以分辨出来，在“关注人”和“关注结果”这个频谱之间，他是一个强烈偏向于频谱右侧的领导者，但我真正懂得他的观点。他不想摇摆得太靠近左边了。如果那样的话，不仅对他来说并非发自内心之举，而且也会令他的团队感到迷惑，可能导致绩效直线下滑。

在本章，我将介绍支持和鼓励员工的两种方法，从而赋予他们越来越大的责任感。第一种方法是给他们有意义的工作；第二种方法是确保他们感到自己得到了支持和包容。

有意义的工作：这是工作，也是个人事务

我始终认为，“这不是个人事务，只是工作”这句话是一句废话。具有超

强号召力的领导者使员工觉得工作的背后蕴含着巨大的意义，不论他们做什么工作。如果说工作不是个人的事情，那你一定忽略了哪方面的要素。艾亨将军在库克军营的任务，就是这方面的一个完美例子。虽然他们在 1958 年接手的使命是“夺取和维持对太空的控制权”，但 3 年之后，肯尼迪总统以一种全新的方式清晰地表述了这一使命背后的意义：“现在，是时候跨出更大的步子了……我认为，我们拥有将人类送上月球并使其安全返回地球的一切必备的资源和人才。”他的这一声明，使得政府与行业在太空竞赛中朝着共同的目标迈进！这个事例，再加上艾亨将军早年的军旅生涯，告诉他一条至关重要的经验：“你必须给员工一个理由，是什么让他们每天早晨起床后急匆匆地赶到你的公司，是什么让他们热爱他们所做的工作并热爱他们的老板。如果你拿不出这个理由，你就什么也没做。”

有意义的工作，满足了人类一项基本的需要。我们希望我们每天采取的行动都很重要。密歇根大学罗斯商学院管理和组织系的杰出教授、积极组织奖学金中心的共同创办人、我心目中的英雄金·卡梅隆曾指出：“当人们感觉他们在追求一项意义深远的事业，或者从事一项对个人十分重要的工作时，便会产生积极的正面效应，包括压力减轻、抑郁程度降低、跳槽现象减少、旷工现象减少、对公司的不满情绪和批评指责减少，并且增强责任心、使命感、幸福感、满足感和成就感。”

如果你不相信我，想一想你认识的某个在非营利组织中工作的人。这类工作意味着收入低、利润少，但正如一位非营利组织的领导者最近告诉我的那样：“为了能为这一极其重要的使命做出自己的贡献，我将忍受一切。”

领导力的学问，很大程度上涉及我们所从事工作的重要意义。回到 1971 年，理查德·海克曼和爱德华·劳勒对 208 名电信公司的员工进行过一项研究，结果发现，工作的意义与工作的绩效之间存在正相关的关系。当员工在从事“具有内在意义或者体验后认为值得”的工作时，他们的绩效将得到提高。因此，作为一位领导者，你怎样去为你的团队创造意义？让我们看一个现实生活中的例子，一位具有超强号召力的领导者曾这样做过，他的工作不仅为了他的团队，而是为了整个组织。

马克·加斯塔是范尔度假村管理公司的高级副总裁和人力资源部门主管，他接手了一项任务：组建一个团队来定义和强化公司的企业文化。那时候，很多员工喜欢他们所做的事情（如果你在一家滑雪度假公司工作的话，要喜欢自己的工作，并不是一件很难的事情），但他们没有发现这个组织的总体目标是什么。为此，高级领导团队希望向所有员工表明，每个人每天所从事的工作背后有一个共同的目标。

因此，加斯塔组建了一个跨部门的小组，成员来自各个部门的不同岗位，有接待人员、滑雪巡逻队员，还有货车司机。他要求这个团队明确指出，在范尔度假村管理公司工作，真正的意义是什么。结果，小组的成员只是思考了片刻，便提出了“终生的体验”这句话。对他们来说，这就是在世界各地干好每个岗位的工作的目的和意义。员工究竟是在圣卢西亚工作，还是在大提顿国家公园工作，并不重要。这句话使每个人马上就理解了这意味着什么，而且可以分享他们自己的故事，无论是他们的女儿第一次滑雪，还是为客户带去了终生难忘的体验。公司所有的员工马上就明白了自己所从事工作背后的意义。他们拥有了，并且创造了终生的体验。

这一宣言极受员工的欢迎，以至于范尔度假村管理公司将它视为公司的使命。如果公司每天都为每位员工创造了终生的体验，那么，员工也能为每位顾客创造终生的体验。

同样，不论你身处什么行业，也不论你的团队是干什么的，你总有机会找出你们所从事的工作背后的意义。这一过程，对于临床医师、外交家、科学家、消防队员和军人来说，也许更容易一些。不过，即使一家制药公司的看门人，也在帮助治愈癌症的过程中发挥着他们的作用。让我们分析一下为团队指出工作的意义的 3 种具体方法。

告诉员工，他们的工作对你个人很重要

我曾经认识一位领导者，我们称他为蒂姆，他完全是一个默默无闻的人。他在一家 IT 公司里工作，刚刚被晋升为执行总经理的职务，如今监管着几个部门，但是，他没有在这些部门工作的经历。上司制定了雄心勃勃的计划，给他施加了巨大的压力，再加上他本人也在给自己施加压力，于是，他只把少量的工作任务分配给下属的销售团队。但令人奇怪的是，他所领导的团队没有取得任何突破性的业绩。

他对一位下属感到格外失望，那位下属总是设法维持现状，对他们团队日益下滑的销售业绩，也没有采取切实的措施。这种情况是不是也经常发生在你身上？你自己手头的工作千头万绪，但你团队中某个人的业务似乎变得越来越糟糕？这真令人抓狂，不是吗？

为了帮助那位下属取得更好的绩效，蒂姆觉得，他得更加严格地发号施令才行。在销售团队每周的例会上，他把自己需要关注的各个指标写在一张纸上，交给那位下属。在下属看来，蒂姆的这些举动似乎在说："把这些事情做好。"想一想，如果你的上司只交给你一个清单，列出了你需要做好的各项工作，但你却得不到他们的支持或鼓励，你会怎么想？那位下属和蒂姆一样感到不舒服，而蒂姆并没有意识到自己到底做错了什么。

随着时间的推移，蒂姆的团队依然没有实现销售目标，员工开始怨声载道。有一天，员工终于向他吐露了心声。他们鼓起勇气说："你只给我们定目标，但没有支持我们。"蒂姆此时意识到，他们说得对。他太专注于提高他们的绩效，却一直没有向他们表明他们的工作对他有多么重要，也没有给予相应的支持。他很想扭转这一局面，把团队的绩效提上来。

蒂姆召集团队员工开了一次“令人头疼的摊牌会”。首先他向员工勇敢且真诚地道歉，随后，团队开始建设性地讨论部门的现状。尽管蒂姆觉得他过去也一直在鼓励整个团队，但从那一刻开始，他决心花更多的精力向员工表明，他们对他很重要，无论是在个人方面，还是在工作业绩方面。

很多经理忘了这样做。但是，只要想一想你的员工可以为你、为你的团队，为整个组织做什么，你就应当表明他们的重要性。要经常感谢他们所做的贡献，以领导者的身份，同时也以普通人的身份告诉他们，他们的工作如此努力，他们的绩效如此显著，对你来说意义重大。这样一个小小的举动，可以创造超出你想象的巨大动力！

向员工表明其工作业绩的积极影响

具有超强号召力的领导者，能够意识到员工每天的工作为部门、组织、社区甚至整个社会所作的贡献。

首先，不要自以为他们已经明白他们的工作业绩所产生的积极影响。和团队的员工举行开诚布公的讨论，问新老员工同样的问题：“你怎么看待你的工作对我们部门、我们公司、我们的社区、我们的社会所作的贡献？”帮助他们想清楚这些，并说出你的观点。

另一种强有力的做法是帮助员工发现他们工作的意义，将他们所从事的工作与他们所作的贡献联系起来。比如，你下属的客户服务代表觉得自己是一个“善于交际的人”，跟她探讨一下，她的贡献对客户的生活将产生怎样的积极影响。

作为一位具有超强号召力的领导者，你还应当帮助员工将他们所从事的工作与更宏伟的目标及公司的使命结合起来。我在自己曾工作过的所有行业，都遇到过一些对他们公司的使命感到激情澎湃的人，他们对自己在实现那一使命中的作用感到十分自豪。因此，只需要跟这些人聊聊这个话题，便能充分地激发他们的工作热情，让他们体会到深深的满足感。

此外，你还可以帮助员工理解他们的工作业绩对公司利润的影响，这将有助于员工怀着更强烈的责任心创造更优异的业绩。如果员工觉得，他只是公司这台“机器”中的一个小小的“齿轮”，他也许不会十分卖力地投入工作。但如果他知道，浪费时间意味着他们部门的预算将会受到影响，从而也影响到他本人的收入时，也许会有不同的感受。

怎样帮助你的员工理解他们的工作业绩所产生的影响？让我们来看一个简单的工具。在和员工探讨他们所做的工作时，增加“以便……”这个词，并且表明，他们的工作业绩对员工、团队、组织、社区甚至整个世界会产生怎样的影响。以下是一些例子。

- 土木工程师建造水厂，以便社区居民能喝上干净的水。
- 会计师保管公司的会计档案，以便公司在接受审计时承担的风险最小，并且确保公司在财务上健康运转。
- 油气公司的勘探员研究土壤中的含油量，以便公司可以钻井采油，为社区居民提供能源。
- 信息技术专业人员运行信息系统，以便公司员工相互之间可以更好地沟通和合作。
- 建筑工人在运用他的专业技能，以便他们修建的建筑物能够历经几代人依然牢固。
- 销售人员推销产品和服务，以便公司可以继续获得生存发展，为员工谋取福利。

在兼并或收购期间支持员工

在兼并或收购期间，员工需要更多的支持。由于员工一直忠诚的品牌或组织将不复存在（或者至少不会以从前一样的方式存在），可能对未来感到不确定，因此，他们的士气通常会受到影响。研究表明，兼并或收购之后，最常见的后果是员工的离职。

1. 清晰且反复地传达新组织的战略决策。这也许不像在为员工提供支持，但如果没有看到公司的大局和远景，他们就会像一群"迷途的羔羊"。你兼并或收购那家公司总是有原因的，解释兼并与收购怎样与公司的战略和大局相一致，以及能够带来怎样的价值。是产品结构更优化了？专业技术更强了？还是地理上实现了扩张？向员工解释兼并或收购的原因，有助于他们理解如何为新的组织做贡献。

2. 认可他们的贡献。来自被兼并或收购的组织的员工想要并需要获得他们领导的尊重。要尽可能地公开有关兼并或收购的信息，并且大声说出你在哪些方面理解每位员工对这次改革所做的贡献。

3. 形成他们的期望。了解激励员工的因素是什么。搞清楚新的组织可以怎样满足员工的激励需求。但要注意，不要作出你无法兑现的承诺。无法兑现的承诺，比不作出承诺还要糟糕。

给员工发言权

给你的团队的工作赋予意义，另一种方法是明确地告诉他们，他们的想法很重要。在这方面的研究一次又一次地表明，当员工觉得他们在影响领导的决策上有发言权时，往往变得更有成效、积极性更高。比如，加州大学伯克利分校的科恩・卡拉什和南佛罗里达大学的保罗・斯佩克特曾开展过一项多元分析（对研究的研究），着重关注员工的建议和意见对组织发展成果的影响。

我保证不让你厌烦，但为了理解他们的研究成果，你首先得了解相关系数。相关系数测量两个事物之间关系的强度，介于–1~1 之间。如果是正数，表示随着一个因子增大，另一个因子减小。如果是零，意味着两个事物之间不存在关系。以下是科恩 · 卡拉什和斯佩克特的研究成果（见表 6-1）。

表 6-1

	与员工发言权的相关性
绩效	0.45
职业满意度	0.43
对上司的满意度	0.58
情绪上的责任	0.47
信任上司	0.55

你感到惊奇，是不是？这全都因为领导者寻求、倾听员工的建议和意见的结果。0.4 和 0.5 的相关性，其相关程度已经十分紧密了。

当领导者让员工有发言权时，会发生什么？我们在第 2 章首次介绍过的放射室主管格雷格 · 赫尔，就是这方面的一个好例子。当时，他们部门将建造一幢新的大楼，但他的员工觉得自己在新大楼的设计方面没有发言权。得知这一情况后，格雷格决定让他们参与决策。在一次员工大会上，他试探性地问道："你们说你们也想参与到大楼的设计过程中来，对吗？" 员工们点了点头。格雷格暂时走出了会议室，所有人都满腹狐疑，不知道接下来会发生什么。他再次走进会议室时，手拿一块彩色板，上面显示了新大楼所有的设计选项：瓷砖、地毯和工作台面。他对员工说道："现在，我们马上要为新大楼选定主色调。由于我们有 30 个人，我不太确定大家能不能达成一致。也许到最后你有你的主意，我有我的见解，各执一词，但我还是希望我们共同来决定。”大家窃笑起来，但很快开始说出自己的想法。

出乎格雷格的意料，只用了短短几分钟的时间，员工们就颜色的设计方案达成了一致。那些颜色看起来搭配得很好！大家开始窃窃私语：“哇，那些奶油色的墙看起来真的很不错，我们搬进去一定会感到很舒服。”

格雷格使他的员工在大楼的建筑设计过程中有了发言权，这一微小但强有力的决策，带来了诸多好处。首先，这是一个明确的信号：他希望员工能够加入决策过程。其次，当员工搬进去后，他们对这幢新大楼有着强烈的归属感和责任感。“大楼是我们帮助设计的”，而不是“由医院的管理者说了算”。这与我第一次和员工座谈时的情形完全不同。那个时候，只要大家一看到设计的蓝图，就觉得惊讶不已、惶恐不安，就是因为他们没有参与进来。

怎样给予员工发言权，这里有几条建议。

- 问员工，是什么让他们烦恼。可以采用非正式的交谈、员工调查、召集团队员工集体讨论，以及设立匿名意见箱等方式，了解员工的所思所想。
- 成立一个工作组，专门解决通过上述方式了解到的员工的困难。对于怎样解决员工的困难，请员工给你提建议。在征集建议的过程中给予员工支持和帮助。如果你不能解决，告诉他们并重新引导他们。

请注意，只有给你的员工以发言权，在最终决策作出的时候，才是有益的。知道这一点，对你会有所帮助。加拿大滑铁卢大学的克里斯廷 · 洛兰和她的同事在一项研究中请学生们完成一项在线调查，要求学生说出对某条法令的感想，该法令使得当地的限速规定进一步降低了。研究人员告诉调查参与者以下 3 个选择中的一个：这条法令的通过，要么很有可能，要么有可能，要么确凿无疑。当法令的通过似乎并不确定时，研究人员告诉学生，他们还会请求公众提供更多的建议和意见，此时，学生们对限速规定反应很消极，几乎没有提出什么建设性的意见。但是，当得知该法令确凿无疑将会得到通过时，参与研究的学生对限速规定持更加积极的态度，不会感到厌烦。

这表明，当人们意识到决策是最终决策时，更有可能接受其结果，并且试着去适应它。甚至那些原本在公开辩论中反对决策的人，也会接受。对领导者来说，可以吸取的经验是，在决策作出之前，可以获得很多的建议和意见，但应该非常清楚地表明，决策一旦作出，则不再对已经作出的决策征求意见了。

现在，你知道了怎样帮助员工理解他们工作背后的意义，现在让我们探讨，如果不像我的客户担心的“必须给员工换尿布”那样去支持员工，你还可以怎样帮助他们迈向成功。

管理者的包容与支持

彭尼·凯觉得她对领导力理解得十分透彻。她在读高中时，经常被教练指定为运动队的队长。但当她第一次担任重要的管理职务时，也就是当上迈阿密大学的体育部副部长时，突然之间，她拥有了 20 多位直接下属。彭尼觉得非常不适应，因为她没有管理一个院系的经验。当时正在考虑组建的运动医学系，主要由培训师和治疗师组成，大多数人看起来对他们新的老板彭尼并不怎么热情。他们告诉彭尼，她可能不了解他们的世界。但彭尼没有把自己缺乏经验视为干好工作的障碍，而是决定把它视为一种挑战。

彭尼每星期都会来到训练室好几次，在运动医学团队为准备上场的运动员做准备工作的时候提供支持。那里，有为足球运动员准备的 85 副护踝，还有好几副要冷冻的护膝。她会为任何有需要的人提供帮助，并且，她经常表现出一副“一无所知”的样子，问她的团队成员这些东西是干什么用的，那些东西又有什么用，同时，她还说，她不清楚团队所做的一切。但是，彭尼会明确地说出她的期望（这个概念我们在第 3 章中讨论过），她想要运动员在比赛和训练时感到舒服，并且在他们走进训练室时，由运动医学团队的医生对他们表示欢迎。

几年后，彭尼即将离开那个组织，去创办她自己的公司。有一位开始最难相处的训练师把她拉到一边说："彭尼，刚开始时，我并不了解你，我们一度关系很糟糕，但现在你是我遇到过的最好的管理者。我甚至不敢相信我会那样评价你。没人像你那样关心我们，你经常出现在我们身边，并且为我们争取了这么多的好处。"彭尼被深深地感动了，现在她懂了，支持团队成员，对于团队来说有着多么重要的意义。

2011 年，加拿大希尔布鲁克大学的吉莲·兰德里和蒙特利尔高等商学院的克里斯蒂安·范登伯格发布了一项研究。两人的研究团队调查了 300 位员工及其经理，结果发现，当员工认为他们的上司在支持他们时，感觉自己对上司更加忠诚（关注人），对工作更加卖力（关注结果）。如果员工觉得没有获得支持，不可能对他们正在从事的工作感到快乐，有成效，而且，也不会切实承担责任。**要记住，一旦员工选择跳槽，他们不是离开公司，而是换一位老板。**如果你的老板不理解或者不关心你所做的工作，你会怎么想？为了帮助你防止这种现象出现，让我们探讨一些直接明了的方法，为你的员工提供经常性的支持与包容。

挤时间和员工谈心，不只谈工作

我们在第一部分的开始就曾提到房地产银行家帕蒂·盖奇，并且了解了她如何帮助员工相互了解，从而改变了她的团队。此外，帕蒂还特别注意了解员工的个人生活。每个星期总有那么几次，她会走到工作区域看一看，和员工交谈一会儿，了解一下他们正在做什么，以便更熟悉他们。长时间地这样做，她知道了杰娜的身份不仅是一位贷款业务员，还是 3 个孩子的母亲。

马特也不仅是一位管理员，还是一位狂热的唱片收集者。帕蒂注意到，和员工举行这种非正式的交谈，更容易让他们做好手头的工作。

在举办“号召力超强的领导者”的讲座时，我常问参加讲座的领导者是不是经常与他们的员工进行一对一的谈心。他们通常大声地说“是的”，好像在嘲笑我没有足够地信任他们。当我再次问到，在那些谈心的过程中，他们都谈些什么时，我听到的回答是“他们所做的项目”或者“他们那个星期正在做的工作”。虽然和员工谈工作上的事很重要，但是，具有超强号召力的领导者还必须挤出时间，更加全面地支持员工在各方面的成功。

我把这些谈心活动称为“发展座谈”。所谓发展座谈，和金·卡梅隆在他的著作《积极领导力》一书中描述的“个人管理座谈”类似，目标是助推员工迈向成功，并且在问题变得严重之前提前发现它们。发展座谈一定要与绩效评估或者工作座谈严格区分开来，因为它的目的是为员工的发展提供支持，而不是只关注他们的工作效率。

每个月至少和每位员工座谈 1~2 次，累计不少于 30 分钟，讨论他们全面的进步与发展，这是一个小小的挑战。我曾和很多采用这一方法的公司合作过，其结果令人惊讶。员工反映，他们第一次觉得自己在老板的眼里十分重要。此外，领导者反映，员工也变得更加自立自强并且富有成效了。

同时，我们还有更多的证据来证明有关发展座谈的科学依据同样引人关注。在一项研究中，W·L·波斯观察了 23 个团队中的 208 名实验参与者。那些举行了发展座谈的团队，在绩效和责任心（关注结果）等方面都有所提高，并且员工之间沟通的质量提高了，对待冲突的办法也更多了（关注人）。领导者甚至反映，他们和员工在一起谈心的时间少一些了，而谈心的质量得到了大幅度提高。

我希望这些证据对你们来说很有说服力，证明发展座谈是十分值得尝试的。因此，让我们探讨如何进行发展座谈。首先，遵照第 2 章中提到的方法，清晰地表明你的意图。我有一位客户也曾采用过类似的计划，他的本意是好的，但忽略了把自己想要达到的目的说给员工听。于是，员工开始抱怨那些座谈，并且怀疑那其实是某种“阴谋”。我最常听到的“阴谋论”是：领导者在秘密地收集一些有助于证明新一轮裁员合理性的素材。这虽然跟事实完全不符，但谣言一旦开始散布，对团队的破坏就已经形成。

如果你决定采用类似于发展座谈的计划，该怎样对员工说？这里有一个例子：“在我们忙碌的日常工作中，我想确定自己能够提高你们的工作积极性、拓展你们的发展空间，并且助推你们的事业成功。我希望首先和你们每个人每月举行一次座谈，座谈的时间大约 1 小时（或者，不论多长都可以，由你们自己决定）。我们最初的座谈，将就我们之间相互的期望达成一致，比如，你们需要我做什么，我对你们又有什么期望。在以后每个月的座谈中，我们将探讨一些你们觉得工作中最为自豪的事情，你们在实现目标的过程中有什么进展，面临哪些障碍或需要我提供什么样的支持。我期望能够支持你们每一个人迈向成功。”

在安排这些座谈时，不要忘了结果的公平，那意味着，要和你的所有员工座谈。你可能会遇到一两位态度恶劣的员工，不想和你进行这样的谈心。我的建议是，尽一切可能帮助他们理解这样做的价值，但是，如果他们真的不愿意，也不要勉强。对其他的人，你应当努力按自己承诺的次数完成座谈，如果没有绝对的必要，不要轻易改变或取消安排。我曾和一位几乎在各方面都具备超强号召力的领导者合作过，他唯一做得不好的方面是，经常取消他与团队计划好的一对一谈心活动。这让他的员工士气受挫、备感失落，对他的评价大打折扣。

如我们在上面的介绍中描述的那样，发展座谈的过程包含两个方面。首先，你和员工就如何实现目标及如何合作共事要达成一致。针对这一初始任务，建议你提出以下问题。

- 我的职责是什么？我该怎样为组织做贡献？
- 我这一年的目标是什么？
- 我想要得到最好的发展，应当拥有什么样的技能和能力？
- 为了成功，我们相互之间需要提供怎样的支持？
- 工作任务完成的期限是什么时候？

然后，要定期举行座谈，在座谈会上提出这些问题。

- 目前，你对什么感到自豪？
- 你面临的最大困难来自哪个方面？你需要什么样的支持？
- 你在实现个人绩效目标的过程中取得了什么进展？
- 你在职业发展的过程中取得了怎样的进步？
- 你从身边的同事那里获得了怎样的评价？

尽快启动你的发展座谈。这是挤出时间和员工在一起的一种绝佳方式，也是练习众多领导技能的一种绝好做法。

跨国公司领导者如何发展来自全球的员工

如果你的团队在多个国家工作，需要具备的技能也更加多样化。提高团队跨国工作的能力，是一件复杂的任务。聪明的领导者不只是希望他们自己具备这样的能力，他们会深思熟虑地制订好发展计划。

1. 理解你的行为所产生的影响。如果你在一家跨国公司工作，而你对其他国家的日常规范或风俗习惯毫不敏感或者一无所知，那么，你团队的员工也很难发展这些技能。你一定要让自己熟悉公司业务所涵盖国家的日常规范和风俗习惯。

2．让员工做好跨国工作的准备。学习如何跨国工作，最佳的方法就是亲身实践，并且为员工提供支持和指导，使其能够良好地适应。帮助你的员工（特别是那些绩效优异的员工）找机会在其他国家完成工作任务。使用内部资源与他们联系，帮他们深入了解当地的文化。

3．分享跨国工作的知识。如果你的员工在不同的国家工作，请创造机会分享知识。比如，假设某位员工在其他洲工作，交给他一项额外的任务，回到总部之后谈一谈他在那里学到了什么。

营造团队支持和包容的感觉

一旦你迈开了和员工构筑良好个人关系的步子，就可以从整体上调动团队的工作积极性了。这里的关键是打造一个“工作之家”，让员工觉得自己是团队中的一分子，使员工关心和支持团队的所有成员。

帕蒂·盖奇的团队每个季度都进行座谈，员工在会上评价他们的工作进展，并且为下个季度确立目标。这些座谈总是在公司之外的地方举行。除了评判员工取得的工作成果，另一个目的是营造团结的氛围。为了使这种座谈正规化，他们的团队挑选了一组假牙作为道具，在员工之间相互传递。当假牙传递到某位员工手里时，就由该员工表演一个搞笑的节目，表演完节目之后，再把假牙传递给其他人。帕蒂和她的团队并不是“疯狂搞笑”的人，因此，当假牙传递到他们手里时，帕蒂提醒每个人都要开心地表演，做真实的自我。

回想一下你曾加入其中的某个“梦之队”。团队成员也许相互支持、相互挑战，并且相互之间不想让对方失望，这就是相互扶持和负责任的要义所在。让团队成员经常有机会在一起共度时光。成为“梦之队”中的一员，有助于让员工像艾亨将军所建议的那样：“每天早晨火急火燎地从床上蹦起来，兴奋地想着他们这一天要干的工作，也想着他们是在为谁干活。”到了这样的地步，即使员工所从事的工作不是太空竞赛，他们也会兴奋不已。

号召力超强的措施

告诉员工工作的意义

- 向员工表明：他们的工作对你个人来说很重要。
- 帮助员工理解他们的工作业绩对部门、组织、社区以及整个社会所产生的影响，不要自以为他们已经知道这种影响。
- 让你的员工在那些对他们的工作有影响的决策中拥有发言权，倾听并且回应他们的建议和意见。

让员工知道你始终支持他们

- 挤出时间和员工一对一地座谈，谈一谈他们的成功、他们的困惑及他们的目标，并向他们表明你始终支持他们。
- 在团队中营造一种和谐的氛围，和员工一起共度时光，并且创造机会让他们相互支持。

第 7 章

展示员工最优秀的一面

翠西·亨德肖特和她最聪明、最有天分的一位员工的关系糟到了极点。翠西持续不断地和她起冲突，并且抱怨那位员工没有认真地把自己手头的工作做好，把问题带到自己这里来了，希望由她来解决问题。尽管面临这些麻烦，翠西知道，这位员工的内心渴望着成功。

恰好在这个时候，公司推出了一个极具潜力的计划，计划将持续一年的时间，她出任该计划的负责人。这个计划是我一手设计出来的。但是，翠西的这个组织缺乏正式的发展机遇，并且很多人对这个能力发展计划颇有微词。翠西任命那位最聪明、最有天分的员工来负责指导和发展，目的是使这位员工在完成这些任务的过程中，能够发挥其自身的能力。

这位员工被感动了，也觉得无比光荣，短短几个月，她的潜力被激发出来。她前瞻性地解决了问题、指导了她的同事，甚至处理好了部门内部的冲突。这个能力发展计划成为这位员工的转折点。虽然她起初陷入了困境，但她没有滑落成一名问题员工，而是发现自己的潜力，努力推进工作。如今，这位员工担任了部门主任的助理，工作得风生水起，有着光明的前途。

具有超强号召力的领导者帮助员工对他们自己的成长负起责任、帮助他们发现自身优势，并且为他们的学习和发展描绘蓝图。当问题出现时，领导者帮助员工解决问题，而不是亲自动手为他们解决问题。

我们对学习的渴望是强劲的。事实上，学习是我们作为人类的基本的冲动之一。保罗·劳伦斯和尼廷·诺里亚在他们合著的著作《驱动力：人性如何塑造选择》一书中深入探讨了人类大脑的运行机制，指出了人类共有的 4 种驱动力：获取、团结、学习和防御。他们指出，“人类天生就有一种驱动力去满足他们的好奇心、了解情况、理解世界、相信别人、欣赏别人及增进理解”。换句话说，我们全都有一种渴望变得更加优秀的驱动力！

正如所有的具有超强号召力的领导者理解的那样，发展是员工的主要驱动力。安德斯·迪斯维克和巴尔德·库瓦斯研究了员工的发展与绩效之间的关系，评估了来自挪威的一个大型培训机构中的参与者。他们发现，**当员工**觉得他们有机会发展自身时，他们的动力更足，对别人的帮助更大（关注人），并且在绩效上也表现得更为优异，愿意做一些超出他们岗位职责的事情（关注结果）。

因此，当员工没有学习的时候，他们在干什么？根据劳伦斯和诺里亚的观点，这并不是什么好事：“无法满足员工在工作中学习的驱动力，将使他们失败不已。如果他们找不到发挥这一驱动力的地方……会集中自己的精力，想尽各种招数阻挠领导者的管理。”这是真的，正如我们在本章开始时看到的那样，如果你不激发员工的能力，他们将变成麻烦制造者。

本章将切合实际地告诉你如何发展你的员工。首先，我们探讨“辨别员工的优势与潜力而不是试图弥补他们的缺陷”到底有多么重要。接着，我们将学习“教练启发”这个工具，它将有助于员工解决他们自身的问题，并增强他们对自己所做事情的责任感。最后，我将告诉你如何管理好你的超级明星，也就是极有才能但很难管理的那些人。

注重优势和潜力

“我会把他带出来的。”凯西说道。

凯西是一家酒店公司的经理，刚刚自愿地接收一位被公司其他人认为已经无可救药的员工。人们对凯西说，她花那么多时间去管理这么一个人，一定是吃错药了，因为那似乎是件徒劳无功的事。

但她确定的是，那位员工拥有一系列的技能，只是没有人发现罢了。凯西用几个月的时间去了解他。她问他：“你在自己的职业生涯中干得最漂亮的事是什么？你曾很好地做过一件什么事情，但你后来却再也没做过了？你现在想做什么？”经过深入观察，凯西发现他热爱数字，因此，凯西开始为他找一些不太重要的跟数字打交道的工作，如分析数据、写报告等。这些任务帮助那位员工开朗起来，并且他每次都漂亮地完成了任务。当他由于自己出色的工作而获得晋升时，凯西向所有人证明了，人是可以改变的。

具有超强号召力的领导者会努力去发现每位员工身上的闪光点。凯西能帮助员工从一个“问题孩子”变成绩效优异的员工，就是给了他真正为之感到兴奋的工作任务，这使得那位员工没有耗费太多的精力就创造了更好的工作业绩，同时，也有助于员工产生一种胜任工作的满足感和深深的成就感。

专注于员工的优势的理念，并不是什么新东西，汤姆·拉思所著的《盖洛普优势识别器 2.0》及金·卡梅隆所著的《积极领导力》等一些广受欢迎的畅销书证实了这一点。同时，关于提升人们优势的科学，也已经得到了很好的发展。在这一领域，唐纳德·克里夫顿是一位研究成果丰富的研究人员，他将自己毕生的精力都用于研究该主题。在一次研究中，克里夫顿和同事詹姆斯·哈特尔对 2000 多名经理进行了实验，将他们每一位都标注为“注重优势”或“注重劣势”。随后，根据对他们的工作效率、盈利能力、留住员工的承诺等一些综合测量的得分情况，克里夫顿和哈特尔将经理们归为两类：“绩效优异的经理”或“绩效低下的经理”。

他们的研究成果极为引人关注：**注重员工优势的经理，绩效更高，比那些注重弥补员工缺陷的经理给公司创造盈利的能力高出了86%。**

马克·加斯塔是范尔度假村管理公司的高级副总裁和人力资源部门主管，我们在第6章曾经介绍过。他知道当领导者注重员工的优势而不是劣势时，会产生多么强大的效果。在他的一生中，他好几次发现有的人对他能力的信任，甚至超过了他对自己能力的信任。八年级的时候，马克的学习成绩一般，在班里就是个普通的孩子，几乎没人注意过他。那年春天发生的一件事，令他至今仍无法忘记。他的老师拍拍他的肩膀说：“马克，我们想让你在八年级的毕业典礼上演讲。”马克惊呆了。显然，老师发现了他身上一些他自己都没有意识到的优点。

几年后，马克参加了预备役军官训练团，一个星期天的早晨，他的营长打电话告诉他，他星期一上午得到营长办公室来一趟。马克心想：“哦，妈呀，我一定是惹什么麻烦了。”当他第二天早晨走进营长的办公室时，满脑子想的都是坏消息，但没想到，营长对他说：“我们想让你担任预备役军官营的营长。”这可是预备役军官训练团的最高职务。马克又一次惊呆了。有那么多人可以担任这个职务，为什么他们单单选了自己？他想不明白。

结果表明，马克的两位导师，都正确地发挥了他的潜力——他是一名天生的领导者。如今，他在范尔度假村管理公司担任高级领导职务，正在攻读组织发展学的博士学位。马克的故事证明，领导者有能力去充分发现员工身上的优势和潜力，这一概念让我们想起了第5章曾介绍过的“充分信任”原则。

与领导者不断提醒员工在哪些方面存在不足相比，如果他们经常积极评价员工的优势，员工更有可能全力投身工作之中，并且工作成效更为明显。但是，和我合作的太多领导者都以为，他们的员工已经知道了自己在哪些方面出色。这些领导者还认为，他们应把自己的时间和精力更多地投入员工表现不足的方面，补足员工的"短板"。和我交谈过的员工，往往更容易列举他们自己在哪些方面表现不足，而不是在哪些方面表现出色（通常这是过于追求绩效的领导者带来的间接损害）。

艾利莎·斯佩兰扎是西图公司运营和维修业务小组的组长，小时候在教会学校上学。长大后，她对自己的这一经历常常感到自豪。在那所学校，她懂得了遵守戒律、保持专注、遵循伦理及强化服务等的价值。但她永远忘不了让自己形成独特领导风格的那糟糕的一天。4 岁那年的一天早晨，她错把自己的铅笔放在了隔壁的教室。她的一位姐姐对她大声吼叫，直到今天，她还记得自己当时在想："天啊，我已经觉得糟透了！难道姐姐一定得对我大吼大叫吗？"

数十年后，这一经历仍然时时浮现在艾利莎的脑海。她对我说："我并不主张'一直不停地提醒员工，直到他们的士气得到提高'这种方法。对员工的劣势或失败大发雷霆，没什么好处。"相反，艾利莎经常使用与之完全相反的方法，而实际的效果证明了她的选择没错。她领导着一个市值 3.8 亿美元的分公司，经历了各种艰难险阻，她的员工表现极为出色。她总是对我说，不能把团队的成就归功于她一个人，事实也证明，团队的员工的确十分卓越。这里仅举一例：她的团队在新泽西州霍博肯市经营着一个污水处理厂，2012 年飓风桑迪袭击美国时，那里成为一片泽国。她的员工马上组织自救，在不到两天的时间内恢复了运营。如果艾利莎经常指出员工的不足，员工不会有如此卓越的工作表现。

许多领导学领域的专家也赞同艾利莎的方法。管理学大师彼得·德鲁克曾写道："领导者不应把精力浪费在补足员工的'短板'上。将员工的能力从不胜任提高至平庸，比起将他们从优秀的绩效提高至卓越，耗费的精力要多得多。"让我们从金融投资的角度来思考。如果我告诉你，你有两种投资选择：一是投资 100 美元，获得 1000 美元的回报；二是投资 100 美元，获得 10 美元的回报。毫无疑问，选择前者更好。后者几乎只能让你收回本钱而已。同样，是选择发展员工的优势还是试图弥补员工的劣势，也是这种情况。对于同样的投资，你要么可以获得极为丰厚的回报，要么只能获得微不足道的回报。选择权在你手里。

挖掘员工的潜力，要耗费一些精力，要经过你的一番思考。特别是，和我们很多人一样，你过去常常把注意力集中在他们当前的表现上，而不是注重他们未来的表现。在这里列举几个问题，你可以问一问自己：

- 他们能不能做好没有接受过正规训练或者没有做过的一些工作？
- 将他们与那些有着相同经历的人相对比，他们是不是做得比别人更好或者更快？
- 对哪种类型的工作任务，他们表现得最有责任感？
- 对哪种类型的工作任务，他们最不需要你的指导？
- 他们做过一些什么事情真正让你感到出乎意料？

一旦你辨别了员工的优势，在你下次和他们进行一对一的谈心时，花几分钟时间告诉他们，他们干什么事情格外出色，或者描述一下你在某个特定领域中发现了他们的潜力。问一问他们自己的看法，他们是不是知道自己擅长干什么？你怎样帮助他们充分发挥那些优势？现在，这里有几条实用的建议，可以帮助你辨别员工身上可能隐藏的优势。

- 问他们喜欢工作中的什么方面，以及他们对哪些方面不是那么热情。列一个清单，把你发现他们并未列出的优势添加进来。探讨一下，这些优势如何体现在他们当前的工作或岗位之中，到底有没有体现。
- 即使你给员工提出反馈，告诉他们在哪些方面还存在不足，在这个过程中，也要探讨一下你在他们身上发现的闪光点。

- 不要把他们视为问题员工，而要认为他们一定有自己的闪光点，你的职责是帮助他们找出那些闪光点。
- 像凯西那样做，看看你是否可以根据员工的优势来安排工作任务。
- 如果你不能给他们提供充分发挥他们优势的工作或项目，看看这位员工是否可能在公司的其他部门表现出色。

这里的经验很简单，多花时间和精力去发现员工的优势，少花时间和精力去弥补他们的劣势，在他们并不擅长的领域，只需过得去就行。请注意，我并不是告诉你赤裸裸地无视他们的劣势。事实上，号召力超强的领导的最重要的一个方面，是在员工出现了欠佳的绩效时，迅速而果敢地采取行动。我们将在第 9 章详细阐述这一点，但现在，只需强调一点：你必须把更多的时间和精力放在发现员工的优势上面。

一旦你发现了员工某一方面的优势，要致力于发挥他们真正的潜力。但是，使工作任务得以完成，很大程度上并不是那么简单的事情，在他们完成任务的过程中，很可能遇到一两个障碍，这时，就需要你提供指导了。

教练启发

詹德尔·艾伦·戴维斯是凯泽永久医疗集团主管政府事务的副总裁，她最近遇到了一个问题。她和某位大家公认不优秀的员工的一系列互动进行得很不错。她相信，以前在她的岗位上干过的很多人，可能立刻就会被那位员工吓住，或者，至少会把他列入需要提高绩效的计划。詹德尔知道，那位员工不会继续像他目前的情况这样表现下去，因此，她决定采取行动。她每季度花半天的时间来指导他，碰巧的是，这一活动恰好在员工大会的几天之前结束了。

在担任凯泽集团的副总裁之前，詹德尔是一名妇产科医生，因此，她决定从临床的角度来解决问题。她开始跟那位员工谈心：“我有点担心你。我没有掌握你现在的状况，而且我知道，我一定还没有完全地了解你。我想帮助你取得成功。”詹德尔以同样的口吻，清晰地表达了她的期望：他再也不能这样下去了，他们需要共同想出办法，防止他将来仍然像现在这样懈怠。她提出了十几个问题，帮那位员工剥洋葱似的逐步深入分析，并且在整个交谈过程中仔细做好记录。

很快，詹德尔了解到，那位员工其实骨子里有一股真正的创业精神，但他对复杂的大型组织中的工作，几乎毫无经验。他过去曾在一个效率极高并且不存在官僚主义的编辑部工作。可以理解的是，当工作效率变得过于低下时，他开始觉得很失败，也很烦恼（我确定，你们中的很多人，如果身处大型组织之中，也会深有同感）。另外，他还把太多的工作任务留在自己的手中（而不是分配给团队成员去做），这使得当无法一个人完成工作时，他变得更加焦虑和头疼。

谈心活动的另一个环节是帮助那位员工回答这个问题：“我们将来可以做些什么，以确保你能获得成功？”他提出了一些点子，比如暂时离开并且用一整天的时间来冷静冷静。詹德尔对他承诺，她同样会提供帮助，只要她一发现他陷入困境，就会马上过来支援。最后，那位员工接受了詹德尔提供的指导。

结果表明，这场谈心起到了转折性的作用。它使得那位员工后退一步，全面地评估自己，他怎样使自己拥有长久的、有成就感的、健康的生活？作为一位领导者，詹德尔如今的日常工作不再是直接拯救别人的生命，但她评价说：“这次的经历，就是我认为我在拯救别人生命的一个例子。”一年之后，那位员工更加自信了。他和他的团队相处更加愉快，工作成效更加显著。詹德尔成功地指导她的员工解决了自身存在的问题，虽然没有让他完全摆脱困境，但所有人的工作状况都好转了。

教练是具有超强号召力的领导者的一项必备技能。这里列举一些例子，在这些情形下，教练能够发挥完美的作用。

- 员工刚刚接手一项新任务。
- 员工调到了一个新岗位。
- 员工刚刚来到这个组织。
- 员工在完成项目的过程中遇到了困难，或者团队整体遇到了障碍。
- 员工正在考虑职业发展。

和我合作过的领导者经常这样说："哦，我不是一名教练，不知道怎么教练员工，坦白讲，我也没有时间去教练。我只需要告诉我的员工，他们必须做什么而且怎样做好就行了。"如果你对是否有必要花时间提高员工的绩效并发展他们的能力仍然心存疑问的话，让我们从这样的角度来想：从长远看，当你成功地教练员工时，有助于改进绩效。

- 员工无须你的帮助便自行消除完成任务的障碍。
- 每次遇到的挑战，都是员工的一次学习机会。
- 员工具有更强的能力去解决他们的问题。
- 员工将更加自信。
- 员工将更加信任你。
- 员工将更出色地干好工作。

现在，听一听这句话：如果你觉得，教练员工就是让你有机会向员工表明你能多么顺利地解决他们面临的问题，那么，你的想法错了。我从 6 岁开始直到 21 岁，一直是个演员，我在大学里主修戏剧，这让父母大失所望。后来，当我把心理学作为主修专业时，他们才松了口气。不过，即使我不再是演员，也很难把戏剧从我这个天生热爱这一行当的人心中排除出去。对于热爱拍戏的人来说，读台词的情景在演员心中激起的波澜，就好比在剧场上说出麦克白的台词一样。在教演员说台词时，最优秀的导演不会以他们自己希望的方式把台词告诉演员。为什么？因为演员不可能通过模拟导演所说的台词而出色地把戏的内容表演出来。他们必须用自己的方式来说台词。给员工提直接的建议，就好比导演教演员说台词。即使你希望员工以你的方式来完成工作任务，但也要考虑到，他们有着自己独特的背景和视角。再次强调的是，如果你只是告诉他们怎么做，他们不会对自己的行为负责。

我刚刚给你提出的建议，可能让你觉得指导变成了多余之举，多少感到有些泄气。如果是这种情况，那我们再来讨论一下你到底可以做些什么，这和教练之间有很多细微的差别。不过我相信，教练归结为 3 种基本的行为，倾听、提问和加强对员工业绩的监测。如果你做好了这些，将成为一位优秀的企业教练。

倾听——这不是关于你，而是关于他们

我们都知道这句经典的分手台词："这不是你的选择，而是我的选择。"尽管这对那些违背承诺的人来说是一句很好的借口，但对于教练而言，则是一种愚蠢的理念。因为教练真的并不是关于你的，它是关于你的员工的。虽然这看起来似乎十分明显，但实际上，它与我们天生的习惯是相悖的。哈佛大学研究员迪安娜·塔米尔和詹森·米切尔开展的一项研究发现，人们在和别人交谈时，30%~40%的时间都在谈论自己。有鉴于此，在教练你的员工时，你必须抑制想说出类似下面这些话的冲动："哦，是的，同样的事也在我的身上发生过，那还是 1987 年的时候。让我告诉你我当时是怎么处理的。"

为了克服这一习惯，可以尝试下面这些建议。

- 看着他们的眼睛。
- 专注于倾听他们。
- 将自己说话的时间控制在 10%以内。
- 用转述他们所提观点的方法检验你的理解。
- 用开放的思维来检验对方的观点。
- 决不要打断对方。

让我们首先从“看着他们的眼睛”开始。在交谈的时候不要做笔记，不论你们在讨论什么，重要的是跟对方有眼神的交流。但是，正如我在前面的内容中指出的那样，眼神交流不能过多，在交谈的 80%的时间内看着对方的眼睛。

接下来，要专注于倾听员工。记住我在第 4 章介绍过的“相框秘诀”：把对方的头想象成框在一个相框之内的照片。这是保持专注的好方法。如果你无法保持专注，会给员工留下“你觉得这场谈话及这位员工并不重要”的印象。

在整个交谈过程中，应当将自己说话的时间控制在 10%之内。记住，教练的目的是帮助员工思考他们自身面临的挑战、机遇及通向成功之路。如果整个过程都是你自己在那里东拉西扯，他们便没有办法想清楚这些。你开口说话时，试着提一些开放式问题（马上就会详细介绍）或者转述一下他们提出的观点。

在转述他们的观点时，你应当检验自己的理解是否正确。理解是人类的一种基本需求，因此，要向你的员工表明你在跟着他们的思路走，可以说“我理解你说的意思是……”或者“听上去是……”如果你理解错了，请求对方指出。

有时候，员工跟你的观点可能不一致。不管怎样，用开放的思维来检验他们的观点。最容易的方法是将你内心的独白从判断改变为兴趣。听到对方说出他们的观点，别想着“这是多么愚蠢的想法”，而是试着这样想：“这很有趣，我想知道为什么他会这么想。”

最后，决不要打断对方。这一点，我希望你们不需要我提醒也能做到，但是，即使成功人士也常常有着这一令人厌烦的行为。我曾担任过一个委员会的主席职务，该委员会要招聘一名新的执行董事。在一场面试中，我们刚刚谈了两分钟左右，那位候选人就打断我们说：“我喜欢时不时打断别人，以确定我是不是理解了对方在说什么。”我们不仅没有录用他为执行董事，还把他变成了我们的反面教材。

提问——答案自然显现出来

有效的教练的第二个构成要素是鼓励员工独立思考并对他们自己的绩效负责。当你采用这种方法时，员工可能会说，“嗯，我试过这种方法，但不管用。我想我接下来是不是可以试试其他方法”，而不是说“我的经理告诉我这样做，但没有成功。这并不是我的错”。

一家大型的专业医疗机构的首席执行官卡洛琳·德·罗伯茨曾教练一名员工去做一件她觉得不可能做好的事情。这名员工在医院已经任职很长时间了，卡洛琳决定晋升她来管理咨询台，监管医生的资质审查和市场营销工作。有一年，医生们自发组织了一个培训班，为手部治疗师提供全天候的培训。卡洛琳决定把这个任务分配给那位员工。那位员工当时有点发蒙，问卡洛琳：“我怎么才能以每人100美元的经费来培训好那100个人？我不知道从何开始！”

卡洛琳回答说：“嗯，我也不知道。但是，仅仅因为你现在不知道，并不意味着你不能做这件事。让我们首先想一想我们手头拥有一些什么资源。”

她们每隔几星期见一次面，以保持联络。起初，那位员工在一些关键问题上请求卡洛琳提供帮助，但过了不久，她开始自己提出一些很好的创意，事情有了转机。

培训获得了成功。虽然那位员工以前没有这方面的经验，对发起这场培训活动并没有什么把握，但她仍然筹集到了 1.5 万美元（当初的目标是 6000 美元），让 100 多位临床治疗师参加了培训活动。最重要的是，卡洛琳教练她完全独立地做好了这件事情。

具有超强号召力的领导者经常向员工提一些极具吸引力的开放式问题，以帮助员工找到他们自己的答案。如果你问："你觉得这是不是个好主意？"那么，员工也许只是简单地回答"是"。但如果你对他们说，"请告诉我，为什么你觉得这是一个好主意"，那么，你和他们的交谈便可以继续深入地进行下去，他们的学习过程也没有就此中断。在教练过程中提封闭式问题，好比当一辆汽车正以每小时 60 英里（约 96 公里）的速度前行时突然踩下刹车。正如电影《生死时速》中基努·里维斯所做的那样，你还得使那辆车继续向前行进。

为了让你有一个好的开始，我向你介绍"神奇的教练提问"。很多年来，我一直在使用这些提问，并且跟别人分享这些提问。我常常开玩笑说："我这是把打开我的王国的钥匙给了你。因此，当你们组织的领导者向高管提这些问题时，每问一次，都得向我交一大笔使用费！"我访问过一位曾参加我的教练培训班的客户，发现她把这些问题钉在她办公室的公告牌上。她不无自豪地对我说："这是我的备忘单。我每天都用得着它们。"

"神奇的教练提问"目的是为教练过程打造一个良好的开端。它们中的一些问题可能是对你说的，另一些可能不是对你说的。你也许想变换其中的一些措辞，以适合你的讲话风格。尽管它们的顺序是本着有助于教练交谈顺利进行下去的原则来安排的，但你也不必严格按我提供的顺序来提问，或者一次把所有的问题都用上。

1. 我怎样能够最好地帮助你解决这个问题?

2. 你过去曾试图做过什么?

3. 想象一下，假设你一夜之间就实现了你的目标。那会有什么不同?

4. 你能掌控的是什么，不能掌控的又是什么?

5. 实现这一目标，还有哪些替代的方法? 把你能想到的方法，即使可笑的方法，也全都写下来。然后，问下一个问题：什么样的标准有助于你选择最佳的选项?

6. 你第一次尝试的最佳选项可能是什么?

7. 你的行为对你实现目标的能力将会产生影响，你如何看待这种影响?

8. 你下周打算做什么? 或者你首先做什么?

9. 当你处在迈向成功的路上时，早期的信号会是什么?

10. 从这次的经历中，你能学到的最深刻的经验教训是什么? 你会怎样运用这次的经验教训?

现在，你已经制订了一个更好地教练员工的计划，让我们阐述最后一点，以防止矫枉过正。也就是说，教练员工好比直升机救援，不能给你的员工放下太长的绳子。

新任领导者的教练秘笈

如果你是一位新任的领导者，你也许会觉得，让你去教练以前的同事格外不舒服。在以前的岗位上，你也许由于自己解决了问题而获得上司的褒奖，而不是让别人去解决他们自身的问题。而教练和解决问题相比，需要运用完全不同的技能，因此，承认那种不舒适和不适应，是重要的一步。

1. 获得准许。在你当上领导者后，召集全新的下属团队召开第一次会议时，跟他们谈一谈他们希望获得怎样的教练、你可能怎样教练，并且确定有关的界限。那会使每个人在这一新的教练过程中觉得更舒服。

2. 卸掉压力。第一次进行教练时，你通常会给自己施加一些压力，希望自己能把话说得漂亮一点。记住，你可以做的一件最重要的事是倾听。因此，当你的员工在说话时，不要老想着他们说完的时候你该怎么说。作为教练，你不必知道怎么回答他们，只要认真倾听就行了。

3. 找一位导师。在你的组织中找到一位出色的教练，请他吃饭。让他告诉你，应当教练别人什么、采用何种方法，并且问他，你能否不定期地咨询他，以便测试你新学到的技能。

加强对员工业绩的监测

本着支持员工并推动工作绩效提高的精神，领导者必须确保员工真正按照教练座谈的结果来行动，换句话讲，这种基于问题的教练模式，并不是你放弃监管职责的借口，你还是得监管员工完成任务的情况。

我有位客户在制造公司工作，她曾为下属的一位经理提供了细致入微的指导。那位经理监管着两个重要的项目。当她和那位经理面谈时，经理总是说："哦，我一定会监管好的。"但是，等到那位经理出人意料地提出辞职时，我的那位客户异常震惊地发现，经理压根儿什么事都没做，交给他的任务，一点进展都没有。

虽然 98%的下属都不会这样，但是，偶尔也可能碰到一个这种不负责任的人。我的客户真正地体会到，领导者必须一直追踪观察员工的绩效，并且提一些具体问题。在提问的时候，不能问："你把我们新的决策告诉你的团队了吗？"而要问："请告诉我，你是怎么把我们的决策告诉你的团队的。"当问题变得如此具体时，人们几乎无法伪装，由此，你可以确定他们是不是真的按照你的要求做了。我曾和一位领导者合作过，他对自己的团队总是没能跟上自己而备感失败。我鼓励他在每次开会的时候，首先问每位员工一个类似这样的问题："这个项目的进展怎么样？""你有没有听到你的团队传出一些谣言？"或者"项目的初期，大家都有一些什么样的担心？"当员工一脸茫然地看着他时，我们知道，这肯定有问题。那位领导者照这个方法坚持了好几个月，结果立见奇效。

简单地讲，即使你信任你的员工，并且允许他们独立地解决问题，你也必须留一手，监控他们的绩效。当然，留心监控他们的绩效，与事事都插手干预的微观管理之间，还是存在分界线的，因此，这里介绍一些教练原则。

- 明确规定教练的时间表。可以这样对员工说："请告诉我，你可能什么时候达到这一目标。你和我应当什么时候再来回顾这一目标是否已经实现？"
- 问一些具体问题，以便对教练座谈进行追踪观察。
- 非正式地与那些受到员工所做事情影响的人们保持联系（有些人称这些为"跳过关卡"的面谈）。不要四处打听，但要直率地问事情干得怎么样。

管理明星员工

许多公司运用一些十分复杂的程序来辨别具有强大发展潜力的员工。我的意思并不是诋毁这些程序背后的科学原理，但我发现，大多数领导者并不需要某种奇特的诊断程序，便能一眼认出下属的明星员工。他们是能干、有动力且充满正能量的人。他们乐于学习、敢于改革，很受人欢迎，也很受人尊敬。

具有超强号召力的领导者能发现优秀员工的价值，并且帮助他们取得成功。但是，管理明星员工也有负面的影响。林恩·甘戈内是一个学术协会的副主席，她在一位和她本人的个性特点完全相反的主席手下工作了两年。林恩的那位上司沉默寡言，非常注重细节，而她本人却开朗活泼，注重战略思考。主席拥有工商管理硕士学位，林恩则是一位博士。过了一段时间，林恩发现，她的上司为她的优势感到震惊，主要是因为两人的优势完全不同。他们原本可以组成一个梦幻般的团队，相互增强对方的优势，也相互弥补对方的不足。但是，那位主席对这种互补式的合作似乎不感兴趣，而是觉得受到了林恩的威胁。

这种没有充分利用对方优势的合作，让林恩想不通。她发誓，绝不会放过任何改善两人关系的机会。在该协会工作的那两年，她一直做着这样的努力。现在，林恩是科罗拉多州丹佛大学女子学院的系主任，她知道，伟大的领导者往往组建一些与他们自身的个性特点完全不同的团队，因此，她开玩笑说，她想聘请那些希望干好这份工作的人，不论他们的个性特点是不是和自己一样。她经常关注自己对下属一流员工的反应，在需要的时候表扬他们，并且不以自己为中心。许多领导者应该学习林恩的这种诚实而勇敢的心态。

但是，**为什么有些领导者总感觉他们下属的优秀员工对他们来说是一种威胁呢？**南加州大学马歇尔商学院的南森尼尔·法斯特及加州大学伯克利分校的塞莉娜·陈发现，**当领导者对自己的绩效没有信心时，更有可能觉得受到下属的威胁，并表现出侵略的行为（在一项研究中，两位研究者把侵略的行为定义为想方设法降低合作伙伴赢取利润的几率）。**这是很有道理的。大家可以想一想：许多领导者以前绩效优异，这也正是他们获得晋升的原因所在。但是，正如彼得原理颇为讽刺地表明（但有时也是准确地表明）的那样，在一个组织架构里，所有人都趋向于不断晋升，一直晋升到他们所不能胜任的岗位上为止。成为领导者，众所周知是一种挑战，因此，难怪领导者常常觉得自己的位置不保。

不过，这里有个好消息，研究人员法斯特和陈发现，当那些觉得自己能力不如别人的实验参与者获得了积极评价时，他们的侵略性有所降低。简单地讲，作为领导者，增强对你自己能力和自我价值的感知，将大有帮助。

以下的一些建议，有助于你培养明星员工，同时对他们的成功感到高兴。

- 注意你自己对下属团队中明星员工的反应。你有没有觉得嫉妒或者感到他们是一种威胁？如果是，问你自己："我觉得自己在哪些方面不如他们，才让我有这样的反应？"
- 如果你觉得自己不能够胜任领导者的职务，深入思考其中的核心原因。跟一位信任的咨询师交谈，思考你在哪些方面表现出色，以及在哪些方面还有待改进。
- 有时候，你也许只需要一点点信心。想想什么事情可以帮助你提升自己的信心。也许是减肥 50 磅（约 23 公斤），也许是早晨在镜子面前对自己说一番鼓舞士气的话。无论采用什么方式，别看低你自己。
- 把下属的明星员工视为有助于你更成功的人。他们越是表现出色，你也越成功。
- 把你下属的明星员工放到重要的项目中去，并且给他们让路。一定要运用设定目标和指导的技能。当他们大获成功时，慷慨地对待他们，并给予表扬，这会让他们觉得自己受到了重视（同时，也会让你看起来非常大度）。
- 格外注意明星员工的发展。承诺给他们更多的时间去发展他们自己。经常和他们联系，每周或每月和他们谈论一次。争取为你赢得"伯乐"的声誉。

让我们观察一位现实生活中的领导者的例子，他并不觉得下属的优秀员工对他形成了威胁。2005 年 12 月，斯蒂芬 · 拉德克创办了全球解决方案集团，这是一个聚焦于发展中国家和转型中国家的社会与经济咨询公司。他眼看着公司逐步发展壮大，鼎盛时期拥有 28 名员工，并且在 3 个国家都拥有分公司。但 2009 年，当斯蒂芬不得不把公司从其主营业务所在地约旦首都阿曼搬到匈牙利首都布达佩斯时，公司的业务发展开始陷入困境。经济危机使得公司的多个收入来源干涸了，再加上内部的明争暗斗十分猖獗，所以，在两年多的时间里，公司的营业收入下降了 66%。很快，全球解决方案集团关闭了分公司，裁减了绝大部分人员，只剩下两名员工。

幸运的是，在短短几年时间里，斯蒂芬和他的团队成功扭转了公司的局面。那个时候，他知道他需要帮助，“我得找一个能够将我们这艘梦幻般的游艇打造成远洋巨轮的人。”因此，他招聘了一名才华出众、经验丰富的明星员工。斯蒂芬的目的很明确：他希望对方接手公司的运营，并且发誓不会觉得他对自己是一种威胁。毕竟，明星员工的加盟，其回报是巨大的。

斯蒂芬的这些举动值得赞赏，并且具有极强的号召力。他知道自己能力的局限，同时也明白，此时招聘一位拥有不同优势的主管，对公司来说是正确的决策。如果斯蒂芬觉得自己受到那位员工的威胁，也许很难做出这样的决策。但他完全支持这位新主管。如今，斯蒂芬已经将公司的运营交给了新来的主管及其助手，而自己把精力集中在发展新产品和服务上，这是他最喜欢做的事情。从个人的角度看，这有助于他将自己的身份与公司分开，让潜在客户不再担心公司未来可能面临的撤资，同时，这也为斯蒂芬提供了去发展其他产业的空间。更为重要的是，他的这些举动使全球解决方案集团再度复兴，为自己带来了深深的满足感，因为他创办的企业正在发展壮大，超越了他自己担任领导时的规模。

在我们即将结束这方面的讨论时，还有最后一条建议。如果你的员工不希望获得发展的机会，你不能违背他们的意愿，把发展的机会强加给他们。这是雅各布·维斯曼总结出来的一条沉痛教训。原来，他在担任玫瑰医疗中心领导者的第一年，就遭受到沉重的打击。他下属的一大批员工没过多久便辞职了。其中，最让他受伤的是他助理的离去，要知道，他一直十分照顾这位助理。他花了非常多的时间和精力去教练她，她怎么会辞职呢?

我做错了什么？雅各布问自己。难道是我没有营造一个人人都喜欢身处其中工作的环境?

一天，我和雅各布进行了面谈，就这个问题为他提供了教练。他一下子想通了，原来，他在按照自己的意愿，把发展的机会强加给员工，不管他们是不是想要这样的机会。尽管他的本意是好的，但他让员工苦不堪言！雅各布意识到，他的助理根本就不想当一位领导者，她只想集中精力管理好财务部。他觉得对助理来说是很有益的发展机会，但对助理来说，根本毫无意义。

幸运的是，这个故事有了一个圆满的结局。这次的沉痛教训，成为了雅各布职业生涯的转折点。如今，他担任新罕布什尔州曼彻斯特市帕克兰医院的财务总监，成为我认识的最具号召力的领导者之一。

如果雅各布能够做到，你也一样能做到。

号召力超强的措施

发展员工的优势

- 辨别员工擅长做什么，或者他们拥有哪方面卓越的潜力。
- 和员工进行真诚的探讨，以便和他们相互了解彼此的优势。
- 意识到你可以决定自己怎样和下属团队相处。不要浪费太多的精力企图弥补他们的缺陷。
- 重新分配你的时间，帮助员工发展他们的优势。
- 尽可能围绕员工的优势来安排他们的工作和项目。

教练员工

- 教练就是要帮助员工解决他们自己的问题。它并不是让你亲手为他们解决问题，要抵抗住这种内心的诱惑。

- 将交谈的重点放在员工身上，用开放的思维认真倾听员工讲话。进行眼神交流，你自己说话的时间不要超过 10%，用你的语言重复一遍他们所说的话，并且绝不要打断他们。
- 假如员工已经有了正确的答案，那么，你的职责是提出适当的问题，使这一正确的答案浮出水面。
- 不要忘记相互制衡。确定明确的时间期限、用具体的提问跟进，并且与相关人员经常保持联系。

帮助明星员工取得成功

- 卓越的领导者将拥有不同技能和才华的人们组建成团队。这些明星员工发挥了领导者的优势，并且弥补了他们的劣势。
- 密切关注你自己对下属中最优秀员工的反应。看你自己是觉得忌妒，还是觉得他们对你造成了威胁。要和这种消极反应作斗争，并且提升你的自信。
- 为明星员工提供具有挑战性的项目，并且致力于为他们提供更多的时间和关注。

奖赏：18 条免费的发展创意

1. 帮助员工选择一位导师（给他们分配一位，通常并不是最佳的方法）。
2. 召集员工和高管共进一次午餐。
3. 鼓励员工参加社交活动。
4. 要求他们在台上做演示。
5. 鼓励他们当宴会主持人。
6. 指定他们组织一次员工大会。
7. 帮助他们指导其他人。

8. 给他们分配需要拓展能力的项目。
9. 在你离开时，让他们负责。
10. 让他们完成一次财务分析。
11. 让他们做一次预算。
12. 让他们到不同的部门去轮岗学习。
13. 帮他们安排一次座谈，邀请其他组织中和他相对应的人参加。
14. 让他们看一本书，并且就某个重要主题写一份报告。
15. 给他们分配一项特殊任务。
16. 要求他们对外介绍你们的组织（比如，在大会上，在公开活动上，等等）。
17. 请他们在内部培训会议上担任讲师。
18. 鼓励他们加入非营利组织或社区团体。

BANKABLE LEADERSHIP

第三部分

真诚感谢员工和促使员工进步

想一想曾对你有着最大影响的老师、导师或老板。你最敬重那个人的哪些方面?

让我们看一看我能不能猜中。当你并没有表现得最出色的时候，他们也许努力帮助你摆脱困境。他们的期望并非遥不可及，但他们知道你能做什么，并且期待你能做到。当你真正做到时，他们可能会表扬你的努力工作，那让你觉得受到了重视，激励你将来交出更令人满意的答卷。

对我来说，确有其人，她名叫安妮·史托布里奇，是我在科罗拉多中学的英语老师。史托布里奇女士并不会由于学生刻苦努力而给他们 A 的成绩。她十分聪明，教的课很难，而她的期望很高。我并不总是“喜欢”她，但始终尊敬她。没有人像她那样，将我的写作水平提高到一个更高的标准，无论是写散文、诗歌还是故事。

虽然史托布里奇女士的标准很高，但她给予了我无限的鼓励，当我取得了优异成绩时，她总是慷慨地提出表扬。她让我们有很多机会来重写作文，并且重新给我们评分，这正是我们想要的。即使在我努力从史托布里奇女士那里获得大学先修英语课程的高分，写一篇关于威廉·华兹华斯的著名诗作《尘世诱惑太多》的散文时，我也不觉得这是件让我脑袋发晕的事情。我曾和她谈了我的困难，并且重新写了两遍。当我急切地翻到作业本的最后一页时，我看到了一张便条，上面写着："你一定从我们的对话中学到了很多。"我可以毫不含糊地说，今天我之所以能够成为作家，正是托了史托布里奇女士的福。

许多人在青少年时代都有像史托布里奇女士这样的贵人，但是，要在真诚感谢员工与促进员工进步之间取得很好的平衡，并非易事。对任何领导者而言，这都是一种艰难的平衡，以牺牲某一方面为代价而选择另一方面，则可能导致灾难性的后果。不向员工表达感激之情，员工绝不可能感到快乐和积极向上，同时，如果不能持续推动员工取得进步，他们就不能获得持续改进的工作业绩。

和前面一样，我们把"真诚感谢员工"和"促进员工进步"想象成一个频谱的两端，现在，让我们了解处在频谱两端的领导者。在频谱的左侧，是那些给予员工过多表扬或感激的领导者，他们可能使得员工产生自满情绪，变得心高气傲，或者满足于现状。在频谱的右侧，是那些只要求员工"必须做得更好"的领导者，这些领导者通常惹得员工憎恨、害怕，或者两者兼而有之。"我不会由于员工做好了他们的工作而感谢他们!"这句话，你也许经常听到这样的领导者说出来。

真诚感谢员工 ⟷ 促使员工进步

觉得"一切都很好"的领导者 ⟷ 觉得"一切还可以更好"的领导者

觉得"一切都很好"的领导者对他的员工过于支持，以至于不知道什么时候该鼓励、什么时候该惩罚。这样的领导者是妄想的啦啦队队长。打个比方，他很可能对泰坦尼克号的船员说，他们把甲板上的那些椅子摆得那么整齐，表现得真是太好了，但根本没有看到即将面临的灾难。此外，如果别人批评他的员工，或者把心头的忧虑告诉他，他还可能为员工辩护，或者感到不舒服。这种领导者本质上是取悦他人的人，不顾一切地想要满足那些私底下喜欢他的人们。

电视连续剧《办公室故事》中的迈克尔·斯科特，就是这种处在这一频谱左侧的领导者。在第一集里，他对员工说，他将首先和员工做朋友，其次才是员工的老板。他很害怕惹员工生气，因此，决定不向他们宣布即将发生的临时解雇的决策。这样的举动，好比医生不把患者患了癌症的消息告诉他们一样。这部电视剧无疑是搞笑剧，但它深刻揭露了这种痴心妄想的心理和行为。

认为"一切都很好"的领导者，在给员工提出真诚的反馈时，也会觉得不舒服。迈克尔·斯科特用这样一个幽默的短语来形容——"建设性表扬"，它恰好证实了他自己在给员工提出批评性的反馈时有多么不舒服。一旦这种领导者不得不向员工提出批评，他要么含糊其辞，要么绕几个圈子，使员工觉得十分费解。为这种领导工作的员工，也许起初觉得自己的确受到了领导的赏识，但过了一段时间，他们开始渴望真诚。如果老是听领导说他们的工作干得多么出色，那他们的绩效将会保持在较低水平，无法得到提高。他们甚至觉得，只要准时上下班，自己便有资格获得那样的奖励或表扬。

在频谱的右侧，是认为"一切还可以更好"的领导者。这种领导者过于注重结果，以至于他从来不会对员工的成绩感到满意，即使整个团队表现出了最优异的绩效。电影《穿普拉达的女王》中的米兰达·普瑞斯特利，就是这种领导者的典型代表。对于这位创办了纽约时尚杂志《Runway》的编辑来说，真的认为没有哪件事情已经做得足够好。在电影中，梅丽尔·斯特里普扮演的这个角色刚一露面，就急匆匆地和她的助理一起走进办公室，连珠炮式地飞快说出当前让她感到失望的事情，包括员工没能找到一些身材苗条、魅力十足的女伞兵来拍摄杂志的封面，还有格温妮丝·帕特洛没有减肥到足够的程度，以便出现在杂志的封面上。

在电影的一个场景中，普瑞斯特利的员工正在准备一次彩排，以确定下一期杂志中将出现的着装风格。她提前了开会的时间，然后责怪团队没有做好准备工作，批评他们为什么不能把彩排效果好的部分合并起来。像米兰达·普瑞斯特利这样认为“一切还可以更好”的领导者通常对每件事情都很担心，而我们从第一部分中了解到，这种担心，并不能激发员工。

在认为“一切还可以更好”的领导者麾下工作，令人感到十分泄气。起初，员工也许觉得，领导者是在推动自己追求更高目标，但在自己一番努力之后，听不到领导者说出任何的感谢或赏识之词，于是，那些感觉很快被怨恨取代。在这类领导者手下工作的员工可能失去信心，或者开始认为自己真的没有做到足够好。

如我们在接下来的几章中将会了解的那样，当员工没有获得你的感激或赏识时，绩效便开始下降。他们可能会想：“如果我这么卖命地工作，不分昼夜、加班加点，但对她来说还是做得不够好，将来我还这么努力有什么意义呢？”在《穿普拉达的女王》这部影片中，安妮·海瑟薇饰演的角色一直都在努力思考，自己是不是真的想为米兰达·普瑞斯特利这样的领导者工作。影片的最后，她辞职了，把工作专用手机丢进了喷泉中。那是一种解脱的方式。

现在，我们观察了频谱的两端，让我们探讨怎样使自己处在频谱的中间。跟史托布里奇女士的例子一样，你可以成功地平衡这种压力。号召力超强的领导者不停推动他们的下属团队追求卓越，他们知道，有一句话真实地反映了商界激烈的竞争：“不断改进，否则消失。”与此同时，处在频谱中间的领导者懂得，当员工取得优异成绩时，及时地表达感谢和赞赏是何等重要。这些领导者不会盲目地给予员工表扬，表扬必须通过勤奋工作和优异绩效而赢得。这意味着，他们的员工面临着不断提高自己的挑战，当员工真正提高了自己时，才可以得到老板的赏识，这反过来鼓舞员工下次工作更加努力。因此，每做完一个项目，每完成一次任务，员工的绩效都会提高一些。

无论你是偏向于频谱的左侧还是右侧，这个部分都将教你如何向员工表达感激或赞赏，并推动持续进步。你不必觉得你自己患上了精神分裂症。在第 8 章，我们将探讨为什么具有超强号召力的领导者向员工表达感谢和褒奖时，不至于让员工自鸣得意。你可以在员工做出贡献的时候表扬他们，不至于使他们沦为心高气傲且懒惰散漫的牢骚大王。在第 9 章，我们将研究不带任何害怕情绪地向员工提出反馈的原则。你会懂得为什么如此众多的领导者向员工提出了无效的反馈。在这一章，你将学会如何避免常见的“陷阱”，了解如何以不带威胁的方式批评员工。在第 10 章，我们将探讨改革的理念。虽然人类在采用新的方式做事时，都会很艰难，但具有超强号召力的领导者可以成功地推动改革，因为他们很好地掌握了感激员工和推动改进之间的分寸。

这一部分的主题，可以巧妙地概括为安东尼·罗宾斯曾说过的一句话：“没有纪律的决心，是妄想的开始。”让我们开始学习你可以既有戒律，又有决心的管理员工的方法。

第 8 章

不会让人自鸣得意的表扬背后的学问

多年来，这个回忆的片段一直停留在我的脑海：我正开车回家，心里火冒三丈，我几乎无法把注意力集中在路面上。我们刚刚举办了一次关于领导力的讲座，为了这个讲座，我的团队和我准备了 9 个多月的时间。我们兴奋地加了无数个晚班，因为一心想把这个讲座办好。我记得，在讲座举行之前一个星期的某天晚上，我在紧邻着打印机的地板上席地而坐，累得都没有力气站起来了。我低头看了一眼手表，时间是凌晨 1 点。

当讲座获得了参与者的好评时，我们兴高采烈。很多参与者热情地走向我，激动得有点结巴地说道："那是我见过的最……最好的……讲座！"在参与者全都离开之后，我的团队和我正在整理他们的反馈，忽然听到门被人推开了。进来的是我们的老板。我们全都本能地一声不吭。

我们没有获得我期待已久的表扬。他慢慢地靠近我们，用拳头击打着桌子，然后说："是时候想一想明年了，我们的讲座还需做得更好。"

这真是我职业生涯中感到最沮丧的时刻。所有那些深夜的加班，突然之间变得毫无意义了。如果早知道他是那样说，那我们为什么还要拼死拼活地熬夜加班呢？

不过，我会从老板的角度来替他辩护，我觉得他确实是想精益求精，把讲座办得更好。但是，他犯了这本书里介绍的领导者最常见的错误，忽略了感激员工，并过分强调持续改进。根据美国人力资源管理协会的研究，79%的员工证实，老板对员工缺乏认可和表扬，是他们跳槽离开的首要原因。你以前是否也碰到过自己的贡献没有得到任何人认可的情形，最终选择了跳槽？如果有人对你说一句“谢谢你”，会不会让你改变主意？没有得到人们的感谢和认可，你难道不觉得怨恨或沮丧吗？遇到这种情况，你可能在为处于频谱右侧的领导者工作。但是，当领导者很好地平衡了频谱左侧和右侧的趋势时，也就是说，他们既真诚地表扬员工，又不至于让员工自鸣得意时，员工通常会产生深深的成就感和自豪感，并且受此鼓舞，在将来的工作中表现更加出色。

那么，感谢团队的员工，并且认可他们付出的努力，正确的方式是什么？如我在本章标题里暗示的那样，感激是一门学问，而我们必须理解的第一个概念是自我效能。这个词是阿尔伯特·班杜拉在1977年创造的，指的是你坚定地相信你自己可以有效地发挥自己的水平。

自我效能在工作中尤为重要。蒂莫西·贾奇和乔伊斯·波诺两位研究人员曾在一次元分析中发现，自我效能与工作绩效之间存在着紧密联系。换句话说，当员工相信他们可以做某件事时，他们通常可以证明自己正确。这也许让你想起了我们在第1章介绍过的、被归类为“有作为的人”的那些学生，当老师认为他们很有天分时，他们果真变得更聪明了。

此外，领导者的确可以提高员工的自我效能。美国加利福尼亚州州立大学教授乔希·阿诺德领导的一个研究团队曾采访了3家公司的员工，这3家公司分别是一家衣服零售店、一家建材供应商及一家电信公司。研究人员请员工谈一谈，在他们“为团队的优异绩效做出巨大贡献”时，他们的经理是怎样做的。员工谈到的一种行为是鼓励。当领导者给予员工鼓励和赏识时，员工的绩效更加优异。

反过来也一样，看一看我在领导力讲座完成之后对老板的感觉，大家就明白了。研究人员指出，那些吝惜感激之情的领导者，或者更糟糕的是，以持续改进为借口批评员工的领导者，其下属团队的绩效实际上会越来越差。如果你让员工觉得他们不可能取得成功，那么，他们的信心会随着时间的推移而逐渐消逝。由于他们不相信自己能够表现出色，也确实表现平平。这是十分简单的道理。

然而，我遇到的多数领导者都发现，要表达感激之情，是很难的一件事，或者，他们确实是忘了这样做。在本章中，我会介绍一些方便你向员工表达感激之情的工具。首先，你将了解到在日常生活中形成感激别人的习惯的好处，并且学习这样做的 3 种具体方法。然后，我们深入分析，怎样在表达感激之时不至于使员工觉得他们好像可以停下努力奋斗的脚步了。这样的话，他们便不会产生自鸣得意的感觉。

是否制定了表达感激的策略

空军中校马克·休斯刚刚接手了一项极具挑战性的新任务——领导一个团队来更新用于军事卫星通信项目的技术。这项任务令人望而生畏。他得组建自己的团队、制定工作规划，说服负责批准美国军队重大采办项目的国防采办委员会，以便项目得到委员会的批准。这是一个漫长的过程，当马克和他的团队最终得到了委员会的批准时，这个耗资百万美元的项目，已经跨过了一个重要的转折点。

就在项目即将顺利完成之时的一个星期六，马克家里的电话铃响了。打来电话的是这个项目的主管——他的上司克维亚特科夫斯基将军。马克心想，自己是不是遇到了什么麻烦，但出乎他的意料，克维亚特科夫斯基将军告诉他："马克，根据你努力工作的表现，你被推选为本年度太空与导弹系统中心的高级项目经理。"

马克震惊了。将军继续说道："我们认为你干得极其出色，想表彰你的勤奋工作。"马克深深地感动了。他心怀感激、备受鼓舞，对自己及自己所做的贡献感到自豪，并且觉得自己将"满血复活"地面对下一个挑战。在此之前，马克根本不知道这种出人意料且干净利落的表扬与认可有多么重要。在此后的职业生涯中，马克在私营企业领域获得了一连串的成功（包括担任资产达到数百万美元的灾难预警公司胜科金仕达的执行副总裁及国家数据中心机构 Inflow 的财务总监），但他从来没有忘记这次的经历。

瑞麦地产公司首席执行官玛格丽特·凯莉指出："你不能给自己的两样东西是认可和感激。"比尔·丹尼尔斯也同样睿智地说道："只需说出几个词、几句话，你就能使人们高兴。为什么不说出来呢？"

许多领导者都制定了商业策略。那么，为什么不同时制定感激员工的策略呢？它并不需要以金钱为基础。根据激励大师鲍勃·尼尔森的观点，不以金钱为内容的表扬，在 84%的时间里有助于提高绩效。事实上，正如我们在第 6 章看到的那样，不以金钱为内容的表扬，可能比用"重赏"式的激励更有效。让我们看一看由于感激员工而大受裨益的 3 种特定的工具。

让感激成为习惯

即使出于好意的领导者，常常也没能及时认可和感激他们的下属团队。这通常并不是因为他们不想这么做，而是因为他们没有形成习惯，以至于没能经常地做。良好的"感激习惯"指的是你可以记住的、你得定期做的行动。"定期"这个词很关键。打个比方，某位领导者确定了一个目标：每个星期给员工送上"感谢你"的卡片。也许他这样持续了一个月之后，就再也不送了。

这就好比“新年的决心书”，我们刚开始时通常表现得很坚决，但研究表明，到每年年底的时候，只有 8%的人做到了决心书中列举的事情。因此，当领导者开始向员工表达感激之情，但随后又突然中止时，员工也许会想：“为什么他中止了？是不是我们做错了什么？”

2008 年，肖恩·阿克尔对新泽西州的毕马威会计师事务所的税务经理进行了研究。每天，研究参与者从 5 种旨在增加幸福感的活动中选择一种进行研究，其中包括写下令他们感激的 5 件事情、给同事或朋友发送内容充满正能量的短信，或者记录他们一天中经历的最有意义的事情。3 个星期后，阿克尔发现，和那些没有参加这些活动的控制组的人员相比，参加了活动的税务经理对生活更乐观、更满足（注：对生活满足，预示着在职场中工作效率更高、幸福感更强，分别代表着关注结果和关注人）。几个月后，研究参与者仍然感受到了这些好处。他们成功地使实验参与者养成了乐观地面对工作和生活的习惯。

由于阿克尔在研究中揭示的很多行为都是“感激的习惯”，因此，我们可以将其观点引申到我们的讨论之中。具有超强号召力的领导者养成了表扬员工的习惯，这样做，不仅仅员工受益，从长远看，身为领导者的你，也会在幸福感和工作成效方面受益匪浅。

有没有一些例子来证明领导者养成了感激别人的习惯？马克·休斯在坐飞机的时候，利用飞机起飞和降落的时间来培养这一习惯。每次坐飞机他都带上一些便笺纸，正面写上他的名字，然后，他把便条纸折起来，写下“恭喜你”“感谢你的出色工作”或“欢迎加入我们团队”等字。当员工实现了他的期望时，马克还会写下嘉奖员工的话，把便笺纸送给员工。他经常这样做，养成了感激员工的习惯，对他来说，这是一件简单的小事。最重要的是，这已经成为他生活中可以预测的、定期的行动。

翠西·亨德肖特同样也是一位养成了感激员工的良好习惯的具有超强号

召力的领导者。作为医院妇产科的主任，她在每次员工会议即将结束的时候，念一些产妇或家属写给医护人员的感谢信。这一举动鼓舞人心，而且深深地扎根在每位员工的心里。此外，这一举动还有一个好处，那就是帮助员工记住为什么他们要从事这样的工作，从而强化了我们在第 6 章探讨过的工作的意义。

最有创意的是我曾经遇到一位领导者，他每次看到一辆黄色出租车经过，就记得向员工表达自己的感激之情。谢天谢地，他并没有生活在纽约，否则，这个创意将无法实施（纽约已经取消了黄色出租车——译者注）。

将感激员工固化成自己的习惯，还有很多方式，因为领导者各不相同，采取的方法也各异，因此，重要的是找到适合自己的方法。

寻找合适的表达方式

娜塔莉·罗伯大大地失算了，她下属的一位放射室技师为患者治疗时，超出了自己的本职工作去帮助患者。娜塔莉在 60 名员工参加的大会上好好表扬了一番这位技师。这位技师当时惊呆了，宛如被探照灯照射的小鹿一般不知所措。会议结束后，娜塔莉走近这位技师，问自己做错了什么。技师呜咽着说："你在那样的大会上表扬我，真让我感到丢脸。" 娜塔莉觉得失望极了，她原本一番好意，想表扬员工，没想到起到了反作用，事与愿违。

尽管地球上的每个人都想获得表扬，但我们每个人对表扬的方式，有着不同的要求。有的人希望获得公开表扬，有的人则希望你私下里拍拍他的后背，有些人喜欢你给他写便条，还有些人更喜欢小小的礼物。

这次犯下的错误，实际上帮助娜塔莉培养了良好的表扬员工的习惯，使她成为一名有着鲜明特点的领导者。当某位新员工开始工作时，娜塔莉会了解他喜欢以什么样的方式被表扬。接下来的问题便是，他们将怎样被她表扬的方式所鼓舞。受到娜塔莉的表扬后，员工们有意识地敞开心扉，让领导者可以真正地了解他们愿意以什么样的方式获得表扬。这应当成为一种开诚布公的探讨，而不是“对号入座”般一项一项对应着划“√”。探讨的主要内容包括：

- 是什么吸引你到这个公司？是什么让你想留下来？
- 你在自己的职业生涯中，从领导者那里得到的最有意义的表扬或感激是什么？
- 对你来说，最令你满意的表扬的形式是什么？为什么？

别忘了感恩自己的生活

如果你经常坐飞机，常常会听到或看到这样一句话：“万一必须使用氧气面具，先要确保你自己已经戴好面具，才能去帮助别人。”把这一理念引申到感激之中，是一堂很有意义的领导力课程：为了适当地表扬你的下属团队所做的贡献，你必须首先持有正确的心态。已故伟人史蒂芬·柯维称这种做法为“把锯子磨锋利”。

为了向别人表达感激之情，领导者必须首先练习对他们自己的生活充满感恩。让我们观察一项研究，该研究有力地验证了这种情况。罗伯特·埃蒙斯和迈克尔·麦克洛夫对参加某健康心理培训班的 201 位大学生的感激之情进行了研究。

分配在“感激之组”的学生，比那些分在“失败之组”的学生，觉得自己的生活更美好，对未来也更乐观。他们的睡觉质量更高，用来锻炼身体的时间更多。他们更有可能帮助别人。此外，他们甚至觉得自己在生活的幸福安宁方面比其他人有了明显的改善。

高管如何表达感谢

表达感谢对那些最看重组织绩效的高管来说，可能极具挑战性。即使华尔街并没有把表达感谢列在优先的位置，但聪明的高管明白，向员工表达感谢，对他们的组织将产生强大的影响。

1. 找一些小机会表达感谢。作为高级领导者，你的行为往往被员工放大。你确立的标准，也为其他领导者的行为确定了基调。记住，虽然在电梯里和员工进行30秒钟的交流对你来说并没有太大的重要性，但对那位员工来说，可能意义非凡。

2. 不要对员工想当然。过去曾在工作中表现优异的员工，如果没有得到正面的激励，也许不会继续其优异的表现。要练习说出心中的谢意，并对员工提出表扬。每天留出一些时间给那些出色完成任务的员工发电子邮件，或者跟他们闲聊一会儿。在表扬时，要具体提到对他们出色的行为或性格的感激。

3. 从直接下属那里获得"感激情报"。详尽地了解那些值得表扬的个人、团队和部门，并且真正地表扬他们。写一些便条、打几个电话或者出现在部门会议上来表达你对员工的感激之情。这可能对员工的士气有着极大的提升，而对你来说，所花的时间很少。

因此，要提高你的领导效能、充实你的个人生活、改善你的人际关系，作为具有超强号召力的领导者，你应当抽时间练习向员工表达感谢。你首先要感谢自己的出色表现，才能发自内心地感谢员工。

消除员工自鸣得意的感觉

我曾认识一位领导者，她想表彰下属团队的努力工作，于是，在一个星期五的早晨，她给团队所有员工都带了一份百吉饼当早餐。她的员工感激不尽，兴高采烈地大口吃着这份免费的早餐。第二个星期五，这位领导者又给员工带去早餐。上个星期的早餐那么好吃，当然得再来一份。她的员工又一次对她心怀感恩。

到了第三个星期五，她没有带去早餐，她下属的一位员工来到她的办公室问道："我们的百吉饼呢？"

很显然，这位领导者对员工所表达的感谢，并没有发挥她预料的影响。仅仅过了 3 个星期，她的下属团队已经开始不再把百吉饼视为一种奖励，而是认为他们应当得到的、可以预期的福利待遇了。

有些经理没有表扬过他们下属的团队，当我和他们座谈时，很多人会说："我才不想造就一群自以为劳苦功高的懒鬼呢。"这是一种很常见的担心，也是非常合理的担心。实际上，让员工自认为劳苦功高，因而产生自鸣得意的感觉，不利于他们的进步和成长。

自认劳苦功高的员工，对他们自己有着过于美好的印象，觉得不论自己的工作绩效如何，都理应获得老板的表扬和奖励。他们往往把成绩归功于自己，把过错归咎于别人。自认为劳苦功高的员工，对于关注人和关注结果都有害。他们在工作中绩效低下、寻衅滋事、辱骂同事、违反道德，并且对收入抱有不切实际的期望。

新罕布什尔州立大学的保罗·哈维和印第安纳大学东南分校的肯尼斯·哈里斯研究了领导者的沟通模式对其员工的心情有怎样的影响。他们发现，一方面，领导者良好的沟通方法降低了那些不会自鸣得意的员工的挫败感，另一方面，自鸣得意的员工感受到了更加强烈的挫败感！正如两位研究人员揭示的那样，自认劳苦功高的员工，似乎对其他员工欢迎的优秀领导行为并不领情。

绝大多数领导者在表扬和奖励员工时会犯两种错误，不经意间使得员工得意起来，幸运的是，这两种错误都是可以避免的：其一，有些领导者给所有员工以同样的表扬，给予所有员工同样的奖励，不考虑他们所做贡献的大小；其二，另一些领导者给予员工的奖励，往往是员工非常容易预见的，因此，员工做了某些事情之后，便开始期待那些奖励。为了防止员工滋生自鸣得意的情绪，领导者必须差别化地对待表扬，或者使表扬和奖励出乎员工的意料。让我们学习怎样来做。

差别化的表扬

身为千禧时代的一员，每个人都可以为所做的任何一件事情获得夸奖和赞扬。某种程度上，我还是婴儿潮的一代人，但跨过了千禧之年，我总是觉得，这种给予所有人表扬和奖励的行为，剥夺了我们对胜利的兴奋感。想一想，如果只要参加了田径比赛，人人都可以获得一根绶带，那么，假如你在跳远这个项目上夺得了第一名，又有什么特别的呢？这样真的失去表扬的意义了。

我并不是说你不应把下属团队作为一个整体来表扬（关于这方面的更多内容，请参见第四部分）。我的意思是，如果你给予绩效平庸的员工的赞扬，和给予绩效卓越的员工的赞扬一样多，那么，人们不但会开始变得平庸，而且会觉得自己劳苦功高，理当获得赞扬。

这恰好是大多数组织的绩效工资系统所存在的问题。我目睹过很多领导者参加了一些非常滑稽的讨论，以确定谁该涨薪 5%，谁该涨薪 7%。真的有必要吗？是不是每个人的确觉得那样的差别很有意义？假如年薪为 5 万美元，那意味着，绩效平庸者可以涨 2 500 美元，而绩效卓越者可以涨 3 500 美元。那看起来就像组织内部的平均主义。仔细想一想，你会发现，那对组织中绩效一流的员工完全不公平。

最近，在跟一位客户的交谈中，我听到他大胆提出这样的怀疑：“为什么我们的绩效评估系统不能让员工由于绩效平庸而少拿薪水呢？如果你的工作绩效一塌糊涂，公司不是让你的薪水少涨或不涨，反而是扣减你的薪水，为什么就不行呢？”在现实中，这也许会带来大量的问题，也可能不是明智的做法，但他的这一观点，确实值得思考。

我的这位客户的评论，其核心是一个发人深省的事实——领导者给什么样的人以什么样的奖励，那个人便会拿出与奖励相对应的绩效。因此，如果你授予绩效平庸的员工的奖励，与授予绩效卓越的员工的奖励差不多一样，那么，你就在诱使绩效卓越的员工也变得平庸。回顾一下本章开头提到的，那些员工会想：“我干吗那么卖力呢？”差别化的奖励可以防止员工自鸣得意和趋于平庸。

我曾工作过的一家公司，每年在假日宴会上都会颁发“年度领军人物”的奖励。赢得奖励的只有一个人，在颁奖仪式上获得领导者极高的褒奖和赞扬。可以想象，这一定能促使其他人力争上游，奋勇拼搏，力求当上“年度领军人物”。想一想，要是我们自己站在台上接受下一年度的颁奖，那该多好！

归根结底，表扬每一位员工固然极其重要，但是，具有超强号召力的领导者会避免采用“撒胡椒面”的方法，使每个人都获得微不足道的奖励，以至于使奖励失去意义。“表扬要稀缺”的理念，实际上有利于领导者推动员工表现出你希望见到的行为。

让团队层面的表扬富有创造性且出乎意料

如果我说，老鼠可以帮助你成为优秀的领导者，你一定会大吃一惊。暂时忍耐片刻，容我细细道来。1938 年，行为心理学家伯尔赫斯·弗雷德里克·斯金纳创造了“操作条件反射”这个词。斯金纳的大部分研究都是在 20 世纪中叶完成的，尽管他用来实验的是实验室的老鼠，但其研究成果让我们得知是什么驱动着人类的行为。操作条件反射的原则有助于我们了解，在某个人可以选择采取或是不采取某种特定的行为时，如何去鼓励他采取这一行为。

这里有个例子。让我们假设，我们想教一只实验室老鼠去拉一根杠杆，为了帮助它学会怎么做，我可能给它一定的强化，比如一块食物。每给一次食物，它就会拉一次杠杆。如果我每次都给它一块食物，它每次都会拉一下杠杆，但是，当它拉了杠杆而我却不再给它食物时，它便不再拉了。如果那只实验室老鼠习惯了在拉杠杆的同时也得到食物，那么，如果食物再也没有了时，它将失去拉杠杆的兴趣。这称为行为消退。

让我们回顾一下那位带百吉饼给员工当早餐的领导者（在那个案例中，员工的行为也是用食物来强化的）。这个团队在两周内的同一个时期获得了强化，因此，他们开始习惯于获得强化，而老板不再买百吉饼当早餐时，便使员工变得困惑，他们有可能中断你期望的行为（即努力工作）。

在操作条件反射中，有一种称为"部分强化"的策略，也就是说，降低奖励的可预见性，那么，行为消退的可能性也会降低。这种效应的一个好例子是老虎机。由于你每次玩的时候不可能都赢钱，你在内心告诉自己"再玩一次，我就不玩了"，结果呢，一不小心就玩了 10 多次，你发现自己难以抽身，不论什么时候，你都以为马上就会赢钱了。

简单的方法是在你的团队中改变强化的内容或形式。如果你给员工的奖励或表扬具有创造性，或者无法预料，那么，员工不太可能预料到，或者不太可能觉得自己理所应当地获得奖励或表扬。位于丹佛的感官处理失调基金会及 STAR 中心的执行董事谢丽尔·本杰明认为，出人意料的感激能够发挥激励作用。她有时带着下属团队到一家日本料理店吃饭，以感谢员工的努力工作。她还给每个人买过不太贵的礼物。比如，有位员工总是对其他所有人说："我是一位摇滚明星。"结果，他从谢丽尔那里获得了一个塑料制成的"摇滚明星"

王冠。有时她在附近的派对用品商店里买来纪念品送给她的员工。每次受到奖励，她的员工都感到非常惊讶，也被这种创造性的个人奖励深深感动。

最后要记住的是，培养团队成员之间相互赏识的氛围极其重要。有时候，人们获得自己同事的赏识和赞誉，会感到意义更大一些。让这种同事之间的相互赞赏传播开来，这不仅为你减轻了一些压力，还可以降低受到表扬员工可能产生的自鸣得意的感觉。在我以前工作过的一家公司，每次召开领导者会议时，经理们都会相互赠送一些旅行时带回来的纪念品。这是一项令人鼓舞和产生强烈自我延续感觉的传统。

说到不至于让员工产生自鸣得意感觉的感谢之词，最后一条指导原则是记住《宁静祷文》："主啊，请赐予我宁静，去接受我所不能改变的；请赐予我勇气，去改变我所能改变的；并请赐予我智慧，去辨别什么可以改变、什么不能。"有时候，不论你怎么做，你总会碰到一位一直不改变自己的员工。这种人，就好比毒瘤。无论他们获得多么特别的感谢，他都认为自己劳苦功高，理应获得那样的感谢和奖励，并且对此扬扬得意。如果你的团队中有这样的员工，唯一的解决方案就是把他从你的团队中清理出去。除了那些罕见的例子，不至于使人产生"劳苦功高"想法和自鸣得意感觉的感谢与奖励，绝对能够改变整个团队。

号召力超强的措施

采用感激员工的策略

- 运用一种定期的、易于记住的方法，使感激员工成为习惯。
- 由于员工都希望获得与众不同的感谢，因此，要学会什么样的感谢最能帮助每位员工。
- 花时间记住你在工作和生活中需要定期表达感谢的事情。

避免让员工自以为劳苦功高

- 不要给予每位员工同样的表扬。一定要区分绩效平平的员工与绩效卓越的员工之间的差别，然后给予差别化的表扬，避免在奖励时使用“撒胡椒面”的方法。
- 考虑建立受欢迎的和有选择的奖励体系，只让绩效最优异的员工赢得这种奖励。员工如果认为奖励很难得，有助于促进他们进步。
- 让团队层面的表扬变得有创造性和难以预测，以便员工不至于期望每做一件事都能获得褒奖。
- 使团队层面的赞赏制度化，以便员工可以相互赞赏对方。
- 接受这样一个现实，无论你做什么，可能有些员工仍然免不了自以为劳苦功高，这时要迅速采取行动。

第 9 章
不令人害怕的反馈

玛格丽特·凯莉感到极为震惊。那天本该是个好日子，但恰好在那一天，她的工作遇到了不同以往的挑战。她在 24 岁时，就被公司任命为财务部门的主管，而她刚刚获得自己第一份绩效评估，评估的结果并不好。

玛格丽特总是对自己能够努力工作感到自豪，但她的上司告诉她，她并没有足够地推动下属团队努力工作（不过，还是有一个好消息，上司指出，玛格丽特本人总是推动自己不断向前）。那天晚上，玛格丽特的丈夫回到家，吃惊地发现妻子躲在小房间里抽泣。

在随后的几个月里，玛格丽特不断地思考那些反馈，她意识到，上司说的是对的。她没有推动员工去取得更优异的绩效。你可能已经猜到了最后的结果是什么。玛格丽特致力于改变自己的领导方法，变成了具有超强号召力的领导者，后来当上了瑞麦地产公司的首席执行官。她对从那次绩效评估中汲取的教训总是心怀感激，这次教训让她明白，应当给予人们真诚的反馈，无论是好的、坏的，还是刺耳的。

玛格丽特的上司在给出那一评价的当天，可能觉得在对员工的工作表达感谢与诚实地指出他们还可以怎样提高之间，很难把握。所有领导者可能都有这种感觉。简单地说，你很难做到既告诉员工你希望他们继续做什么，又要求他们继续提高和改进。

看到这里，你也许回想起了第 7 章的内容。在那一章，我曾指出为什么领导者应当聚焦于员工的优势。聚焦于员工的优势对提升员工的能力来说十分重要，但说到管理员工的绩效，只做到这一点，还不够。

我帮助员工解决这个方面的问题时，通常发现他们容易犯两种错误中的一种。处于频谱左侧的领导者，把关注人看得比关注结果更重要，因此，为了避免让员工不舒服，他们只向员工提供正面的反馈，没有提供负面的反馈。你有没有这样的经历？在你的某一份工作中，只听到上司表扬你，或者根本没有表扬过你？这种情况太常见了。

我常发现的第二种错误是处在频谱右侧的领导者犯下的，他们不计一切后果地促进绩效提高。这些领导者主要给员工提出负面的或者“建设性的”反馈（通常并不是和蔼地提出），每次都让员工感到害怕。但是，从长远看，使员工持续地处在这种受威胁和害怕的状态之下，根本无助于提高绩效。

许多员工害怕领导者给他们提出反馈，通常是因为这类领导者给他们留下的记忆令人不快。事实上，美国智睿咨询公司最近开展的一项研究表明，员工非常害怕与老板进行艰难的谈心，这种恐惧情绪，超过了他们对缴纳税款、宿醉街头甚至被警察开出超速罚单的恐惧。想一想许多领导者给员工提出的所谓“建设性”的反馈，你就不难想到为什么员工如此害怕老板的反馈了。我不知道你的感觉怎样，但我每次听到下面这些话，我的心里就开始打鼓了。“你好，塔莎，你有空的时候，来我办公室坐一下好吗？我想跟你聊聊你近期的表现。”

由于我们大多数人都害怕被领导者指出我们的错误或缺陷，因此，希望给员工提出真诚反馈的领导者，如果没能正确地表达反馈，就有可能让员工感到恐惧，降低他们的工作效率。这解释了为什么那些无效的反馈与员工的工作积极性是负相关的。在一项研究中，研究人员分析了 600 多次绩效评估的结果。研究的结果令人震惊。在 30%的情况下，绩效评估使得绩效不升反降。研究人员指出，随着反馈让员工感觉到越来越涉及他个人（与员工的行为或工作任务的相关性越来越小），也就越来越无助于推动员工绩效的提高。

有些领导者告诉我，由于这种矛盾，他们觉得"提出反馈，得罪人；不提出反馈，同样也得罪人"。如果他们不提出反馈，有可能不会让员工感到烦恼，但肯定也无法让他们进步。如果他们提出反馈，有可能涉及员工需要在哪方面有所改进，这会让员工感到烦恼。简单地说，大多数领导者害怕提出反馈，这跟员工们害怕获得反馈一样。

但是，正如玛格丽特的上司所理解的那样，适当地向员工提出正面反馈，其价值无可替代。他知道，即使提出的反馈可能让员工难以接受，但它依然很重要。

你的目标是提出"不令人害怕的"反馈。一方面，员工应当不害怕接受它；另一方面，你应当不害怕提出它。如果你可以让员工知道他们在哪方面做得很好，并且也能帮助他们更成功，那他们将用优异的绩效回报你。

在这一章里，你将学习一种提出"不令人害怕的"反馈的简单模型，它消除了来自提出反馈过程中的负面情绪。然后，在本章的最后，我将探讨人性化对待绩效低下员工的最佳方法，同时保证你能够获得需要他们实现的工作成果。

2D 反馈：万能反馈法

想象你正在以每小时 60 英里（约 96 公里）的速度，驾车在高速公路上飞驰。这里存在两种可能性，你要么朝着正确的方向飞奔，继续向前进；要么你走错了方向，需要变更路线。同样，反馈的类型有两种，一种涉及要求员工将来重复（Duplicate）的行为（如同继续朝着正确的方向飞速前进）；另一种涉及要求员工将来改变（Deviate）的行为（如同离开刚刚行驶的道路，转向一条全新的道路）。可以看到，“重复”和“改变”这两个词的英文都以字母 D 开头，因此，这便是我们所谓的“2D 反馈模型”。

这个模型有两个重要的方面。第一个重要方面是它着眼于未来。由于反馈的目的是帮助人们在未来的日子里取得成功，因此，沉迷于过去并没有太大的价值。我曾见过许多领导者在向员工提出负面反馈时，非常详尽地描述已经发生的不良行为。紧盯着员工已经犯下的错误，有什么好处呢？大多数员工在做错事情的时候，自己已经知道这一点，而进一步强调指出他们所做的错事，只会制造恐惧和自我怀疑。

第二个重要方面是“重复”或“改变”的反馈，是基于行为的。我常常发现，领导者在提出这些反馈时，由于太过普通，所以变得毫无意义。他们会说出这样的话，“你得成为一名更好的团队成员”或者“你需要表现出更强烈的责任感”。要使反馈对员工有益，它就必须具体。我采用的标准是这样的：如果你正在看电影，你能够理解电影中正在描述的东西吗？当然。但是，如果你告诉某个人，他“极具侵略性”，他可能不知道哪些行为是侵略性的、需要改变。但如果你说“你刚才用拳头猛击了桌子 2 次，并且在 30 分钟的会议时间里打断了我 3 次”，那么，他就知道自己要改变什么了。

如何提出“重复”反馈

我曾荣幸地成为创新领导力中心的一名教员，该中心是世界上一流的高管教育组织之一。有一次，我在上培训课时，负责监管兼职教师的领导者，也就是我的老板，旁听了我的课。下课后，我从她手中收到一张便条，便条上写着她给我提出的反馈，只有正面的，没有“建设性的”。这对我来说是一种鼓励。为什么我还得关注正面的反馈呢？在她递给我便条后，我才发现，她指出的我表现出来的许多积极的行为，我自己根本不知道自己正在做。于是我意识到，假如我没有看过她给我的便条，我可能永远不知道未来要继续做好哪些方面的事情。

你给下属团队提供的“重复”反馈，既涉及改进，也涉及感激。很多时候，员工并没有意识到他们的行为产生的积极影响。你越是准确地描述你希望看到他们继续做下去的特定的行为，你也越能如愿地看到他们继续做下去。这应当让你想起了我们在第 7 章曾探讨过的基于优势来发展员工的方法。

给予员工“重复”反馈，不仅有助于员工继续做好他们已经做得很好的事情，还有助于提高员工的创造力。莱斯大学琼斯商学院研究生院的周静（音）教授研究了这种效应。她将参与研究的学生分成两组，让他们完成一项简单的任务，然后告诉其中的一组学生，他们在哪些方面做错了，告诉另一组学生，他们在哪些方面做得好。那些获得了“重复”反馈的员工，在实验之后表现出更强的创造性。

这里是给予员工“重复”反馈的 5 个秘诀。

1. **首先感谢员工**。“雷切尔，我感谢你在这个项目上所做的出色工作。我确实注意到了，你和我们的团队的合作，帮助了他们如何和谐共事。”

2. **描述他们做了什么**。“在我们最后一次项目进展情况通报会上，气氛开始变得紧张，你开口说话了。尽管气氛紧张，但由于你描述了他们的工作和特点，团队中的每一位员工都听得非常认真。

3. **解释其效果**。“解释反馈的问题被改进后的效果，这立即缓和了会议室里的紧张氛围，帮助每个人从新的角度来看问题。”

4. **要求将来更多地表现那些好的行为**。“下次你觉得团队在讨论中出现了有损团结的紧张气氛时，重复强调要求表现那些好的行为”。

5. **密切关注好的行为，并且对其强化**。“雷切尔，你又这么做了！感谢你成为了我们团队中保持理性的员工。这对团队真是太有益了。”

如何提出“改变”反馈

娜塔莉·罗伯的下属中有一位放射室技师，她观察了好长时间，才给这位技师提出了一些重要的反馈。虽然这位技师很有才华，但医院里的员工和患者都对他消极的态度怨声载道。娜塔莉一直思考着该如何跟他交谈。她觉得，她要给他提出警告，并告诉他，如果不纠正他的行为，他将被炒鱿鱼。

当这位技师来到娜塔莉办公室，坐在她对面时，她忽然觉得自己如果只对他强调纪律，是完全错误的。她遵循了自己的直觉，采用了另一种不同的方法。她开始说道：“你是我们这个部门的一笔巨大财富。我想帮助你获得成功。”

他疑惑地看着她，好像在说：“我做错了什么？” 娜塔莉马上意识到，他对自己的行为引起了同事和患者的不满，根本毫不知情。

他们两人继续就技师表现出来的行为进行直接的交谈，那些行为使得他似乎对患者毫无感情。他低声说道：“我……我完全不知道。我可以怎样去纠正？”于是，两人开始一项一项地辨别他将来需要表现的行为。比如，在回答他人的问题时，措辞要缓和一些，避免无意中冒犯别人。娜塔莉首先给他提供了一些范本，直接教他怎么说，并且让他反复训练。她还给这位技师指定了一位导师，帮他提高这方面的技能。

那次交谈之后，过了一年时间，娜塔莉所领导的部门成为了医院里患者和员工的满意度最高、客户服务也最优质的部门。她下属的这位放射室技师，已经从部门中最难合作的员工，变成了最优秀的一员。别的员工都想和他共事，患者也喜欢他，对他的投诉也没有了。到这位技师退休时，他的同事都感到惋惜。一年之前，这位技师对同事和患者说话的态度令人无法接受，一年之后，他对患者和同事说话的语气和态度完全变了。由于娜塔莉对他的信任，加上她特别的指导，使得两个人都备感骄傲。

这里有 5 条建议，有助于你向员工提出不带威胁的“改变”反馈。

1. **直接但要支持**。“我想和你谈一谈，你将来可以怎样采用不同的方式来和客户说话。我希望我们能敞开心扉地谈清楚，并且希望你获得成功。”

2. **采用“报告天气”式的语气**。以一种平静、平和的语调来描述需要改变的行为。我的一位客户把这种语调描述为“报告天气”式的语调。不带任何感情地陈述问题，就好比你可能会说，“现在外面正下着雨”。试着这样说：“在我们今天一对一的谈心中，当我要你拿出我们新发展客户的最新动态时，我看得出你很抵触，说话的语调也变得短暂而急促。你告诉我说，那些新客户尽在你的掌握之中。我不太确定那位客户的情况是否如你所说的那样，但我需要掌握客户的情况。这样的话，万一出现了问题，由于我事前已经了解了情况，便可以为你提供坚强的后盾。”

3. **就他们将改变的行为达成一致**。首先，请你的员工说出他对局面的看法。“你能稍稍详细地告诉我这件事的情况吗？为了让我们之间的沟通能够保持下去，我可以提供怎样的支持？”然后，请他们对将来要实现的目标及实现目标的最佳方法，说出自己的看法。“将来，特别是当事情进展不太顺利时，我想请你尽快告诉我你已经掌握了的信息。”要阐明改变那一行为的好处。

4. **确定接下来的措施**。“为什么我们不能对下个月的情况进行充分评估，以确保我们两人都对事情的发展感到满意呢？”

5. **提供你的支持，最后写一张肯定的便条**。“感谢你跟我谈这些。你是我们团队中宝贵的一员，我知道，这对我们客户服务质量的提高将产生重要的意义。”当你看到员工的确有所改进时，给出“重复”反馈。

何时及如何提出平衡的反馈

大部分组织每年或每两年都会由领导者对员工进行评估。我得说，这种做法基于一种有缺陷的假设，也就是说，它假设经理们应当在绩效评估期间逐渐地“积累”给员工提出的反馈。

我曾遇到过这样一位老板，他平时几乎从来不对我的绩效给出反馈。但是，在我们第一次就绩效评估进行的交谈中，他却对我早在 4 个月之前就已做完的某个项目提出了一些“改变”反馈。我怒了。我无法回到 4 个月之前去，再来改变我的行为。我气冲冲地走出老板的办公室，心想：“为什么他不让我早点知道这些？”我觉得，4 个月以来，我一直在反复犯着同样的错误。

在一项研究中，来自美国太平洋大学的拉尔夫 · 潘皮诺领导的一个研究团队对一些商场的经理进行了研究，以确定提高商业运营水平的目标。他们发现，当员工每天或每周都收到反馈时，他们所在的商场也有更大的可能性去实现他们的目标。员工甚至反映说，与每周获得领导者的反馈相比，他们更喜欢每天获得领导者的反馈。

我有一位朋友曾固执地指出，领导者在绩效评估中透露给员工的内容，应当全都是员工早已想到的，不会出乎他们的意料。如果是这样的话，作为领导者，你应当感到羞愧。

这里的一条重要的经验是，只要员工的行为一发生，就应尽快向他们提出你的 2D 反馈。在关注人的维度上，你的员工会觉得受到了尊重。在关注结果的维度上，立即给予员工反馈，将使员工的工作变得更有成效。如果你的员工问：“你到底认为我做了什么？”而你说：“哦，我不记得了，但是，那次的会议真的一点都没有开好。”那么，你对他没有任何帮助。在给予反馈的谈心活动中，无论是正式的还是非正式的，重要的是尽最大的努力平衡好“重复”反馈和“改变”反馈。想象你和一位认为“一切都很好”的领导者就绩效评估的结果进行交谈，而他只给你提出了“重复”反馈。你离开他办公室的时候，可能会这样想：“一定有什么事情我可以换种方式去做。为什么他不告诉我那件事情是什么呢？”

或者，让我们假设你和一位认为“一切还可以更好”的领导者就绩效评估的结果进行谈心，而他只给你提出了“改变”的反馈。即使领导者以很好的方式提出来，你也会觉得局促不安。要找到一种对你来说发自内心的平衡。不要仅仅由于你觉得自己应当向员工提出反馈，就去编造某种类型的反馈，那将使反馈变得毫无意义，并且可能令人困惑不已。一定要确保你在慢慢地寻求平衡，确保你向员工提出的反馈，做到每提出 1 次“改变”反馈，就至少提出 3～4 次“重复”反馈。

我们现在的话题是绩效评估，这里说明一个针对评估量表的注意事项。我见过一些组织的领导层围绕绩效评估的量表应当设定为 3 个等级还是 5 个等级进行长时间滑稽的争论。我的观点是，我从来没发现过将绩效用数字来量化有什么好处，无论是绩效优异的员工，还是绩效低下的员工。绩效评估中得分低的员工不但变得灰心丧气或者满脸不高兴，连学习的积极性也消失了，获得平均得分的员工觉得他们本该得到更高的分数，而那些得分较高的员工，则对下一年的较高得分充满了期待。

即使你对公司的绩效评估过程产生不了影响，我也要提醒你，不要过于注重你给员工的“分数”或者“评价”。相反，要集中精力使你的反馈变成叙事式的。你提出的反馈越是叙事式的，对员工来说帮助越大。除此之外，哪个人在一年之中的绩效，能真正简化到如此简单的地步，只用一个数字就可以概括呢？最后，也许是最重要的方面，绩效评估也涉及信任。我们在第 1 章介绍过的具有超强号召力的领导者鲍勃·查普曼，将他硕士论文的研究主题确定为绩效评估。他的研究成果，给领导者敲响了警钟。鲍勃从一家大型体育用品公司的员工那里收集了数据进行研究，结果发现，信任领导者的员工，往往更有可能对绩效评估的结果感到满意。如我们在第 1 章讨论过的那样，和员工建立起信任，可以改变他们对绩效评估过程及这一过程有效性的看法。

跨国公司领导者的反馈

对于跨国公司的领导者来说，由于来自各种不同文化的员工对批评意见的感知方式不同，所以，评估和反馈的过程可能有点棘手。以同一种方式提出反馈，在一种文化之中可能被视为建设性的，但在另一种文化之中可能被视为谴责式的。对跨国公司的领导者来说，清楚地掌握各种文化准则和规范以便了解如何提出有效的反馈，至关重要。

1. 做好准备工作。即使处在同一地区的不同国家，也可能面临显著差异，因此，向人力资源部门核实员工来自哪些国家。在评估员工的过程中，把你从人力资源部门中了解到的情况（即不同文化中的人如何应对反馈）运用到实际中去。

2. 直接并不总是最好的方式。在个人主义盛行的文化中，如北美和欧洲，你可以更直接地提出反馈。而在集体主义盛行的文化中，如亚洲、非洲、拉丁美洲等，直接的反馈可能让人感到尴尬，因此，最好是提出间接的反馈。或者，你可以练习“含糊”方法，也就是说，你对某人提出的反馈，更多地对他所属的团队提出，而不是直接对他个人提出。

3. 在提出反馈过程中尊重权力距离。北美洲国家的权力距离很小，因此，各级员工更有可能开放地接受和提出批评。而亚洲、拉丁美洲、非洲及阿拉伯国家的权力距离很大（意味着这些国家更加注重等级制度），因此，员工可能在给经理提出反馈的时候犹豫不决，不敢提批评性的意见，而经理则在接受来自员工的反馈时，也表现得不够轻松。

对绩效低下的员工怎么办

我第一次遇到安德里亚·格温时，她是一家医院负责管理环境服务和饮食部门的管理人员。对管理人员来说，同时管理好几个部门是非同寻常的事情，她也不例外，同时管理着几个完全陌生的部门。她的上司觉得她的潜力非常不错，特意请我当她的导师。安德里亚当时只有 27 岁，尽管取得了出色的成绩，但人们第一次见到她，往往容易低估她。

担任管理人员两年来，安德里亚接手了一个旨在扩大医院急救员工服务范围的项目。她在听取有关项目的简要汇报时得知，那个团队中有一名需要密切注意的“问题”员工。

转眼几周过去了。有一天，安德里亚、那位员工及员工的上司一同坐在安德里亚的办公室里交谈。安德里亚及员工的上司决定对那位员工摊牌。交谈进行得并不顺利，那位员工被临时停职了。而那次会议之后，那位员工的绩效更加一落千丈。

安德里亚绞尽脑汁想解决这个问题，突然，她记起自己三年级的老师格沃特尼女士曾给她提过的一条建议：“做一块海绵。”她总是把那句话理解为：在任何局面下都要尽可能地学习。但在这一刻，安德里亚意识到，格沃特尼女士表达的意思其实是保持开阔的胸怀。不要预先就形成对别人的看法，不要作出评判。安德里亚想到，这可能是解决那位员工问题的唯一办法。

从那一刻起，安德里亚致力于更多地与那位员工进行平等的沟通。那位员工正在攻读商学院的学位，还一边养着两个孩子，安德里亚帮她了解她在学校里所学的东西与急救服务项目之间的关系。局面开始有些改变了。她们请教了更多的急救专家，并且在扩大急救服务范围的过程中，使更多的医师参与进来。后来，那位员工对医院领导层撰写的报告，质量明显提高了。安德里亚成功地扭转了局面，到后来，医院的首席执行官又让她再多监管一个部门。

安德里亚了解到，具有超强号召力的领导者不对他们的员工妄加评判，而是对员工的成功真正投入自己的时间和精力。重要的是，她并没有忽略员工低下的绩效。如果一方面根本不顾及员工极其低下的绩效，另一方面又想帮助员工获得成功，那只能说是痴心妄想。相反，安德里亚以不同的方式来思考问题。对待绩效低下和绩效优异的员工，虽然投入的精力和时间应当一样多，甚至把更多的精力投入绩效优异的员工身上，但是，如果投入得当，许多绩效低下的员工可以迅速转变。

要记住，我们对他人的认识、评价，到最后往往真的会变成现实。事实上，领导者有可能无意中强化了下属团队中低下的绩效的员工。约瑟夫·福克曼及其同事对一群绩效低下的员工进行了研究，尽管那些员工的行为的确表现得像别人对他们的称谓那样（问题员工），但福克曼发现，实际上，管理人员对待这些员工的方式，与对待其他员工的方式不同。那些问题员工反映说，他们只希望领导者能信任他们。一旦领导者开始以对待其他员工一样的方式来对待他们，他们的行为就有所改进了。

为了防止出现福克曼观察到的这种现象，就你下属的绩效低下的员工，问自己下面这些问题。

- 他们是否真正了解你的期望？
- 是否有一些他们无法控制的因素妨碍了他们工作绩效的提高？
- 他们是否知道他们的工作绩效低下？

如果其他方法都失败了怎么办

我的朋友安迪是一位出色的信息技术项目经理，她曾这样对我说："我绝不会由于快速解聘某位员工而感到后悔。但是，如果我让某个绩效低下且一直无法改变的人太长时间留在我的下属团队里，我总是后悔不已。"

具有超强号召力的领导者，必须果断地对绩效低下的员工采取应对措施。你不能说，你正在"观其言察其行"，但迟迟没有采取正确的应对措施（如果你需要关于这方面的更多详情，你的人力资源部门可以帮你）。如果一段时间过去了，绩效低下的员工仍没有任何进步，那么，是时候认真地问一下你自己，究竟这个人是否还应当留在你的下属团队中。回顾第 5 章，我们讨论过，像对待大人那样对待员工，意味着你得清晰地表达你的期望、帮助员工提高绩效，在员工表明他们无法进步时，允许他们自己采取措施。

你得认真对待绩效低下的员工。我的一位客户最近不得不解雇一位总在公司内部行窃的员工。该员工在公司已经工作了 10 年，他的经理换了一任又一任（那些也是绩效低下的领导者）。如果那些经理更加迅速地采取行动，公司原本可以早就解决这个令人头疼的问题，也可以节省许多成本。

很多领导者在尝试过很多办法都已失败的情况下，仍然害怕采取适当的措施。但是，如果你一直对员工给予真诚的反馈，尽管你觉得对不住绩效低下的员工，他们也会对你心存愧疚。很多时候，你决定解雇那个人，也可能给他带来新的更好的选择。

我的第一份工作是在再就业服务中心，帮助那些失去了工作的人寻找新的工作。我的职责是对我们帮助过的再就业人员随访 3~6 个月。当我第一次和他们交谈时，他们往往很担心。但一般情况下，第二次和他们交谈时，许多人已经干上了他们一直想做的工作。他们告诉我，被前任老板解雇，促使他们去追求自己真正想干的工作。

我并不是随口说说，到了真正要炒员工鱿鱼的时候，一定要让员工离开。这是很认真的。但我要告诉你 3 件事情：（1）只有在你确信员工真的无法改进的时候，才考虑放弃帮助他们；（2）你必须有勇气面对这个问题，并且迅速选择正确的行动方案；（3）有时候，对于绩效低下的员工，最好是给他一次机会来寻找他真正擅长的工作。

这最后一步并不是必要的。运用我在这一章中介绍的秘诀，你可以强化优异的绩效，并且帮助员工纠正他们不成功的行为。一旦你帮助员工扭转了绩效低下的局面，那么，至关重要的是给他们一个全新的开始。要再次强调的是，为了打造一个胜任的、成功的下属团队，具有超强号召力的领导者，要假装他们的员工好像真的很能干、很成功。

汤姆·霍尔顿以前在德国军队担任某坦克营的营长，他的做法完美地诠释了领导者给予下属或员工全新的开始时会发生什么。他的职责是监管坦克营的维修与维护工作。

坦克乘员一般由 4 名士兵组成：指挥员、机枪手、驾驶员和装弹手。汤姆手下缺一名装弹手。幸运的是，二等兵杰克逊恰好是一名装弹手，他被分到了汤姆的团队之中。汤姆了解到，他来自德国的施韦因富特，是从康复中心转过来的。在军队中，那意味着“这个人的表现很糟糕，我们把他送到康复中心去”。

但汤姆决心让二等兵杰克逊从头再来。他告诉他：“我不管你在以前的部队表现怎样。我的团队需要一名优秀的装弹手，我相信你能够做到。”也许是由于汤姆对杰克逊的支持，自那以后，杰克逊表现得非常出色，成长为一名优秀的战士。汤姆尽自己的能力迅速提拔了他。杰克逊刚来的时候，是一名从康复中心转过来的曾经表现不佳的士兵，而离开时，他已经成为一名班长。汤姆给了他全新的开始，并且用这一事例向所有人证明，每一位绩效低下的员工，内心还是渴望变成优秀员工的，只是领导者要给予他们适当的机会，并有耐心等待他们的优异表现。

号召力超强的措施

“不令人害怕的”反馈

- 记住，反馈的目的是帮助你的团队将来表现得更好。要着眼于将来提出反馈，并且探讨特定的行为是应当被重复，还是应当被纠正。
- 在提供“重复”反馈时，一定要表达你的感激之情，并且准确地告诉员工，你到底希望他们将来重复一些什么行为。
- 在提出“改变”反馈时，直接指出来，但要表达你的支持。描述你希望他们改变的行为，以及你希望他们将来用什么行为来替代这些需要改变的行为。确定清晰的步骤，然后追踪观察，以确保他们的确在改变。

怎样及何时提出反馈

- 绝不要等到绩效评估的时候才提出反馈。如果你在绩效评估中讨论的任何事情，对员工来说都是意料之外的，你应当感到羞愧！
- 一定要以真诚的方式平衡好“重复”和“改正”反馈。
- 要明白，将员工用评价或分数来归类，弊大于利。相反，要对绩效低下的员工强调叙述式的、定性的反馈。

对绩效低下的员工怎么办

- 一定要让绩效低下的员工知道，他们并没有达到你的期望。
- 要表明你真正为他们的成功而投入时间和精力，并且和他们一起思考，发现他们到底擅长做什么。
- 调查一下，看是否存在一些阻碍员工成功的事情，并且那些事情是不是超出了他们的控制。尽你所有的能力去消除阻碍员工成功的障碍。

- 对自己真诚。对绩效低下的员工，在你已经想尽了所有办法而无法改变时，采取合适的行动。如果有必要，和人力资源部门合作，记录下员工的绩效，如果他们达不到你的期望，要有勇气采取行动。

第 10 章 改革蓝图

20 世纪 90 年代，美国陆军战争学院创造了一个描述不断变化的世界的词——VUCA，V 代表着易变性（Volatillity）、U 代表不确定性（Uncertainty）、C 代表复杂性（Complexity）、A 代表模糊性（Ambiguity）。尽管这个术语最初只在军队中运用，但很快，企业及很多其他组织也开始运用它。想一想，那 4 个词中的每一个，对组织来说意味着什么。我们很难知道事情将在什么时候改变（易变性）、很难掌握所有信息（不确定性），或者很难对各个因素有着清晰的了解（复杂性和模糊性）。

你的下属团队无时无刻不在变化着，要么在向前发展、推出一项新的商业策略、执行某个质量计划，要么改进了技术、实施了兼并和收购、进行了重组、改造了企业文化，或者裁减了员工。并且，这一趋势不可能变缓，也不可能在很短的时间内逆转过来。尽管事实上那些变化很艰难，但我们不应当害怕它，大多数的变化，本质上是发展和进步的。

你也许听说过，我们人类的 DNA 与灵长类动物的 DNA 惊人地相似。对灵长类动物进行的研究表明，要改变它们十分困难。因此，大家可以想象，我们人类要改变自身，同样很难。1967 年，G.R.史蒂文森做过一项研究，把 5 只猴子放在同一个笼子中，在笼子中间的顶上挂着一根香蕉。当然，那些猴子对香蕉感兴趣，总想摘来吃，但是，当其中一只猴子爬到梯子上去抓香蕉时，研究人员就向它喷冰水。与此同时，另外 4 只猴子也被喷了冰水，这完全出乎它们的意料。也就是说，每次只要有猴子爬到梯子上，研究人员就会朝所有猴子喷冰水，于是，猴子们很快意识到，去摘那只香蕉，并不是个好主意。

接下来，研究人员换掉其中的一只猴子，它对此前发生的一切毫不知情。新来的猴子也打算去摘香蕉，但其他 4 只此前已经被喷过冰水的猴子，连忙阻止这只新来的猴子，以防被冰水喷到。研究人员继续用新的猴子替换原来的猴子。每次，新来的猴子都试图爬上梯子去摘香蕉，而其他的猴子则会阻止它。到研究结束的时候，笼子中的 5 只猴子都没有被研究人员喷过冰水，但都会阻止新来的猴子去摘香蕉，它们并不知道为什么它们要这么做。

我们人类也一样，常常坚持采用老办法，而搞不懂其中的原因。一组经常被引用的统计数据显示，70%的改革都以失败告终。尽管布莱顿大学的研究人员最近进行的一项研究指出，这个数据并没有任何真正的科学依据来支持，但它仍然经常地被人们引用，这意味着那个百分比已经引起了人们的共鸣。

我们都有一种希望确定自己行事方式的倾向，这一倾向对于那些常常将改革引入自己所在部门或组织中的领导者来说，意味着一个问题。当领导者没能成功地引导改革时，在关注人的维度上，员工会觉得焦虑不安、感到毫无希望，并且容易愤怒，而那只是开始。在关注结果的维度上，未能成功管理的改革往往归于失败，其不利的后果通常体现在利润、股票价格甚至公司的声誉上。

领导者一般有两种方式对待改革，每种方式与感激员工和推动改进这一频谱的两个极端相对应（见第 159 页频谱）。频谱左侧的领导者抗拒改革，他们接受事物原来的方式，即使改革势在必行，也不愿改革。这类领导者可能在实施改革的过程中拖后腿，或者间接地拖延改革，以至于让他的下属团队感到困惑或失败。他还可能将改革低调处理，从而最大限度降低改革带来的影响。处在频谱左侧的领导者，即使在努力地关心和支持员工，也不会成功地实施改革。并且，他不太可能成功地履行自己的职责。

频谱右侧的领导者是极为注重改进的领导者，他们会骤然实施改革，常常在员工中引发轩然大波。这种领导者可能会这样说："大家看，我们所有的事情都那么糟糕，得有所改变了。"他会带头向前冲，尽管最初可能成功地实施了锐意的改革，但这种改进不可能持续下去。到后来，大家会摒弃新的方法，转而支持自己更为适应的老方法，或者，他们将来不会继续跟随领导者的脚步前进。我常常看到这种领导者最终失败，因为他们并没有花时间思考哪些东西不应当改变，就试图强行推行改革。这类领导者没有注意到，自己应当承认那些仍然在发挥作用的、不可改变的东西，他们也没有得到下属团队的认同和支持。

几年前，科罗拉多州丹佛大学女子学院的系主任林恩·甘戈内和她的团队面临着上百万美元的赤字。在她以前担任的职务中，碰到需要立即改变的局面，林恩往往被恐惧情绪所支配，找到某个人大加责备一番，然后努力推动她的下属团队实施必要的改革。但她了解到，这种方法并没有很好地发挥作用。

当林恩第一次感觉到自己表现出了军训教官的行为、老想着对自己的下属咆哮着说出命令时，她会暂时停下来，深呼吸几下。她告诉她的下属团队："我们不能陷入恐慌之中。我们要设想这所学院美好的未来，我们要想象这个地方将会变成什么样子。我们将一同来做这件事，我需要你们的帮助。"

为了让团队就改革的内容达成一致，林恩运用了一个聪明的比喻：改革是一座需要她本人和团队共同跨越的桥梁。她解释说："我的做法往往是，'喔——嗬——让我们前进！'然后跨过那座桥。但我不希望跨得太快，以至于你们都得在后面追着我。我希望你们运用自己的能量，使你们自己顺利地跨过去。如果我在前头跑得太快，请及时提醒我。”当她的下属团队在做出必要的改革时，林恩还一定会表扬和感谢团队。

这样的经历获得了回报。林恩的团队充满热情、勤奋刻苦，对即将发生的改革持积极支持的态度。她本人也觉得很不错，因为她在扭转整个组织的局面，并且在关心她的员工。林恩变成了具有超强号召力的领导者，同时也取得了以前不敢想象的成绩。到第二年，不但学院原本背负的百万美元赤字被填平了，而且还有盈余。如果她只是一味地带领大家勇往直前，只专注于推动绩效的提高，她也能取得这样的成绩吗？有可能，但从长远来看，那样做也许会让整个团队消磨掉热情，使命感消退，并且，他们绝不可能作为一个整体而取得这样的成绩。

改革成功的关键在于平衡好“感激员工”和“推动改革”之间的关系，意味着一方面要表彰下属团队努力的工作及取得的进展，另一方面要清晰地表明需要做好哪些工作，并始终充满正能量。具有超强号召力的领导者还会分清哪些方面不需要改革。

在本章，我们将解密改革。首先你将了解到，你的心态要么使改革获得成功，要么将改革扼杀。接下来，我会引入“改革蓝图”，它将帮助我们更好地规划和实施团队的改革。

改革的心态

不论什么时候，当上级要求你推进改革时，你必须采用正确的心态。不幸的是，许多领导者在谈到改革时，运用了错误的思维。

我在南美洲开发一个项目的时候，遇到了一位人力资源专家，我们称她为索菲娅。在那以后，她成功地创办了自己的企业，并且成为我的密友。在我们认识之前很多年，索菲娅被招聘到阿根廷首都布宜诺斯艾利斯的一家大型跨国公司工作。那是 2001 年，那个国家正经历一场经济危机，她是该公司从 2.5 万名求职者中挑选出来的 30 名员工之一。她当时面临巨大的压力，但也决心尽自己最大的努力出色地完成任务。不幸的是，索菲娅的上司对她并没有太大的信心，她告诉索菲娅，她觉得她并没有做好迎接挑战的准备。

索菲娅对上司的怨恨与日俱增。她的上司越是说她无法出色地完成任务，她就越是为自己辩护。过了一段时间，她开始觉得，也许她的上司是对的，也许她根本就没办法表现卓越。事情变得如此糟糕，以至于两年后，她决定跳槽离开，到一位她崇拜的上司手下工作。遗憾的是，新公司的上司在几个月后被炒了鱿鱼。索菲娅感到震惊和不安，她觉得能给自己强大支持且能力胜任的上司，到最后居然帮不上她的忙了。

但过了一段时间，索菲娅意识到，在她以前为那位“坏”上司工作的时间里，她一直试图改革一些超出她职权范围的事情，因而浪费了精力。她的上司为她提出负面反馈时，不论她怎么争辩，就是无法改变上司的想法。在生活之中，没人愿意跟一个婚后要设法改变对方的人结婚。而在工作中，对上司来说，同样是这个道理。索菲娅没有成功地实现自己追求的目标，而她的自信心也受到了损害。

索菲娅心想，如果她只是接受这种局面，并且试图找出她认为上司身上值得她喜欢的东西，可能完全是另一种情形。从这个角度来思考，她不仅认为她可能从上司身上学到一些东西，还意识到，她也许本来可以做好自己的工作，并且保持正常的心智。

这里还有一种并非最理想但常见的改革心态，许多领导者在改革了原本就处于他们掌控之中的事情时，开始变得自鸣得意起来。也就是说，他们本来可以执行改革措施，但他们认为自己不可能去执行，或者选择故意不执行。我在第 5 章中提到过我在医院里工作。有一天，我去查房时，和病人攀谈起来，想看一看他们的情况怎样。当我在长廊里朝着护士站走过去时，偶然碰到一位看上去非常烦恼的助理护士，我以为她可能被护士长训斥了，便问她在做什么，却听到一句令人厌烦的回答："病人的冰箱里啥都没有了，平常都是由莎莉负责给病人买吃的，但她现在休假了。"

我问道："那你为什么不能打电话给商店叫他们把东西送过来，或者让别的人来顶替莎莉呢？"

"哦，我不能那样做，我没有得到允许，只有莎莉才能打电话给他们。"

我拿起电话，给商店打了过去，在10分钟之内，冰箱就被塞满了。这是令人抓狂的事情：那位助理护士原本可以跟我一样，打电话叫商店的人把东西送过来。但她就跟笼中的猴子那样，遇到了一件阻止它爬上梯子摘香蕉的事情。

因此，为了避免你陷入这两种命运，我在这里介绍"改革心态模型"。它将帮助你辨别什么东西值得你花时间去改革，以及什么事情的改革可能导致失败。这个模型如果运用得当，有助于你集中自己的精力，使之发挥最大的价值（见表10-1）。

表10-1

	可控制的/ 可影响的	不可控制的
改革	A. 实行改革	B. 疯狂地浪费精力
接受	C. 完全放弃	D. 将焦虑降至最低并提供强力支持

让我们开始接触这一模型。中间一列是你在自己的岗位上有权改变的事情。它可能包括招聘和解雇的决定、工作分配、商业决策或客户决策。右边一列是超出你控制范围的事情，它们之所以超出你的控制范围，要么是因为那些决策不属于你的职权，要么是那些改革不能由你来掌控。这可能包括制度改革、自然灾害，或者预先就已确定好的预算和资源等。

横行代表着你可以选择的反应。如A框中显示的那样，"实行改革"，你可以确定改变那些你认为需要得到改进的事情。只有当你真正可以改变时，作出改变的决定并执行才是明智的。但是，如果你试图改变那些超出你控制范围的事情，那么，如 B 框所示，它就是“疯狂地浪费精力”的行为。

领导者可以退后一步，先确定究竟某项期望的改革措施是否受自己团队的控制。这大有裨益。如果不受控制，你能够影响决策者吗？如果不能，问你自己：如果我们继续投入时间和精力推行改革，是不是明智？如果不是，那你应当立即停止。如果其中存在一些沉没成本（是指由于过去的决策已经发生了的，且不能由现在或将来的任何决策改变的成本，也就是指已经付出且不可收回的成本——译者注），要你停止改革的步伐也许很难，但是，一旦你不再去试图改革那些超出你掌控范围的事情，你便可以将更多的精力集中到应当由你实施的改革上来。

让我们观察底下的那一行。C 框的响应是“完全放弃”，包括完全撒手并且承认：“在这件事情上，我能做的并不多。”我遇到过这种领导者，他们错误地认为自己能够改变超出他们控制范围的事情，事实上却不能。但反过来，当事情确实需要得到改变，而且你也有权做出改变时，不去尝试着改变一下，是愚蠢至极的行为。

相反，如果某种局面的确无法改变，那么，接受这一局面可能是适当的反应。在那种情况下，作为领导者，你的职责是“将焦虑降至最低并提供强力支持”，如 D 框中显示的那样。这是不是意味着我在建议你放弃？完全相反。让我们看一个例子，来证明为什么说这种心态是领导者有时候可以选择的最好心态。

我曾和一位领导者合作过，她的组织正从一个国家搬到另一个国家，那意味着，包括她在内的每个人都将失去这份工作。很自然，当她听到这一消息时，觉得自己快崩溃了，于是，她试图跟作出这一决策的董事会进行沟通。但当她清楚地知道，搬迁已经是板上钉钉的事实，根本不可能改变时，她明智地开始帮助领导做员工的思想工作。虽然跟她平级的许多领导者仍在继续劝说董事会采取别的方案，但她知道，浪费精力去和那些不可能改变的事实作抗争，只会导致自己产生强烈的失败感。

现在，你已经学习了如何采用正确的改革心态，你将更有信心把自己的精力集中起来，去改革那些值得你耗费时间和精力的事情。让我们继续读下去，学习如何去做。

改革的蓝图

作为一位领导者，你处理改革的方法，要么使改革成为现实，要么使改革彻底失败。统计集团的研究员马丁 · E. 史密斯对人们进行了采访，以了解改革失败的最常见原因。什么原因居于首位？领导力无效、缺失或者冲突。

作为领导者，那让你感到压力很大吧？

在这一小节，我将研究成功改革的 3 个要素，并且为如何成功实施改革提出实用的建议。把改革想象成一幅蓝图。要成功地推行改革，必须认真地制定好规划。

商业界有许多优秀的改革模型（包括约翰 · 科特、威廉 · 布里奇斯、奇普 · 希思和丹 · 希思兄弟及伊丽莎白 · 库伯勒 · 罗斯等人描述过的那些模型），而这些改革模型的最基本的 3 个要素，是我提出的"改革蓝图"的核心。

- 你的团队是否理解改革？
- 你的团队是否相信改革？
- 你的团队是否知道怎样来推行改革？

我们把这些要素中的每一个（分别地）与人的头、心和手对应。如果你遵循“改革蓝图”的所有要素，便可以推动绩效的提高，并使员工真正产生一种获得支持和赏识的感觉。为了让员工理解改革，你必须保持透明，让他们知晓相关的信息。为什么要进行改革、改革意味着什么。为了让员工相信改革，你必须在情绪上支持他们，制定吸引员工参与的程序，并且为持续进行改革而积聚足够的动量。为了让员工以实际行动支持改革、推动改革的成功实施，你必须教他们正确的行为，并且在他们表现了那些行为时认可他们。

理解改革——头

相信改革——心

推行改革——手

让我们看一个例子。在和我合作过的所有公司中，假如请员工谈一谈他们对工资和福利的看法，无异于把人们和狮子同关在一个笼子里，头上还戴着一顶用牛排做的帽子，不论人们怎么反抗，狮子最终总会把人们的脑袋咬下来。也就是说，即使公司提供了非常有竞争力的报酬和福利，员工通常也会不满意。

那么，请暂时把自己想象成马克·加斯塔，作为范尔度假村管理公司的人力资源主管，他曾处境艰难。每年，员工的保险费都将上涨，即使为员工提供同等程度的保险，公司所付出的成本也越来越高。最近，这种状况达到了一个临界点，公司作出决定，不再给员工买保险，而是转向一个新的健康计划。通常情况下，那些计划在实施过程中会出现严重的混乱，原因很简单，它们要求员工在使用医疗保健服务时考虑成本的问题。不难看出，马克和他的团队无论怎么做，员工都会不满意。

不过，令人震惊的是，马克和他的团队却在没有激起员工愤怒的前提下，成功地实施了这一棘手的组织改革。事实上，他们使这一改革大获成功。让我们运用“改革蓝图”来理解他们是怎么做的。我们首先从“头”开始。马克和他的团队知道，他们必须对员工讲实话，不能说空话或者摆出一堆陈词滥调。因此，他们把真实的情况原原本本地告诉了员工，员工仍然可以得到最好的医疗保健服务，但是，不顾成本和代价而盲目地寻求医疗保健服务的日子，已经一去不复返了。范尔公司希望帮助员工成为健康的、消息灵通的人，能够为公司做最好的工作。他们会尽最大的可能与员工保持透明的沟通，他告诉员工：“公司能节约一些资金，而你们也能继续获得最好的医疗保健。对我们来说，是双赢的。”

对于“心”的要素，团队要从一开始就让员工参与到过程中来。范尔公司举行了各个层次的员工小组座谈会，将员工反映的情况和对公司的建议融入规划和沟通过程之中。由于类似这样的改革可能让员工觉得无能为力，因此，让他们较早并经常地参与改革的进程，是特别明智的做法。

对于“手”的要素，人力资源团队可以采用两种方法。首先，对领导者进行培训，告诉他们改革将会怎样进行，以及怎样和他们的下属团队进行沟通。其次，对员工进行教育，教他们如何做出明智的选择，包括为他们提供一些工具来进行成本计算，让他们知道哪种选择是最佳选择。使员工明白，采用新的方法，可以保证在不降低质量要求的前提下，将成本控制在最低。这有助于他们既满足自己的需要，又表现出成功推进改革所必需的行为。

另一种促使员工表现出领导者期望的行为的方式是表达感激。范尔公司的人力资源团队设计了一个使员工可以分享奖励的计划。如果该计划推行，第一年便可为公司节约大量的成本，员工则可以获得“福利假日”—— 两个星期的带薪假。如今，范尔度假村管理公司正在逆转医疗保健成本逐年增加的这一趋势，同时也防止了保险费用逐年增加。

现在，我们对领导者如何使“改革蓝图”发挥作用有了一定的了解，让我们更加密切地关注其中的每个部分。

理解改革

当你让下属团队接收到适当的信息时，改革的推进将十分成功。1998 年秋天，美国有线电视新闻网的头条新闻频道开始实施一系列改革，这是时代华纳公司在收购美国有线电视新闻网的过程中强力推行的。时代华纳公司决定用一系列事先录制好的新闻片段来替代实时新闻播报，以降低运营成本。此举还将降低职员总数和总工时，并引入一个新的信息技术系统，以便在新闻编辑时采用新的格式。为了更好地理解领导者推行这些改革举措的影响，亚拉巴马州立大学的乔治·丹尼尔斯和佐治亚大学的安·霍利菲尔德从头条新闻频道的领导者和员工那里收集了一些数据。

高级领导者在接受研究人员的访谈时说，他们额外花了一些时间和精力，告诉员工这些改革将如何推行、它们与公司的目标有着怎样的联系，以及改革对员工来说意味着什么。例如，有可能失去工作岗位的员工，将提前半年就获知这一消息。尽管员工对改革并不满意，但当经理向他们公开各种相关信息时，他们的职业满意度得到了提高，他们对公司更加忠诚，对领导者的态度也更好。当领导者帮助员工将这些改革与公司的长远目标联系起来时，尤其如此。对于这类改革，难就难在帮助员工从大局着眼来进行观察和分析。

因此，当领导者向员工透露改革的信息时，不仅使改革的推进更加顺利，员工也对领导者持有更积极的态度。此外，领导者还得清晰地告诉员工“这是我们现在必须做的事情，我们为什么要这样做”及“当我们成功地做好这些事情之后会是怎样的情形”。

我曾和两个团队合作过，它们在一次大型的组织变革中被整合到了一起，由一名领导者率领。虽然我的目的是帮助两个团队更好地合作，但我发现了太多的不确定性和员工中弥漫着的严重的焦虑情绪，我不得不暂时停了下来。

我决定和他们的领导者坐下来谈，一方面把我观察到的情况告诉她，另一方面要向她提几个问题。我问，对这两个团队为什么要融合，员工都知道一些什么信息？或者说，员工觉得公司战略或运营将会发生怎样的改变？没想到，她羞怯地承认，“他们什么都不知道”。原来，这位领导者工作太忙了，忙于思考改革的各种细节，以至于完全忘了跟员工沟通这次改革的相关情况。我们终于找到了问题的症结。这样，解决起来就容易多了。

如果想要员工真正地理解某项改革，以下是你必须回答的一些关键问题。

1. 在我们的组织中或外部环境中，是什么因素促使我们做出这次改革?

2. 我们的决策程序是怎样的?

3. 我们考虑了一些怎样的替代方案？为什么不选择那些替代方案?

4. 如果不改革会怎样?

5. 这次改革背后的真正意图是什么?

6. 这次改革对员工的日常生活意味着什么？哪些东西会因此而不同?

7. 改革措施何时生效?

8. 我们下一季度的目标是什么？（如果你想要员工记得住，目标不应当超过 3 个。）

9. 为了使这次改革得以成功实施，我们需要员工做什么？无论是表现出怎样的态度，还是采取怎样的行动。

10. 我们将如何测量和控制我们的改革进程？并且知道我们是否已经成功?

在兼并与收购过程中进行管理改革

假设你已经兼并了别的公司，或者，你的公司刚刚被别的公司收购。两支独立的队伍、两组不同的工作流程，以及两种不同的工作方式合二为一了。你将怎样整合这两个团队？遗憾的是，这个问题并没有万能的解决方法。不过，有研究表明，我们可以采取一些行动来提高成功实施兼并和收购的几率。

1. 尽可能多地沟通。尽可能多地向双方员工通报信息。如果你是收购方，记住，被收购方的员工可能比你更担心他们的未来。把收购计划尽可能告诉他们，否则，最优秀的人才可能最先离开你的公司，因为他们是市场上最抢手的人才，也是你最想留住的人。

2. 不要强调“我们”和“他们”。当两个团队进行整合时，老是强调“我们”和“他们”，是一种非常自然的心态。但是，不要详细表述其中的差别。你越是能够尽快地跟他们说“我们大家”，而不再说“我们”和“他们”，你的团队也会迅速地采用这种方式来思考，并且会像一个大家庭那样来做事。此外，要把两个公司最优秀的东西综合利用起来，不要只是你自己在采用被兼并公司的工作流程。

3. 使团队融为一体。在兼并与收购期间，首席执行官和高级领导团队需要主动融合，并且自上而下地推动整个公司的改革。但是，融合并不只是高级管理人员的事情，各级管理人员和普通员工也必须参与进来，尽快使团队融合。更多地从个人和工作方面增进相互了解，并且就团队的融合制订一个计划，达到“1 + 1>2”的效果。

在探讨别的主题之前，我想介绍很多领导者在这方面最常犯的一种错误。我称它为“我会发一封邮件”综合征。很多领导者在繁忙中向员工通报情况时，会花几个小时去写一封电子邮件，然后发给员工，以为员工现在能够神奇地理解这次改革的目的和意义。更糟糕的是，有的领导者甚至自己都懒得动手，而是要求负责员工沟通的部门来写这样的邮件。想一想你自己每天会收到多少封电子邮件吧。你会花多少时间去阅读和处理它们？我猜，不会超过 1 分钟时间。因此，要指望你的员工把你发出的邮件打印出来、突出其中的重要部分、理解你在邮件中透露的信息，也许只是你的一厢情愿。

一条好的经验是，在向员工通报某项重要改革的信息时，除了采用电子邮件之外，至少还要运用其他 3 种沟通方式。这些方式包括如开员工大会、发布视频信息、进行一对一座谈、发传单、举行短暂的会议或午餐会。运用这条经验所依据的原理是：人们在听别人说起某件事情时，一般需要听上 3 遍，才能将其内容内化于心。你一而再、再而三地向员工就某项改革进行沟通，并不会产生什么损失，但如果沟通得不够，有可能损失一切。

相信改革

安迪·齐勒尔担任急诊室医师数十年了，最近出任玫瑰医疗中心的医务人员总管一职。他的第一个项目是负责监管医疗中心对世界卫生组织外科手术清单的执行情况。这个清单好比飞行员的清单，目的是将人犯错误的可能性降至最低。它规定，手术团队必须在所有程序开始之前，暂时停下手头的工作，以防止错误出现。比如，不要出现弄错手术部位或者病人出现药物过敏等情况（如果我是一位病人，我真心希望手术医师们别把手术部位弄错了）。

齐勒尔对这一改革持乐观态度，理由很充分，外科手术清单的使用可以减少医疗事故，减轻对病人的伤害。他以为，解释了清单背后的科学原理，就足以说服手术医师开始运用这一清单。但事情并不像他预想的那么顺利。齐勒尔发现很多医师要么对清单完全不感兴趣，要么根本不遵照执行。

齐勒尔绞尽脑汁寻找一种解决办法。他刚刚读到了奇普·希思和丹·希思兄弟俩的著作《改变：如何化难为易》，他记住了书中阐述的一条原理：理性使人们思考，情绪使人们行动。只向医师们解释清单背后的科学原理，并不足以成为他们开始使用这一清单的理由。

齐勒尔和他的团队开始采用基于情绪的方法来推行这一改革。手术医师拒绝使用手术清单，其中的一条理由源于自尊。医生们觉得："我干这一行已经 30 年了，不需要一个蠢得要命的清单来告诉我该做什么。"齐勒尔和他的团队对医师们说，他们的确经验丰富，但是，如果不按清单来手术，则可能会出现一些医疗事故，产生严重的后果。过了一段时间，使用手术清单的医师慢慢增多了。于是，齐勒尔及其团队开始将医师们纳入手术流程的设计中，以便他们接受清单，而不是使清单束之高阁。现在，齐勒尔把这一现象称为“热情的转移”。后来，他被晋升为医院的首席医疗官。

为了帮助你充分运用齐勒尔学到的经验，这里有几条原则，有助于控制团队员工对改革的情绪。

- 当人们置身于改革之中时，他们接受改革的可能性要大得多。要想办法让你的下属团队参与改革进程中的某个方面，无论是参与改革的规划、沟通、执行、协商还是提供支持。
- 即使小规模的改革，也绝不要低估它对人们情绪的影响。在改革实施期间，经常地表达你对下属团队的支持。
- 如果由于改革的缘故，某件事情已经结束了，但你的员工仍然对失去的东西感伤。这时要么展开探讨，要么用一次庆祝或会议来标志这件事情的结束。
- 找到那些可以较早采纳改革举措的员工，为改革的持续推进积蓄能量。当人们认识到他们的同事也开始积极投身于改革时，他们更有可能参与进来。
- 对员工的奉献表达你的感激之情。在改革开始之前，预先谢谢他们。在改革期间，对他们投身于改革的努力表达你的谢意。在改革之后，帮助他们知道他们的努力为整个团队或组织的成功做出了怎样的贡献，并且奖励那些你乐于见到的正面行为。

推行改革

“改革蓝图”的最后一个要素是确保你的员工知道他们应当在改革过程中做些什么。许多改革之所以失败，是因为参与其中的人们并不清楚他们应当怎样在日常工作中支持改革。例如，如果美国有线电视新闻网的头条新闻频道的员工不知道如何使用他们的新设备，那么，即使这个团队已经置身于改革之中，改革也可能会失败。因此，要支持你的团队，帮助他们准确地理解你需要他们做出怎样的行为来投身于改革。

一旦你清晰地表达了你的期望，还必须为下属团队示范你希望他们表现出的行为。帕克基督复临医院的首席执行官莫雷尔·迪安刚刚担任这一职务时，一提到电子邮件沟通，他便立即清楚地意识到，他得着手改革医院的文化。他经常发现人们在电子邮件的沟通中发生冲突，并且这种冲突愈演愈烈。接收邮件的员工可能错误地理解了其中的语调，或者把电子邮件转发给了不应当参与的人。莫雷尔告诉他的团队：“只要我还是这里的首席执行官，我不会允许这种冲突出现。”

在他担任首席执行官的第二个星期，又一个引起不和的问题冒了出来，一位医生利用电子邮件对别人提出了一些意见，被提意见的人火冒三丈。莫雷尔知道，决定自己能否成功解决这一问题的时刻到了，而他必须果断地采取行动。电子邮件在四处转发，人们开始像往常一样感到气愤和烦恼。他们问莫雷尔：“你不打算应对一下这封来自那位医生的邮件吗？”

他回答：“我会的，但只会感谢他说出自己的想法，并且请他安排时间和我私下里交谈一次。”

莫雷尔并没有使用电子邮件，就成功地解决了这次冲突，一年半以后，医院员工采用的沟通和交流方式已经彻底改变了。医务人员不再利用电子邮件相互攻击，而是一旦出现了什么问题，每个人都心平气和地坐下来，推心置腹地交谈。莫雷尔清晰地表达了他对每位员工应当表现出怎样的行为的期望，如今，他的这一努力得到了回报。员工知道，遇到问题时他们需要做好什么，实际上，他们也做到了。

这里有一些要点，可以确保你的员工在改革期间采取正确的行为。

- 帮助他们理解改革将怎样影响他们日常的决策。明确地告诉他们你希望他们做什么。一个简单的工具是“开始/停止/继续”。在改革开始后，你希望你的员工开始做什么？停止做什么？或者继续做什么？
- 进行一次正式的或非正式的评估，以观察你的下属团队是否拥有实施那一改革必备的技能。如果要求拥有新的技能或知识，那么，通过培训、辅导或指导，尽早且经常地提供给他们。例如，美国有线电视新闻网的头条新闻频道的员工，需要获得有关新软件方面的培训。
- 在员工开始表现出正确的行为时，把它当成很了不起的一件事情。感谢员工所做的贡献，通过表扬、表彰或奖励来强化那种行为。

改革虚拟团队领导者的管理

虚拟团队的领导者面临着一系列的沟通障碍，这些障碍，一般很难出现在员工都在同一地点工作的组织之中。由于缺少面对面的互动，限制了领导者给员工提供日常支持的机会，可能导致员工对团队的归属感不强。

1. 构建共同的背景。作为虚拟团队的领导者，你可以创造一个类似于在同一地点的工作环境中那样的共同背景，让下属团队所有员工都可以接触到同样的信息、分享同样的工具和工作流程。你可以使工作任务的某些方面标准化，来构建共同的背景。比如，将工作规范标准化，并且使员工使用的工具标准化。

2. 加强口头沟通，保持一致口径。在虚拟团队中推行改革，最大的一个风险是“差别极大的解释”。也就是说，不同团队的员工，对某一信息的解释方式也各不相同，或者对信息的某些重点的把握也各不相同。这主要是由于缺少口头的沟通所致。口头的沟通有助于人们理解你的信息到底是什么含义。因此，至关重要的是向所有员工发出同样的信息，在解释某件事情时保持一致的口径，让所有员工只听到领导者发出的“一种声音”。

3．经常交谈。这似乎很容易做到，但在改革速度日益加快的今天，虚拟团队可能需要更多的面对面指导和交谈，因为他们不具备足够多的信息源作为所谓的“水冷却器”，来缓解自己的情绪。即使每次只是写一封电子邮件，或者打5分钟的电话，也要试图至少每周跟所有员工交流几次。

最近，我和一位工程师出身的高管进行了交谈，他是我刚刚接手指导的对象。我问他：“在我逐步帮助你的过程中，你自己在哪些方面从来没有怀疑过，也从来没有改变过？也就是说，哪些东西是你觉得不可动摇的趋势？”他迟疑了片刻，回答说：“我相信，事情总是可以变得越来越好。”

当然，在关注人时，我们有一些工作要做，但是，这位领导者发现了杰出领导者身上一个根本的性格特点。不论他们来自何处，他们都有勇气说“事情总是可以越来越好”，即使在别人看来不可能时。

因此，在你致力于成为拥有超强号召力的领导者时，要警惕自己滑向频谱的右侧，成为一心追求工作绩效的领导者。如果你能很好地平衡“对员工表达感激”和“持续追求改进”的话，你的进步将不可估量。

号召力超强的措施

采用改革的心态

- 区分你可以控制或影响的事情，以及你无法控制或影响的事情。
- 如果需要推进某项改革，并且你可以控制或影响它，那么，和你的团队一起推进。

- 如果需要推进某项改革，但你并不能控制它，那么，不要浪费精力。相反，支持你的团队，帮助他们控制焦虑情绪。

运用改革蓝图

- 帮助你的团队理解改革。解释为什么要改革、它对员工将产生怎样的影响、将采用怎样的程序来推进、考虑了哪些替代方案等，此外还要阐明，如果不改革将会付出怎样的代价。
- 一定要让你的团队相信改革。让他们参与改革的进程、表达你对他们所做奉献的支持，并且对他们愿意摒弃老一套方法表示感谢。
- 清楚地表明员工为了支持改革应当做什么。为他们提供必备的技能和知识，做出改革需要的行为。当他们表现了那些行为时，慷慨地给予他们表扬。

BANKABLE
LEADERSHIP

第四部分

用快乐感染员工和推动效率提升

如果有什么人想惹我心烦，只需对我说："塔莎，你得休息一下了。"我认识的几乎每个人，无论是家人、朋友、客户、老板还是同事，都对我这样说过。显然，他们对我说这句话令我很烦，其原因在于，十有八九，我真的需要休息了。

我还记得，有一次到布宜诺斯艾利斯去出差，给自己一星期的工作时间设定为 94 个小时，白天主持会议，晚上则狂热地准备第二天的会议。到那个星期结束的时候，我瘫软在酒店房间的床上，一躺下就睡了 20 小时。尽管这次完成的项目是我职业生涯中最有成就感的项目之一，但那一刻，也是我一生中最感到困倦的时刻。

具有 A 型性格的人，往往疯狂地投入工作中。他们敦促自己把任务清单上的项目一一划掉，唯恐自己由于工作效率不够高而觉得愧疚。也许正因为如此，他们常常感受到严重的工作压力，这种压力与他们的成就感并不成比例，并且，他们的健康状况每况愈下。

具有 A 型性格的同胞们，还包括我本人，经常显得焦虑不安或者莫名兴奋。即使你的上司并不是这种个性的人，你也可以想象这种人的压力有多大。我经常让我的丈夫烦恼不已，因为每到星期六的早晨，他正在悠闲地吃早餐时，我便会打断他说："好了，让我们列一下这个周末都要干些什么事情吧！"

对我来说，效率就好比毒品。当我从任务清单中一一划掉已经完成了的任务时，我觉得自己前进的步伐无人可挡。但是，如果哪天没有从任务清单中划掉任务，我觉得羞于见人。

最近的一次经历，有助于我真正地理解平衡好工作效率与快乐工作的价值。当我在第 5 章讨论过的那家医院里工作时，一项重大的任务摆在我的面前：从零开始为领导者制订一个发展计划。我每天都出现在办公室，并且疯了似地工作，通常忘记吃中餐或者参加非正式的社交活动。

在我的周围，事情似乎以不同的节奏变化着。我觉得我好像步入了一个完全陌生的星球。我环顾四周，人们要么在庆祝，要么在游戏，要么在搞活动。一方面，我在和一群随时准备着拯救人们生命的严肃认真的医生一起工作；但另一方面，他们也是我曾遇到过的最为和蔼可亲、最喜欢娱乐的一群人。大多数会议开始前，他们互相拥抱、分享零食，充满了欢乐气氛。和这些医生共事，我感觉到一种真正的快乐。几个月后，我开始注意到，每到上班的时候，我的感觉真是棒极了。我期待着星期一的到来，就好比这天要和朋友们一起出去玩那么轻松。

和他们共事了大约半年后，我了解到，员工每年都会进行野餐。每到春天，员工们会在上司的帮助下，花几个月时间好好规划这次聚会，大家带上帐篷和食物，准备好游戏，打算好好地玩一次。

但是，野餐活动的那天恰好是某项任务的最后期限，我们即将推出一门新的课程。我觉得压力好大，一直盯着电脑屏幕上的幻灯片看，感觉度日如年，突然，我在电脑上设置好的野餐活动的日程提醒，在屏幕上弹了出来。“可我今天没时间啊！”我抱怨道，并深深地叹了口气。但我知道，如果不参加野餐，可能为我在这家医院的工作制造绊脚石，于是，我强迫自己关掉电脑，走到了医院后面的停车场。

当我下车时，仿佛置身于一个魔幻场景之中。大家已经摆好了野餐的桌子，铺好了带有格子花纹的桌布，并且尽情地玩着狂欢节的游戏。十几位员工在温暖的春日阳光下微笑着，排着队等着吃午餐，医院的高级领导者们推出了大型的餐车，里面放满了各种食物。

在那一刻，我突然领悟了。我一直过于执着于完成自己的工作，差点错过了参加这场野餐活动的无尽快乐（谢天谢地，幸好我逼着自己关掉电脑、离开办公室，否则，我就完全感受不到这份欣喜了）。我决定好好地享受一番，完全忘掉我心头由于丢下工作任务而产生的负疚感。我玩得开心极了，等我回到办公室时，我更加震惊地发现：对于那个一直在折磨着我的项目，我突然有了新的想法，那个项目也似乎已经自动完成了。我明白了，当你放下工作，开心地玩一阵时，心头一直牵挂的工作任务，完成起来会更顺畅。

把用快乐感染员工与推动效率提升想象成一个频谱相互排斥的两个极端，是现代组织中大多数领导者最常犯的错误之一。作为领导者，如果你不能让员工快乐工作，就不可能照顾好他们，而从长远来看，如果不帮助员工愉快地投身于工作之中，便不可能推动工作绩效提高。这两个结果不仅能够同时存在，它们还相互依存。要完美地得到其中的一个结果，另一个结果必不可少。

你也许对米哈里·契克森米哈提出的“心流”概念及马歇尔·戈德史密斯提出的“魔劲”概念并不陌生。想一想你上次全身心地投一项活动之中，以至于完全没有了时间概念的时候，那就是“心流”，我们最高兴、最有信心、最富有成效的地方。“心流”和“魔劲”都是那些能够很好地平衡快乐工作与提高效率的领导者可能获得的结果，他们的团队工作效率非常高，并且在工作中的大部分时间都快乐无比。

那么，是什么阻止了领导者既用快乐感染员工，又推动工作效率提升呢？大多时候，他们认为，我们会以牺牲效率为代价来体验快乐。或者认为，如果我们工作效率提升，便不可能同时感受到快乐幸福。再次把两者想象成一个频谱的两个极端，那么，这个频谱看起来是这样的：

用快乐感染员工⟷推动效率提升

认为“只有快乐才重要”的领导者⟷认为“只有效率才重要”的领导者

处于频谱左侧的领导者认为“只有快乐才重要”，他们不要求员工提高工作效率，一味营造快乐工作的氛围。这些领导者允许员工每天下午3点下班，或者只对营造积极而愉快的工作氛围感兴趣，不指望员工以勤奋工作来回报。他们可能对员工过于随意或放松，以至于没有在团队中形成一种紧迫感。认为“只有快乐才重要”的领导者的下属悠闲、快乐，但无法创造成功的业绩。当然，这些领导者不可能长时间地待在领导岗位上。他们通常被贴上“工作不努力的懒鬼”的标签。这种领导风格，是他们在职业生涯中获得成功的主要障碍。

处于频谱右侧的领导者认为“只有效率才重要”，他们过于追求团队的工作效率，以至于员工在他们手下工作，完全没有乐趣可言。这也许因为这些领导者都是A型性格的人，或者，由于他们要求首先得完成工作任务，然后才能让员工开心。但是，工作任务几乎总是完不成。这种领导方法的结果是，短时间内工作效率的确有提高，但时间一长，容易让员工疲倦不堪，并且产生代价高昂的员工跳槽、流失。处在频谱右侧远端的领导方式，对领导者不会有太大的帮助，他们还可能逼走最优秀的员工。

具有超强号召力的领导者能够在营造愉悦工作环境的同时，推动员工提高工作效率。不过，许多领导者认为，下属团队的工作效率与他们的工作时间长短成正比。

具有讽刺意味的是，如果一味地推动我们的团队长时间工作，与一个世纪之前亨利·福特为我们指明的道路完全背道而驰。虽然在我们现在看来，每周工作 40 小时似乎已经足够劳累了，但我们的先辈，甚至还享受不到这种福利。在工业革命期间，英美等国家的工人们，通常每天被迫工作 10 ~ 16 小时，每周工作 6 天。

1926 年，福特汽车公司的创始人亨利·福特在公司的各个工厂中推行每周 5 天、累计 40 小时的工作制度，在整个美国引发了轩然大波。他的儿子，也就是 1919 ~ 1943 年间担任福特公司总裁的埃德塞尔·福特后来指出："每个人每周需要一天以上的时间休息和调整……福特公司始终推行提高家庭生活质量的理念。我们认为，为了让每个人体面地生活，应当让他们有更多的时间和家人在一起。"

亨利·福特做出这一决策的原因，是因为他相信，这会使公司员工的工作效率更高。他知道，员工有足够精力时的工作绩效，比让他们超时工作、缺少睡眠而变得筋疲力尽时的工作绩效更优异一些。不论你的员工在做什么，如果他们疲惫不堪、精力枯竭，不可能做到绩效优异。事实上，神经生物学领域的研究已经证明，为了让我们的大脑达到一定的活跃程度，它需要适当的休息（我们将在后面的内容中详细阐述）。

亨利·福特勇敢地推行这一改革之后，其他公司开始跟着做。有些是因为工会组织要求缩短每周的工时，但是，当经理稍稍做出一点让步时，他们发现，员工的生产和工作效率得到了提高，对此他们震惊不已。到 20 世纪 50 年代，每周 5 天的工作制已经成为常态。

如今，我们很多人在工作中所投入的时间，远远超过每天 8 小时。但通常情况下，这并没有让我们的工作效率得到提高。想想我们一个普通工作日的情形，你到了办公室后，打开电脑，回复几封电子邮件；然后，也许走到咖啡机旁边悠闲地倒一杯咖啡；在走廊里，你可能碰到几个朋友，跟他们聊一聊头天晚上的足球赛；然后，你慢悠悠地回到办公室，开始今天的工作，这时，你下属团队中的一位员工进来打断了你……如此循环往复。到晚上 7：00 回到家时，你也许只有效地工作了 5 ~ 6 个小时。当你在睡眠缺乏、工作过度劳累的情况下，还得强迫自己早早起床时，你是否想过，会不会还有一种更好的办法来工作呢？

在这一部分，你将发现具有超强号召力的领导者怎样营造快乐的工作环境，让员工顺利地完成工作任务。在第 11 章，我将告诉你们，当你让你的下属团队能够精明地将工作与休息结合起来时，可以怎样提高工作效率并不断创下新高。在第 12 章，你将了解到“少干一事”原则，是指以更少的时间完成同样的工作量。在第 13 章，我们将探讨为什么大多数领导者需要放松身心，同时也帮助他们下属的团队快乐起来。因此，让我们以一种最有效和最愉快的方式，深入这些内容。

第 11 章

适当休息：磨刀不误砍柴工

有一天，美国空军副总参谋长、三星级将军莱斯特·莱尔斯正在努力工作时，他的参谋递给他一份紧急的传真。传真是莱尔斯的上司亨利·维切利奥将军发来的，后者是空军装备司令部的部长，一位四星级将军。

莱尔斯从上到下看了一眼维切利奥将军用手写的传真件。传真件的标题是“发给磨石九人组”，随后列举了维切利奥将军麾下的 9 位将军的名字。

传真件上这样写着：“先生们。我亲自查看了你们目前积存的假期。为了你们家人的利益，也为了你能给下属一个良好的示范，我要求你们到本周周末之时，向我提交你们的休假计划。谢谢你们。”

莱尔斯叹了口气。他把传真件放下，立即打电话给妻子。只用了几分钟时间，他的休假计划便提交给了维切利奥将军。

那位把传真件交到莱尔斯将军手里的人，是他的参谋马克·休斯。这一幕，马克永远不会忘记。

我们很多人抱有这样一种心态：工作任务总是比我们或我们员工的幸福安宁更重要。我们所处的这个世界，总是用我们一天之中完成了怎样的任务来衡量我们的价值。有一份调查报告指出，55%的人反映，自大萧条时期开始，他们的工作负荷增加了。27%的人说，从那时候起，他们的工作负荷翻了一番。

我认识的许多领导者处在工作压力的恶性循环之中，我猜想，你可能也是这种情况。你也许每天都累得不想动弹，而之所以这样，要么是你自己给自己强加的工作任务，要么是因为你秉持不切实际的职业道德，还可能是上司给你施加的压力。也许你把本该分配给下属去做的事情，自己一手包办了，或者你没有集中自己的精力来做某件事。短时间内，每个人都可以做到一周工作 50、60 或 70 小时。但我相信，如果长期那样做，一定会让你尝到恶果。

为了应对你感受到的压力，你也许装得像奴隶的监工那样，或者指望你的团队能以一半的人手完成两倍的工作任务。根据合益集团的调查，所有的员工中，一半的人反映他们当前的工作负荷已经到了无法承担的地步。在那些超时工作的员工中，63%的人指出，他们的老板并没有对员工付出的辛劳表示感谢。这一问题极具普遍性。我曾遇到过一位老板，他每到星期五的下午 5 点便打电话给直接下属，看一看他们是不是在岗。不用说，在这种人手下工作，真是一件苦得不能再苦的差事。

有些领导者公然地表现得像个奴隶监工那样，有些领导者则发出一些微妙的信号，拐弯抹角地指出他们的员工没有足够努力地工作。曾和我合作过的一位领导者，以晚下班而在全公司闻名，有时到晚上 10 点才下班。他经常跟员工讲："不要像我这样。这不好。"但是，你觉得他的员工会怎么做？人人都像他那样，每天拖到很晚才下班。如果他们有一天按时下了班，会觉得不安。

无论你是对自己，还是对你的下属团队做这些，其结果都可能是灾难性的。我们已经听说过，过度工作是不健康的。但是，其后果远远不是"不健康"这么简单。伦敦大学学院的流行病学家玛丽安娜·维尔塔宁和她的同事进行了一项为期 5 年的研究，重点研究过度工作与保持大脑正常机能之间的关系，研究对象是英国的公务员。参与者完成了一系列的测试，以评估其智商、语文记忆能力和词汇量。和那些每周工作 40 小时的实验参与者相比，每周工作 55 小时以上的实验参与者在词汇量和推理能力两个方面都较差。让我说得更明白一些：当我们过度工作时，实际上反而变得更蠢。

大量的证据表明，休假有助于我们提高工作效率。托尼·施瓦茨曾在《哈佛商业网络》上发表了一篇题为《更多假期是提高效率的秘密武器》的博文，他引用了 2006 年开展的一项研究的成果。该研究指出，员工每次多休 10 小时的假，下一年的绩效评估得分将提高 8%。因此，让员工休假，有助于他们为你更好地工作。

能为员工提供良好工作环境的领导者，可以使工作效率最大化、让员工快乐工作甚至使员工保持身心健康。始于 1948 年的大规模纵向研究项目——弗拉明汉心脏研究（该研究第一次找到了吸烟与癌症之间存在关系的证据）曾指出，如果员工每年都休假，男性员工心脏病发作的风险降低 30%，女性员工降低 50%。

具有超强号召力的领导者理解休息的重要性，并且意识到，任何员工的工作效率，总有一个上限。帮助团队员工放下手头的工作，将在短期和长期内提高他们的幸福感，并提高他们的工作质量。

我是第一个告诉你这些的人，这可能令人不可思议，也难以做到，特别是对那些工作节奏快、事业成功的人们。我的家人和朋友一直在拿我开玩笑，说我实际上对工作有瘾。在我看来，在漫长而劳累的一个工作日结束之时，能够“再多做一件事”的这种痛快感觉，真是让人难以抗拒。我每天都要想方设法在我自己了解到的知识（我必须放慢自己的脚步，否则，我会得心脏病）与我内心对工作的无比冲动之间找到平衡。

对工作的这种“瘾”，是可以治疗的，但对那些深陷其中的领导者来说，让自己少工作一点，或者让团队可以休息一阵，也许让他们感到茫然，难以真正付诸行动。因此，在这一章里，我们将讨论一种对我本人及与我合作过的许多领导者来说有着重大意义的方法。首先，我们探讨休息的好处，无论是一天的短暂休息还是休一个月的长假。然后，我们将注意力转向“暂停”，它可以将你及你团队的日常工作任务融入进来，以便保持持续的专注，保证持续地高质量地完成工作任务。

休息让我们聪明并防止疲倦

在马克·休斯给莱尔斯将军递上“发给磨石九人组”的传真件 7 年后，马克到华盛顿特区担任空军上校一职。一天，他的两位老朋友——曾在某军事卫星组织中在他手下工作过的下属来看望他。两人刚刚创办了主要为各企业管理数据中心业务的 Inflow 公司，筹集到了第二轮融资。由于他们想要招募经验丰富的管理人员，于是想请马克加入他们位于丹佛的团队，担任分管公司运营的副总裁，并随后担任分管财务的副总裁。

那是 2000 年的事。当时，技术行业的发展举步维艰，马克全身心地投入工作中，夜晚和周末常常加班。2002 年 1 月的一个星期五，风雪交加，马克决定早点下班。那天恰好是他的生日，他想和家人一起过，但公司一位创始人乔尔拦住了他。“对不起，马克。我们得就预算的事情开个会。就是今天。”马克的心凉了半截，但他仍然答应留下来开会。那天晚些时候，马克来到了另一位创始人阿特的办公室，阿特和乔尔都在那里等着他。阿特说道：“谢谢你来，马克。首先，请你把你的手机和电脑交还给我们。”

“什么”？马克心想，“难道我被解雇了？”

“接下来，”阿特继续说道，“这里有几张机票，你和你的家人可以到凤凰城去过一个美好的周末。”阿特一边说，一边隔着会议桌，把一个信封从桌子上滑过去。“你的家人现在就在楼下等你。”马克惊呆了。他居然获得了一个令人惊喜的假期，作为他长期以来努力工作的回报。他的上司真是想得太周到了，已经为他做好了所有的安排。随后，他和家人度过了一个难忘的周末，到下个星期二的时候，马克再回到工作岗位，一头扎进繁杂的工作之中。

阿特和乔尔的举动具有超强的号召力。即使我们热爱自己的事业，但如果我们的休息时间不断缩短，对生活的满意度也会下降。工作时间过长，让我们感到疲倦和压抑，使我们没有更多的精力来保持高效。根据美国著名私立医院梅约诊所的研究，疲倦是一种特殊的压力。感觉疲倦的人往往在身体上、心理上和情绪上都消耗殆尽，以至于他们工作的价值及他们对自己能力的自信，都直线下降。如果你经常觉得对同事或客户不耐烦，常常尖刻地讽刺自己的工作或者早晨需要强迫自己从床上起来，那么，你可能已经疲倦了。疲倦的人健康状况下降，睡眠习惯不佳，而且更有可能通过胡吃海喝或者服药而“消极应对”这些问题。对于领导者而言，疲倦的员工对团队是极为不利的，他们的绩效极差，并且效率极低。团队中只要有一个这样的人，就会十分危险。

对于疲倦，最有效的解药便是休假。今天，大部分欧洲国家每年至少为员工提供 4 周的假期，其中德国和瑞士平均达到 7 周。但根据经济政策与研究中心的研究，25%的美国人根本没有休过假，要么是因为他们可以休但没有休，要么是因为他们的老板不让休。根据德科集团的研究，每 4 名员工中，只有 1 人的假期全部休完了。

为什么员工没有休假呢？要知道，这些假期本来就是他们有权利休的。对许多员工来说，害怕是主要的因素。害怕错失了晋升的机会、害怕在公司的临时解雇名单中排在前列、害怕他们没有做完的工作到休假回来之后仍然要由他们来完成、害怕他们的老板或同事对他们产生不好的看法。根据德科集团的研究，每 5 名员工中就有一人反映，当他们的同事休假时，他们觉得烦躁不安。具有超强号召力的领导者意识到，如果他们的员工确实不敢休假或者害怕休假，他们要主动帮助员工平衡好休假和勤奋工作的关系。

频繁且短期的休假效果更好

疲倦的员工往往需要两周的时间来恢复精力。但在美国，长假并不是企业界和政府机关的常态。根据哈里斯民意调查的一项研究，只有 14%的员工一次休一周的假期。我经常听到员工抱怨，如果一次只休几天假，那么，休假的成本远远超过假期的福利。不论假期多长，即使一次性休假的时间不超过连续两周，那些休了假的员工，工作压力都下降了。特别是由荷兰阿纳姆–内梅亨大学的杰西卡·德·布洛姆所领导的一个研究团队在实验中发现，即使员工一次只休了几天假，也增进了他们的健康和幸福感。然而，实验参与者在返回工作岗位后，只过了 5 天，那些幸福感就消失了。

虽然休假所带来的幸福感只能维持较短时间，然而不论假期多长，都能给员工带来幸福感，因此，即使只让你的员工休假一天或两天，也将提高他们的工作效率和幸福感。对他们而言，也对你而言，休假总能带来回报。

让员工真的休假

你有没有在休假的时候仍然放不下工作上的事情，偷偷地查看一下电子邮件？或者打几个电话？如果数量很少，这实际上没什么关系。但是，德·布洛姆和他的同事发现，那些在休假期间依然放不下工作的人们，比那些真正放下工作去休假的人们，在健康和幸福感方面提高的幅度都要小一些，但尽管如此，他们的幸福感和健康状况，确实都有所改善了。不过，研究表明，如果你的员工觉得他们在休假期间依然不得不工作的话，那么，假期对他们产生的积极影响，就变得更为短暂了。

因此，员工在休假的时候，请不要用工作上的事情去打扰他们。我知道，我们很难让自己真正做到这一点。我和丈夫在蜜月期间，丈夫把我的黑莓手机锁起来，让我接触不到。但我的确发现，几天之后，我比以前更放松了。要帮助你的团队看到完全放下工作去休假的好处，同时向他们表明，你不希望他们对工作仍放不下。如果由于某些原因，他们确实无法完全放下工作，那么要做到每天只要他们收一次邮件。

当你告诉员工，他们在休假时，你真的不会为了工作上的事情而打搅他们，他们会不会相信你所说的呢？为了让他们相信，你自己一定要首先做到。曾和我合作过的一位经理通常休 3 个星期的假去看望她远在加拿大的亲人。我问她："你不在的时候，工作上的事情是怎么处理的？"

她回答："那很简单。我把我的部门交给最优秀的员工接管一段时间。他们也有我的电话号码，如果有什么事情不对劲，可以随时打我的电话。"

在给你们提供几条实用的秘诀和建议之前，我还要指出的是：你的一流员工，有可能不需要休完所有的假，便能够精神抖擞地重新投入工作之中。记住这一点，一定对你有所帮助。

卡洛琳·德·罗伯茨的团队中有位各方面表现都拔尖的员工，当时是前台的经理，负责医院的前台接待工作。有一年 12 月，她找到卡洛琳，请求解决一个问题，她在圣诞节的那一个星期里，很难到前台来上班。

卡洛琳说道："我们为什么不能坐下来，看一看有什么办法可想呢？我们可以尝试着想出各种可能的办法。"当卡洛琳看到这位员工排好的工作日程时，她注意到，这位员工在整个圣诞节的那一周，把自己的工作日程都排上去了。

卡洛琳试探着问道："我得问一下，我知道你已经安排好了到怀俄明州看望你母亲，那为什么你不按照这个计划给自己放放假呢？"员工羞怯地承认，她太难平衡工作日程的安排了，自己的工作日程排得满满的，但又想去看望母亲，不知如何解决这个问题。

卡洛琳笑了。"你能成为这样热爱工作的团队成员，我很欣赏，但你得去探望你母亲，我们会想办法让你成行。”

卡洛琳回忆了她当初选择让这位员工担任前台接待经理的原因。她是一个善于解决问题的员工。但卡洛琳意识到，她必须教这位崭露头角的领导者明白，她并不是所有问题的解决者。最后，他们找到一位工作积极性很高的员工，在圣诞节的那一周顶替前台接待的工作。最为重要的是，那位前台接待经理，终于能够到怀俄明州探望她的母亲。

让我们观察如何帮助你的员工享受休假的好处。

- 试着向员工解释，如果他们休假，得到的一定比失去的多。
- 要记住，假期不必太长。即使几天的假期，也可以帮助你的员工再度以百倍的精神投入工作之中。
- 再努一把力，一定要帮助你的员工（特别是那些绩效格外优异的员工）不带任何心理负担地享受假期。
- 要意识到，你得给他们确立榜样。还记得莱尔斯将军的故事吗？这样告诉员工：“对我来说，重要的是你照顾好自己，做到健康和幸福。因此，请你把计划好的假期休完。”如果他们不休假，找找背后的原因，帮助他们解决问题，让他们能够安心休假。
- 在员工休假之前，一定要让你和你的团队掌握他们手头工作的所有必要信息，以便他们不在岗位的时候，工作不受影响。
- 员工在休假期间，让他们安心休假。不要给他们发邮件。如果你可以不打电话、不发短信给他们就能够解决问题，那就不要跟他们联系。

暂时放下的好处

现在你知道了让员工休假的种种好处，我们将把注意力转到如何使你的员工在工作中保持最大的能量上来。

当你深陷我朋友达纳·鲍勒所说的“大量繁杂的细枝末节”的工作中时，是不可能以最好的状态来思考问题的。来自伊利诺伊大学香槟分校的研究人员专门研究了在完成需要精确度和专注力的任务时，定期让员工得到休息可以产生的效果。研究人员要求参与实验的学生记住几组数字，然后让他们完成一项需要关注细节的枯燥任务。研究人员向其中一组学生出示了一次数字，然后要求他们用 40 分钟的时间完成那项枯燥的任务。对另一组学生，则在学生们专注地完成枯燥任务的 40 分钟期间，隔一段时间便向学生出示一次那些数字，一共出示 3 次，你可以把出示数字的时候视为“暂停”，因为在那个时候，学生可以在几分钟时间，将他们的注意力从枯燥的任务转到数字上来。这次研究的结果引人关注，那组获得了“暂停”的学生，不但完成任务的总时间要少一些，同时，他们在完成同样工作量的任务时，精力也更充沛一些。

建议你的员工每工作 1 小时便暂停一下，哪怕只休息 1 分钟。即使当他们正在完成那些需要格外专注的项目时，也要这样做，比如撰写提案或制订预算。鼓励他们起身做一下伸展运动、望一望窗外，或者看一看他们的微信朋友圈（但愿他们不会这样）。我曾为这样一位老板工作过，他在工作的间隙会走出办公室，打一会儿趣味高尔夫球。我本人在完成一个乏味烦人的项目或者撰写一份枯燥的报告时，过一段时间便让自己的大脑休息几分钟，等到再坐下来时，思维又活跃起来。

除了在白天的工作时间让员工暂停，也可以把晚上和周末当成绝佳的暂停机会。现代社会的职场，几乎都希望员工能够全天候地不离开工作。苹果手机、黑莓手机、笔记本电脑、电视电话会议、网络会议等，目的全都是帮助我们更加高效地工作，但这些工具，已经变成了束缚我们的绳索。在跨国公司里更是如此。我最近和一位领导者交谈时，她告诉我，她的一天是从早晨6点在中东的办公室开始，到晚上10点接到亚洲客户打来的电话而结束。这根本没办法生活，长久这样会让人身心疲惫。

我丈夫经常告诉我，我就是那种自作自受的人。我经常在晚上11点回复客户的电子邮件，于是，客户以为我将来也同样会在这么晚的时候回复邮件（还记得第 8 章中讨论过的操作条件反射吗）。如果我等到第二天才回复客户的邮件，我可以让他们不至于对我形成不正确的期望——以为我总是利用晚上的时间回复邮件。此外，即使第二天回复，客户也依然觉得我的回复很及时。

寄希望于员工能够持续不断地投身于工作，是危险的。和我合作过的一位领导者曾加入一家发展势头迅猛的初创公司。一到那里，老板就告诉他，他得买一台黑莓手机，并且时时刻刻都带着。起初，那位仁兄以为这台手机是紧急情况下联系他的时候才用的。很快，他天真的想法被现实无情地粉碎了。一个星期六的上午，公司的一位创始人给高级领导团队发送了一封电子邮件，而到那天下午5点时，有30多条回复要处理。他很快了解到，这家公司并没有严格的上班和下班时间之分。他痛苦地向朋友们诉说，当他们几个在酒吧里喝一杯，晚上10点走出酒吧的大门时，他还要收发电子邮件。到最后，他的朋友和妻子都忍无可忍了。

几个月以后，这位领导者开始变得习以为常了，他重新定义了他对“常规回复时间”的定义。不经意间，他开始期望自己的下属团队也达到他为自己设定的标准，不论什么时间，只要一接到他的邮件，就得马上回复。这是一种可怕的多米诺效应。最后，他明智地离开了那家公司，到另一家公司谋职才回归正常的个人生活。

想一想。如果你在星期六的时候想到了一个绝妙的点子，并且马上把它用邮件发给你的员工，他们可能会怎样响应？如果你的老板在周末时给你发了电子邮件，而你是一名尽职尽责的员工，那么，你觉得自己必须马上回复老板，对不对？我看到领导者经常这样做：当他们头脑里冒出了一个绝妙点子时，他们只是想把邮件写出来，并不指望员工马上回复，只要能在工作日回复就行。但是，收到那封邮件的员工可能觉得他们必须马上回复老板的邮件。这是一个恶性循环。我并不是说当你和你的团队遇到紧急情况时也不回复，但是，让员工在休息时间也回复你的邮件，应当只是期望，不应成为规则。

为了保证你允许员工在工作日期间有足够的暂停时间，密切关注你正在营造的“回复邮件”的文化。直接并经常地告诉你的下属团队：“除非我事先告诉你们某件事情十分重要，否则，在 8 小时以外的时间里，你们不必马上回复我的邮件。”你也可以把周末和晚上写出的邮件先保存为草稿，将电子邮件设定在工作日的时间再发出。

让工作狂得到休息

工作狂们总是觉得难以停下来休息一下，原因很简单，他们是工作狂。他们身上那种急切的、不耐烦的和竞争的驱动力，决定了他们的性格类型。如果你是一名工作狂型的领导者，你必须想办法让自己休息一阵，一方面为后续的工作积聚能量，另一方面也为你的下属团队确立好的榜样。

1. 制定“停下来”的规则。“停下来”的规则，会在你即将对自己说“够了”的时候提醒你暂停一会。它们可以是基于愉悦心情的（当你不再拥有快乐工作的心情时，停下来）、基于时间的（每隔两小时停下来或者每天下午 5 点时停下手中的工作），或者是基于数量的（是一种“够了”的规则，当你认为自己已经干得足够多的时候，停下来）。如果你觉得自己无法使自己停下来，寻求同事或朋友的帮助。

2．和别人友好地打赌。找到另一位希望改变自己的工作狂，并且创建一个“生活平衡的挑战”。尽量增强趣味性。追踪观察你的工作时间，看一看你每周是不是按照计划暂时放下了手头的工作。

3．找一项爱好。研究表明，工作狂不太可能喜欢他们在家里的生活及休闲活动，当他们没在工作的时候，会表现得越来越厌倦。试着加入当地的俱乐部或休闲组织，重新找一些新的兴趣和爱好，你很快会发现，工作之余的生活还是很有意义的。

如果你已经看完了这一章，依然对你自己或你的下属团队的工作压力和过度工作感到有些不安的话，那么，是时候退后一步，来观察你自己的信念了。假如你发现自己无法停止过度工作，或者你仍会寄希望于团队员工超时工作，那么，可能还存在一些深层次的原因。以下这些问题，有助于你发现自己只专注于工作和效率背后的真正原因。我建议你坐下来，要么凭借自己的力量，要么与一位信任的朋友或密友，来思考你的反应。

深入反思的问题

- 在你的成长过程中，你的父母或家人是否给你施加了巨大的压力，让你经常做很多的事情？他们对你的刻苦学习和工作给予过怎样的表彰和奖励？或者，如果你没有按照他们的期望做的话，是不是会受到批评？
- 有时候，你是不是只看你的团队工作了多长的时间，就判断团队（或者你自己）的价值？为什么？这对他们公平吗？从长远来看，这样做会产生怎样的效果？
- 你是不是承担了太多的工作，或者要求别人承担太多的工作任务，因为你想取悦于别人？如果你拒绝承担如此大量的工作，你担心会出现怎样的情形？

- 你有多大的动力去达到用金钱来衡量的工作目标？你的工作量与你的收入之间的这种关系，究竟是切合实际呢，还是存在因果关系？你这种完成任务的动力，怎样对你下属的团队产生更大影响？
- 你是否把埋头工作当成逃避生活中其他事情的一种方式？如果是这样，你下属的团队看到你这样做，会产生怎样的想法？

多年来，我一直在努力解答这些问题。但正如奥地利诗人莱纳·玛利亚·里尔克曾智慧地指出的那样，问题的本身蕴含着力量，因为如果你“现在就生活在这些问题之中……你将慢慢地注意到，甚至在不知不觉中，就找到你想要的答案”。

号召力超强的措施

记住，休息让我们更聪明

- 鼓励员工休假，以便赶走他们的疲惫。绩效一流的员工，可能最难放下手头的工作去休假。
- 如果长假难以实现，帮助你的下属团队至少在一年之内休几次短假。如果他们把假期分成几次短假来休，与一次性休长假相比，效果实际上更好，对他们的身心健康更有好处。
- 员工在休假期间，不要用工作上的事情去打扰他们。在他们休假前，保证所有的任务都有人接手。如果他们在休假期间也不得不干工作上的事，会降低假期带给他们的幸福感。
- 把你的假期作为培养手下高潜能人才的机会，使他们在你休假的时候顶替你的职务。如果员工发现你能够完全毫无牵挂地休假，他们也更有可能像你那样做。

不要忘记让员工暂时放下手头工作

- 当你的员工长时间工作或围绕某个单调乏味的项目而工作时，帮助他们至少每小时短暂地休息一次，调整他们的专注力。
- 帮助员工把夜晚和周末的时间作为短暂休息和调整的时机（你自己也要这样做）。注意你确定的回复邮件的规定，尽可能避免在员工休息的时间发邮件给他们或给他们回复邮件。
- 向你的下属团队明确地表达你的期望：你希望他们尽快回复你哪种类型的紧急的或紧迫的事，哪些邮件可以等到下一个工作日的时候再回复你。

第 12 章
“少干一事”原则

我曾和一个高管团队合作制定了一项战略规划。在此过程中，很多人提出了绝妙的点子，经过一个月左右的艰苦努力，我们完成了这项任务。

接下来的事情，就是将高管团队经过集体商议确定的 12 项战略措施付诸实施，并且确定那些最重要的举措。我对高管团队提出了一些问题。首席执行官的脸变红了。他站起来，指着环绕在我们周边的那些活页挂图，简洁明了地说道：“它们都很重要。我们要完成它们。”

我环顾四周，看到了一些困惑的、惊愕的表情，当然，还有一种绝望的表情。不过，没人敢跟老板对着干。就这样，这个团队领走了他们的 12 项战略任务，并且尽自己最大的努力去完成。虽然公司完成了当年的规划，但牺牲了许多员工的幸福感。

和这个例子表明的一样，在我们本已堆积如山的工作日程上再添加新的项目或任务，已经成为一种新的常态。在现代组织中，很多人手上的任务已经太多了。想想上一次你的老板命令你停下手头的工作，是什么时候？你的团队也和你一样，桌子上摆着太多的目标、措施及公司各种方案的演练计划。

在这种情况下，许多领导者从以下两种响应方式中选择一种：要么督促员工完成所有的任务；要么低调处理新的任务，唯恐惹得员工烦恼或者让员工的负担过重。

第一种响应通常使得员工提出这样的问题："我们什么时候才有时间干我们的日常工作？"或者"我们会有更多的资源来干这些吗？"这些反应是完全可以理解的，即使最优秀的员工，也只能干完一定工作量的活。当员工身上的担子太重时，他们会感到无助和没有希望。

选择第二种响应并且推迟实施新举措的领导者，有可能对员工说一些这样的话："哦，又来了新任务！公司总是企图让我们像个陀螺似的不停地转下去。别担心。我不会让你们做这些的。"这些领导者虽然被他们的员工视为英雄，但这样的做法，往往也限制了他们自身的成功，并且可能留下诸如"此人难以执行分配给他的任务"这样的恶名。

这两种结果似乎是相互排斥的，也就是说，"完成所有的任务"和"让员工休息一下"相互排斥，但是，具有超强号召力的领导者可以同时做到。怎么做？他们雄心勃勃地调动团队的积极性，并且尽可能避免浪费精力。

我在美国西图公司这家大型工程公司工作时，我的老板吉姆·唐尼和我每到周末的时候，会相互给对方讲一个故事。

他问我："为什么我们公司有这么多聪明的、不会偷懒的人？不管什么时候，在挑选这种人才之前，我宁愿挑选一个聪明的、'会偷懒'的人。"

我望着他，有些茫然不知所措。

他继续说道："我说的偷懒，并不是他们不在乎或者不想干好工作。我说的偷懒，是他们能够找到最简捷的好办法来解决问题。他们可以把任务分配下去，专注于自己的任务，并且不去做那些无用功。"

以前，我总想方设法使所有事情过于复杂化，对此我深感愧疚。听到吉姆的这番话，我开始重新评估自己以前是怎样完成工作任务的。

在西图公司工作几年后，我遇到了鲍勃·查普曼（我已在这本书中多次提到这位具有超强号召力的领导者），他很快成为我的客户和好朋友。在我们最初的交谈中，他跟我提起自己怎样在全职工作的同时拿到硕士学位。他获得了辅导员的准许后，将他论文的统计分析任务外包给别人来做，作为一位人力资源领导者，他的职业生涯不需要如此高深的统计学知识。因此，他节省了自己的时间和精力，但依然获得了期望的结果：拿到了硕士学位。这实际上是聪明的“偷懒。”

提高效率，并不是一种罪过。将你的精力专注于一件事情上，并不是一种罪过。尽可能以最简单的方式来做某件事情，同样不是一种罪过。事实上，意识到什么时候可以不再让你的团队把时间和精力浪费在某些项目上，跟知道什么时候得把时间和精力投入某些项目同样重要。

进入 21 世纪，工作变成了一场马拉松。如果你在最初的 5 公里就开始全速奔跑（也就是说，不断给你的团队增加任务，而不去想想这样做对员工长期的绩效有着怎样的影响），那么，你可能完不成整个比赛。将员工的注意力集中起来，有助于他们感到满足和高效，并且鼓励他们以快乐的心态对待工作。想一想，当你哪天能从自己的任务列表中划掉一件件任务，到下班的时候，你会觉得自己胜利了，随时准备着迎接第二天的挑战。

在这一章里，你将学习使用一种工具，它可以将员工的注意力集中起来，使他们紧盯着最为重要的事情，助推整个团队获得成功。这称为“少干一事”原则，它简单得令人不敢相信。但在我们深入研究这一工具之前，让我们先了解“收益递减”的规律。

效益递减规律

我们在第 11 章里探讨过，许多领导者以为，必须不断激励自己疯狂地投入工作，并要求员工也变成一个个工作狂。但我们发现，那样的结果往往是重数量而轻质量，导致工作业绩下降，使员工都过着忙碌的生活。

畅销书《每周工作 4 小时》的作者蒂莫西·费里斯一直倡导高效的、专注的工作。他极力提倡所谓“生活方式设计”的概念，这一概念违反了“我们现在应当努力工作，等到退休时再好好休息”的惯例。费里斯睿智地指出，有些员工的工作任务总是不断地拖延，到最后恰好与我们分配给它的时间相吻合。这解释了为什么我们在学校读书时，不论你多么不重视你的学期报告，总可以在提交的截止日之前的一星期（或者前一个晚上）提交。虽然“每周工作 4 小时”或许只是我们很多人的梦想，但不管怎样，费里斯提出了这样一个观点。

以费里斯的观点为基础，大多数时候，人们以为我们付出的时间/努力与成果/结果之间的关系是线性的，如图 12-1 所示。

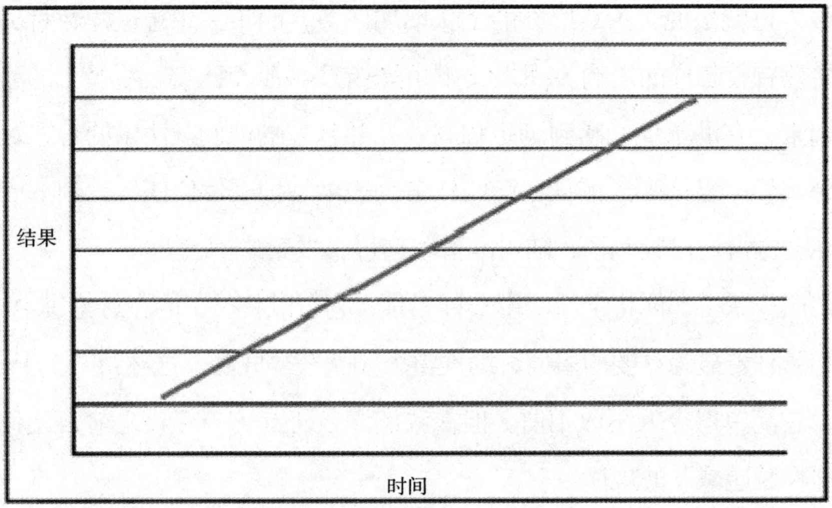

图 12-1

但在现实中，经过特定的时刻后，两者之间的关系呈现效益递减的趋势。人们只能承担一定工作量的工作，才有可能做到高效。“少干一事”原则的精髓是：根据你的团队所付出的时间和精力，辨别在什么时刻他们的工作效率将不再上升，反而下降，甚至趋缓，如图 12-2 所示。

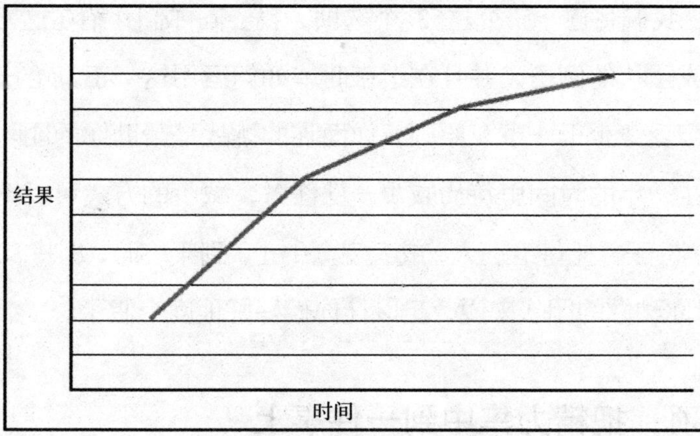

图 12-2

想象你能帮助下属团队把注意力集中到最为重要的工作任务上，并因此中断那些不能再给团队增加价值的活动。你将由于下属团队的出色表现而赢得良好声誉，同时也由于你能打造一支轻松上阵、活力四射的团队而美名远扬。你的团队将很有希望完成你交给他们的所有任务，并且对那些任务感到兴奋不已。听起来很有吸引力吧？让我们谈谈怎么做。

“少干一事”原则

“少干一事”原则确保你的团队把注意力全都集中在正确的事情上，并且不浪费哪怕一点点精力，去全心全意完成你需要他们完成的任务。对于你的团队正在完成的每项任务，你及他们应当问：

- 这一任务能不能用较少的时间来完成？
- 这一任务能不能托付给其他人或其他团队来完成？
- 这一任务能不能中止？

在本章，我们将逐一研究这 3 个选项。我会向你们介绍在这方面做得很好的领导者或团队的例子，并且在结束时就如何运用这一工具给出具体的建议。假如你接受“少干一事”原则，你面临的挑战是帮助你的团队减轻工作负担，或者在一年的时间里每周减少一件任务，减少的方式可以把精力集中到一件事上、将任务托付给别人，或者完全中止。到年终时，那将有 52 件“少干的事”，对你和你的团队来说，足以让你们好好地度个假了。

第一个选项：把精力集中到一件事上

律师界流传着这样的说法：如果你在一场审判中为 10 个观点据理力争，那么，不论你摆出的观点有多么容易记住，当陪审员们走进陪审团议事室时，他们一个也记不住。同样，如果你不把自己的精力放在团队最重要的行动上，那么，你的下属团队也许会做大量的无用功，白白浪费时间和精力。

那么，为什么我们确定任务的重要性如此之难？原因很简单，我们害怕失败。在本章开头介绍的那个团队，面临 12 项战略任务，因此不得不做好两手准备。但是，和摆出 10 个观点在法庭上辩论，最终让陪审员一个也记不住的道理一样，员工面对着 12 项战略任务，一定会发狂似的到处问：“我们怎样去完成其中的哪怕 1 个任务？”

如果你的重要任务超过了 5 项，就会降低团队员工出色完成所有任务的能力。博斯公司的保罗·雷万德和塞萨尔·马伊纳尔迪曾进行过一项研究，结果发现，随着高管团队确定的重要任务数量的增加，公司的收益反而下降。反过来也一样，也就是说，随着重要任务数量的减少，公司的收益反而上升。比如，有的公司将重要任务确定为十几项，结果，收益超过行业平均水平的几率仅为 29%，而另一些公司将重要任务确定为 1 ~ 3 项，结果，它的收益超过行业平均水平的几率为 44%。这些研究成果，也许让你想起了史蒂芬·柯维在他的经典著作《高效率人士的七个习惯》中描述的第三个习惯：把最重要的事放在第一位。

雷万德和马伊纳尔迪还指出，64%的高管认为，他们确定的重要任务太多了。跟这一趋势相悖的是我们在第 2 章介绍过的林恩·甘戈内。她在担任科罗拉多州丹佛大学女子学院的系主任时，和她的团队确定了 3 项战略优先任务，并且把精力集中在这 3 项任务上：（1）扩大招生，打造学术一流的系；（2）继续筹集资金，以支持学生的奖学金和学术项目；（3）提高本系的影响力。这些目标成为他们衡量团队工作成效的标准。同样重要的是，这些目标使得团队可以不去做那些与战略任务不符的事情。

例如，有一次，林恩所在系的一群学生有机会到南非旅行，他们需要一位教职员工陪同。林恩本人想去。但她的团队指出，这次旅行与他们确定的 3 项战略目标都不相符，她不能把自己的时间花在这次旅行上。他们说得对。林恩最终没有去南非旅行，而是飞到佛罗里达，和给他们系捐献钱物的慈善家举行了座谈。

显然，限制重大任务的数量，有助于团队集中自己的主要精力。确定团队的重要任务的另一种方法是：当任务并不要求 100%完美时，也可以减少花在它上面的时间。假设某位员工正在写一份报告，明天早晨必须交给你。他已经花了整整 8 个钟头，把自己关在办公室里埋头写作。快写完时，他瞟了一眼墙上的挂钟——已是下午 6 点了。他又仔细读了一遍报告，看起来还不错了，他知道，这已经达到你期望的标准了。可是，他是一位完美主义者。那么，他应不应该再花 1～2 小时，再去认真地润色那篇报告呢？

在这种情况下，我认为不需要。因为那篇报告至少达到了 80%的完美，并且也符合了上级的期望，所以，再去追求质量的提高，让他再从头到尾地仔细润色一遍，无疑会让他累得精疲力竭，这是没有必要的。这就是实践中的收益递减规律。

对我们很多人来说，这个概念并不好接受，特别是对于那些曾在法律、工程、医药等行业干过的领导者而言。让我澄清一下我的观点，我并不是说，你应当期望你的团队以80%的质量来完成工作任务，那是荒唐可笑的。

我建议的是采用所谓的80/100的法则，将那些需要做得完美的项目（付出100%的时间和努力），与那些只需做得较好的项目（付出80%的时间和努力）区分开来。对于那些至关重要的任务，你的团队应当100%地投入其中。而不太重要的任务，应当只是80%地投入其中。要不断寻找达到目标的捷径。

安德鲁·罗伯在担任咨询师时，有一次接手了一个为客户降低成本的项目。他并没有花大量时间去制订一个包含诸多程序的冗长而复杂的计划，而是问他自己："为了达到那个目标，我到底得做什么？"他给自己的回答是：部门中存在超额支出的现象，把那些超额的支出省下来。

因此，安德鲁没有采用复杂的程序，只是问员工，哪些领域存在超支现象。有些人不愿对他说实话，但大部分人说出了真相。他根据那些人的回答列出一个假设清单，以这种方法削减成本，将使预算分析的过程变得更加高效。安德鲁马上注意到，如果削减成本的解决方案并不需要进行认真细致的预算分析，他还会省去这一过程。这就是工作中对80/100法则的运用。如果你希望你的员工更多地像安德鲁这样行事，请遵循下面介绍的这些秘诀。

- 在着手攻关某个项目之前，问问你的团队：有没有考虑过所有可能的方法？是不是有什么捷径能达到目标？
- 避免做无用功的一种简单方法是充分利用他人的知识。特别是你或你的员工遇到了新情况或难以解决的问题时，让他们咨询一下曾经做过类似项目的人，以寻求帮助、得到建议。
- 如果员工觉得他们使某个项目过于复杂化了，又不知道如何简化它，建议他们从那些完全不熟悉这一项目的人那里寻求帮助。那些对项目细节一无所知的人，也许能够更清晰地判断哪些是不必要的步骤，或者能够更清楚地发现哪些地方还可以简化。

- 为了阻止低效率，奖励那些干出了成绩的人，而不是只奖励那些长时间工作的人。具有超强号召力的领导者理解结果与任务之间的差别，某个人一周工作了 70 小时，并不意味着他们做的事情都是高效率的。

第二个选项：将任务托付给别人

托付需要勇气、信任和深思熟虑。它是一项艰难的技能，但也有着巨大的回报。当然，你自己可以练习我们将要探讨的托付秘诀（确保你将任务托付给团队），但我们主要聚焦于帮助你的团队减轻过重的负担，把那些负担转交给那些能够做好的人。

你的下属中也许有一些经理或管理者，如果是这种情况，你团队中的成员选择将任务托付给别人，就是值得考虑的。即使你管理着一群一线员工，也可以选择将任务托付给别人。这里有一个例子，以前我还只是一名普通员工的时候，起初花了好几个月的时间去干一项工作，到最后，我大发牢骚：“哎呀！我不得不自己做所有的事情。”但是，当我从老板那里得到了一些指导后，我意识到，可以将一些工作托付给自己团队内部及外部的人。在一个要求与员工进行大量沟通的项目中，我的老板鼓励我求助于市场营销部门。这果真十分奏效，市场营销部门分走了项目的一部分，坦白地讲，他们干这些工作的效率，是我的两倍。

为了鼓励你的员工将任务托付给别人，你自己要先这么做，给他们树立榜样。我们曾在第 4 章介绍过的吉尔·麦克卢尔曾参加过我的一个研讨班，我在那个班上探讨了“少干一事”原则。她回到办公室后，仿佛突然之间想通了。以前在公司每周的新闻简报发出去之前，她都要花大量的时间来仔细审阅。每个星期，审阅简报的任务就一直萦绕在她的心头，但她经常拖着不做，因为作为首席运营官，她还有很多其他的任务（那些任务更为重要）。吉尔在我的研讨班上渐渐想明白了，这项工作可以由她下属的公关协调员学着做。她对协调员进行了培训，让后者接手这一任务，很快，她欣喜地发现，这样的托付有着无穷的回报。吉尔每周有了更多的时间去做大事，而她下属的公关协商员也有机会提高自己的技术和能力。

那么，你该如何帮助你的员工将任务托付给别人？以下是一些指导原则。

- 和他们一起探讨，以辨别哪些项目或任务是别人有能力来做的。要么是别人现在就能够做，要么得进行适当的指导和培训。尤其是当他们手头的任务已经让他们忙得不可开交的时候，分出一些项目或任务尤为重要。
- 当你的员工将项目或任务托付给部门内部或外部的其他人来做时，一定要让他们把整个项目或任务交出去，而不是只交一部分。这样的话，接手完成该项目或任务的个人或团队，才能更好地完成它们，因为他们觉得对整个项目拥有所有权，保证了工作的连续性。
- 指导你的团队在托付任务时明确下列问题：我需要做什么？为什么我需要把任务托付给别人？我想要获得怎样的结果？尽可能具体地回答这些问题，并且让你的员工有充足的时间来提问，这将节省你的时间。
- 确保你的员工与接手任务的人或团队就任务完成时间和方式达成一致。托付任务给别人并指导，不能因为交接中的问题成为接手任务的人或团队办事拖沓的借口。

关于任务的托付，最后一点是井然有序。特别是当你的属下有一群经理时，要帮助他们意识到，将手头任务托付给别人，不仅能够减轻他们的负担，而且还有助于提升别人的能力。吉尔把任务托付给公关协调员的案例，就是这种情况。有人说过，领导的目标就是培养其他的领导者。把任务托付给别人，是培养其他领导者的绝佳方式。这是双赢的局面。

剔除不重要的细节

在有的工作岗位上，成功意味着极度专注于细节，所以，简化工作任务也许并不容易做到。不过，卓越领导者往往是擅长简化的人（同时也对细节了如指掌），你得从大局着眼，确保团队将精力集中在正确的细节而不是所有的细节之上。

1. 向你的奶奶解释它。如果你正打算简化某一信息或某项任务，特别是为那些不具备特定领域工作经验和专业技术的员工简化任务，要回答好这个问题：“如果我对奶奶解释这项任务的话，该怎么来说？”关键在于摒弃行话、缩略语和不必要的细节，只拣最重要的说。起初，要做到这样并非易事，但试着去做，你会收获很多。

2. 清楚地说明你的首要任务。注重细节的人通常不会把首要任务列出来，因为他们觉得“所有细节都很重要”。因此，要定期（每天、每周、每月）思考一下，你需要下属团队做哪些事，并且清晰地阐述那些最重要的任务。用最重要的任务来引导你的下属团队专注于正确的事情，此外，别忘了解释为什么他们要把精力集中到这些任务上。

3. 召开头脑风暴畅谈会。召集团队开个会，在会上不要就细节进行头脑风暴，而是就下个月或下个星期的整体目标进行头脑风暴。鼓励员工在你开始拘泥于不重要的细节时提醒你抛弃“细枝末节”。这将有助于你专注于大局，并且让员工能够参与到发展方向及目标的设定过程中。

第三个选项：停下来

“少干一事”原则的最后一个选项是停止某项任务。由于上司施加给你和团队的压力，这一选项不可能总是实现，但是，它值得我们用开放的思维去考虑。也许你的员工正在做的某些事情，原本不必做。这里有一个例子。有一年，玫瑰医疗中心的首席运营官贝琪·杭西克接到上司的任务，要她创建并维护一个追踪观察体系，以便对医疗中心一家子公司的关键战略的推进情况进行追踪观察。贝琪及其团队每个季度都会撰写和提交报告。过了几年后，她开始怀疑自己收集到的这些信息到底有没有用处。她从来没有听人提起过那些信息。因此，她和下属团队想做一下试验，不再收集那些信息，也不再撰写和提交报告。没想到，自那以后，根本没有人过问这件事。这项刚开始时作为一项重要商业战略被确定的任务，后来被其他重要任务所取代。

对于和贝琪类似的具有号召力的领导者，以下是一条重要的经验。要持续不断地将下属团队的活动叠加到不断变化着的首要任务上来，并敢于质疑以前的假设。怎样判断你和你的团队能不能完全停止做某件事？这里介绍一些指导原则，也是“少干一事”原则的“绝密武器”。

- 如果你感觉某件事情可以停下来，你怀疑停下来后，没有人会察觉到。验证一下究竟是不是这样。
- 如果你想停下来的事情，是一件为别人制作的可交付的物品，那么，是否有足够的证据来证明花在它上面的时间是合理的？
- 如果你想停下来的事情，确实是为团队制作的一件可交付的物品，那么，你是否真正需要和使用它？或者说，是不是你已经形成了做这件事的习惯？
- 即使这一任务在团队刚开始执行时是有价值的，但过了一段时间，情况是不是发生了变化，或者策略是不是已经转变了？

记住，即使你觉得自己无力去减轻团队的工作负担，你也总是有办法使团队的工作流程更加流畅，或者让团队把精力集中到大事上。花时间来提出“少干一事”原则的 3 个问题，将使你的团队更好过一些，让他们把自己的时间放在最为重要的任务上。正如史蒂芬·柯维所说：“把最要紧的事情放在首位。”

我曾给创建领导力中心的高级管理人员上过一堂培训课。在上课的间隙，我和另一位培训师注意到，只要我们给学员们哪怕 5 分钟的休息时间，他们会立刻走到大厅，把手机掏出来，要么“贴”在耳边打好几个电话，要么开始紧张地收发他们的邮件。那位培训师感叹道：“噢，瞧这些可怜的人！他们手头的任务这么多。要是让他们培训整整 5 天，他们的任务一定堆积如山了。”

我当时还记得吉姆·唐尼对“偷懒的人”所发表的一番评论，于是看着培训师，面无表情地说道：“显然，他们要么很不擅长确定首要任务，要么就是不折不扣的控制狂。”

她笑了：“你讲得太对了！”

号召力超强的措施

理解收益递减的法则

- 将团队能以最简单、最高效的方式工作作为你追求的目标。
- 褒奖团队或员工的工作业绩，而不是他们所投入的时间或精力。

专注于任务

- 给你的团队下达 3～5 个目标，并且运用这些目标作为每天工作任务的衡量标准，以集中团队员工的精力。
- 不断地评估“足够好”是不是已经够好了。你可能发现，改进是逐步递减的，你得接受这种递减的改进，不要事事追求完美，以至于耗费了员工太多的时间和精力。这将使你把精力集中在最重要的任务或项目上，因为你不想在别的地方浪费时间。

托付任务

- 特别是当员工备感压力或者工作负担过重时，要帮助你的员工辨别哪些任务可以托付给其他人或其他团队来完成。
- 指导你的员工就最终的结果提出清晰的指示，并且将他们手头的项目完整地托付给胜任的员工来做，同时帮助接手该项目的员工或团队走上正轨。

停止做

- 对不断变化着的首要任务保持清醒的头脑，密切关注你的团队可以完全停止执行的任务或项目，以便他们将精力集中在最重要的任务或项目之上。
- 随着企业环境的改变，你的团队应当把时间花在哪些任务上，要有勇气去质疑以前的假设。

第 13 章
让员工快乐起来

娜塔莉·罗伯觉得很难受。

她如今正在为第二个老板工作，这个老板似乎热衷于为其下属团队创造一种毫无乐趣可言的、悲惨不堪的工作环境。娜塔莉发誓，她当上领导者之后，不管怎样，都要为她的员工创造一种积极的工作环境。

娜塔莉生性乐观，过得活泼快乐，好像每时每刻都被正能量包围着。当她晋升为所在医院的放射和成像部门主管时，她知道，只有当员工快乐工作时，才能给病人提供最优质的服务。

但是，随着娜塔莉把快乐带给她的团队，同时自己也秉持快乐工作的理念时，她开始注意到，她的一些同事把她这种乐天派做法当成她无法达到优异绩效的理由。在几个星期的时间里，一位放射医师和一位医院领导都告诉娜塔莉，他们不能把她的这种方法太当真了，因为她表现得过于活泼，以至于使她的团队无法胜任工作了。

娜塔莉也开始怀疑自己的方法了，甚至有一点点羞愧。心想，也许他们说得对，或许她不能总是这样显得无忧无虑，从而无法交出优异的业绩。于是，她开始把自己天生的这种快活劲掩饰起来，试图表现得“更加严肃”。但那样一来，人们每天都要问她到底发生了什么情况。她觉得自己生活在一个谎言之中。她也注意到，她的下属团队开始变得不愉快，工作积极性下降。

过了几个月，娜塔莉想，为什么我要为了别人的看法而改变呢？她意识到，她应该更加相信自己，她过去的方法一定是管用的，因为当她开始改弦更张时，一切似乎都在“走下坡路”。娜塔莉想到，她必须做好自己，而她的这种正能量，实际上是她作为领导者的一个不同于别人的突出特点。

因此，娜塔莉恢复了往日的生机和活力，到另一个组织中找了一份工作。在那里，她能够把自己的鲜明特点表现出来。担任新的职务后，她的第一个决策是召集团队的员工开会，请他们就“怎样把快乐带入部门之中”这一主题提出一系列建议。员工们提议，为了使部门的员工增进相互了解，应当由各部门轮流举办一次开放参观日活动，每次活动确定一个鲜明的主题。娜塔莉热情地批准了他们的建议，员工们也努力使这一计划变成现实。

娜塔莉的方法极为奏效，她的员工更快乐了，工作起来更卖力，绩效也更加优异。比如，核磁共振成像团队迫不及待地投入他们的开放参观日活动中，选择了一个宴会主题。他们摆上花环、烘好菠萝扣糕，并且自己动手制作了果汁朗姆冰酒。很快，核磁共振成像部门员工的工作主动性得到大幅提升，原来只有一半左右的人承认自己主动工作，现在，所有的员工都说，他们的工作主动性得到了提升。在娜塔莉分管的另一个部门——乳房健康中心，员工们将病人在候诊室等待的时间缩短了 7 分钟。之所以做到这一点，是因为那些在候诊室工作的员工，一个个都变得积极主动，员工们相互配合也十分融洽，所以，工作效率得到较大幅度提高。

娜塔莉这种将快乐带到工作中的能力，是十分少见的。对我们大多数人来讲，什么时候才能让工作变得这么有趣？大萧条以来，各组织都以一种更加精简和高效的方式运营，许多领导者越来越热衷于追求团队的高效率。他们认为，快乐与效率是相互排斥的。

然而，几乎每个人都听说过互联网时代的精英企业的故事，也知道谷歌、雅虎和亚马逊等互联网公司是怎样为员工快乐工作创造条件的。在谷歌，员工的特别福利包括打乒乓球、玩桌上足球、台球和空中曲棍球，甚至还有划橡皮船。据报道，该公司每年用于给员工购买零食的金额达到 7 200 万美元。

我发现，一些更为成熟的公司的领导者认为，只有那些初创公司或高科技公司，也就是说，那些被认为只能通过自己的努力去谋得生存的公司，才可以采用“快乐工作”的理念，而那些严肃认真的组织，必须在工作中保持严肃认真的态度。

或许正因为如此，对许多员工来说，工作上的事开始变得越发沉闷和枯燥。很多人总是以为，工作日是用来“工作”的，而周末是用来“快乐”的。我的一位朋友说，星期天下午的时间，是“漫长的黑暗到来之前给自己放松身心的喝茶时间”。我第一次听他这么说的时候，既感到震惊，又感到悲哀和有趣，而且对很多人来说，这句话所言非虚。如果工作真正让员工感到快乐，那么，你的员工每个星期一早晨到办公室时，应当与他们星期五下午离开办公室时一样兴奋。

我希望下面这个观点不至于让你感到震惊。当员工快乐工作时，他们更加幸福，也更有成效。加州大学长滩分校教授、秉持“快乐工作”理念的管理学大师艾布拉姆斯曾指出，快乐增进了员工之间的沟通，强化了团队精神。它还有助于降低厌倦，减少冲突，减少员工的旷工行为。

由于快乐工作的确具有商业价值，因此，它是有必要引起重视的。实际上，它也是员工的一种需要。20 世纪中叶，心理学家亚伯拉罕·马斯洛首次提出了人类的需求层次理论。他指出，我们必须满足了食物、水、安全感等一些基本的需求后，才会想到满足诸如身份地位、成就感和自我实现等更高层次的需求。1994 年，心理学家威廉·葛拉瑟提出了职场的需求层次理论。葛拉瑟把快乐放在职场需求层次之首，意味着它是我们在工作中最高层次的需求，也是最具挑战性的需求。葛拉瑟的研究表明，许多人把工作场所视为根本满足不了快乐这一需求的地方。这多么令人悲哀啊！

不论公司的规模如何，也不论它们处在什么行业，只要认真对待员工快乐工作这个问题，总能获得回报。例如，最佳职场研究所每年都对全世界上百万员工进行调查，询问他们在公司中的工作情况，最终制作出了令所有员工都梦寐以求的“最适合工作的 100 家公司”名单。在这 100 家公司工作的员工，81%的人认为他们在快乐的氛围中工作。而在其他公司工作的员工，只有 61%的人说出同样的话。

许多领导者难以在工作中培育快乐的氛围。对某些人来说，由于他们背负的压力及上司的苛刻要求，他们觉得自己在工作中根本没有快乐的感觉。对另一些人来说，这几乎是一个轻佻或者无聊的话题。还有些人希望促成快乐氛围，就是不知道怎么做。

但是，具有号召力的领导者认真对待快乐工作这一理念，对你来说，你不必每年花 7 200 万美元给员工买零食，就能做到让员工在工作中感受到快乐。

新比利时酿酒公司是美国第三大啤酒酿造厂（你可能听说过他们最畅销的品牌啤酒“肥轮胎”），在这家公司，快乐是一项需要认真对待的工作。早在金·乔丹和杰夫·勒贝什夫妇二人在 1991 年创办这家公司之前，两人曾到落基山国家公园徒步旅行，并拟定了他们公司的核心价值观：酿造世界级的啤酒，宣传推广啤酒文化，保护好环境，并且在公司营造快乐工作的氛围。后来，他们将这些核心价值观进一步提炼，变成了现在的版本：经营一家可以实现利润的啤酒厂，同时展示我们的爱与才能和十项价值观（其中，快乐居首）。在新比利时酿酒公司，这些价值观不仅仅粘贴在公司的网站上，而是深深融入公司的 DNA 之中。

那么，新比利时酿酒公司究竟怎样营造快乐工作的氛围呢？公司的首席执行官金·乔丹认为，这包括一系列或大或小的选择。比如，大约在 2000 年时，公司决定在办公楼内扩大一些办公空间，金·乔丹觉得，如果为员工建一些滑梯，无疑会提高员工的快乐感。因此，她请建设商帮她找一部滑梯，结果，建设商带回来的成人滑梯估价约为 10 万美元。金·乔丹担心这耗资过大，于是自己在网上找了一部价格较为低廉的滑梯，这样，员工在工作间隙就可以到上面去玩了。自然而然，工作中的乐趣增加不少。

金·乔丹评价说："每天，我们都花大量的时间来做这件被称为工作的事，如果我们在这件事上感觉不到乐趣，那对我们的人生来说，是一笔巨大的损失。你得让员工在工作时间里表现出他们率真和爽朗的一面。"在这一章里，我将探讨具有超强号召力的领导者怎样为员工营造快乐的工作氛围，从而使在这种氛围中工作的员工工作效率大大提高。我们首先讨论你可以怎样寻找工作中的乐趣，并且帮助你的团队发现工作的乐趣。最后，我们将稍稍有点跑题地给你们提供一些秘诀。换句话说，尽管人们觉得，花时间去想怎样使员工变得更加高效似乎是疯狂的行为，但通常情况下，这些时间是值得花的。

寻找工作中的乐趣

根据金·卡梅隆的观点，当员工感受到了正向情绪时，往往更有成效、更具创造力、对组织更加忠心耿耿。员工能够快乐地投入工作，客户也会更加满意，甚至公司的效益也更上一层楼。

有一个术语用来描述我们在实际中"感受"身边人情绪的方式，称为情绪感染。作为一名领导者，当你发现了自己所从事的工作的乐趣时，你会变得具有感染性，你的下属团队有可能跟你一样，找到工作中的乐趣。

我们曾在第 1 章探讨过鲍勃·查普曼，对工作一直秉持"没有辛劳，便不会有收获"的理念。他反复想："如果工作中没有乐趣可言，那会是一种什么样的情形？”我问鲍勃，很多员工在星期天的晚上很烦躁，他们害怕第二天上班，到底是什么原因？他不解地望着我，似乎不明白人们为什么害怕上班。鲍勃几乎每天上班的时候都会说：“你在开玩笑吗？他们花钱雇我来活跃气氛？”如今，我和鲍勃的团队已经合作了一段时间，我可以证明，鲍勃的这种态度对团队产生了巨大的影响。他们在工作场所爽朗地笑、相互开玩笑、努力完成工作任务，最为重要的是，他们热爱自己的工作。让我们来探讨一些有助于你为团队带去些许快乐的秘诀。

帮助员工做好自己

你有没有到过一种让你无法做好自己的环境之中？你也许想方设法适应那种环境，从而掩盖自己真实的个性。这毫无疑问扼杀了你快乐的感受。具有超强号召力的领导者恰恰相反，他们让员工在工作中表现出真实的自己。

和我们探讨过的许多其他概念一样，做真实的自己，也必须从你开始。比尔·乔治在其著作《真北》一书中讨论了“真诚领导”的概念，那意味着，作为一位领导者，你要知道你真正的自己是什么样子，并且做好真正的自己。这个过程需要勇气。以下两个问题是它的出发点和落脚点：

1. 我能不能在工作中和在家里都表现得像同一个人，而不是在家里是一个样子，到公司又是另一个样子。

2. 如果不能，是什么阻止了我这样做？

大约 1 年前，我和我的导师雷·比希尔进行了一次交谈。我在第 4 章中探讨爱的重要性时，曾提到过这位导师。在那次交谈中，他说了一些让我起初觉得奇怪的事，我当时还以为我听错了。他说：“你应当考虑一下你的着装。”刚开始我感到十分震惊，对他为什么说出那样的话感到百思不解。我们在第 6 章中探讨着装规范的事件时，我还觉得我的穿着并没有什么不妥之处。没想到，导师继续说道："你觉得你在职场中的着装方式，是不是很好地表现了你的个性？"

我立刻目瞪口呆。瞬间，我记起了我的第一份白领工作。我当时是所有员工中最年轻的，为了给老板和同事留个好印象，我上街买了一些长裤套装。尽管我不想那样穿，但我觉得，为了表示我对工作很认真，必须那样穿才行。因此，我不断买来各种各样的套装，挂在自己的衣柜里，几乎挂满了整整一衣柜——蓝色套装、棕色套装、黑色套装、灰色套装。在工作日里，我总是沉默寡言。我不但真的很少说话，我的严肃而老气的着装，也让别人一眼看去，觉得我就是那种闷不做声的人。只有在休息日，我才穿着我自己喜欢的衣服——休闲的、时髦的衣服和裤子，配上有趣的珠宝装饰，还加上可爱的鞋子。

感谢雷的提问，我顿时想通了。我极力想把真实的自我掩盖在最初挑选的那些看起来十分正式的衣服下面。我是一个被困在套装里的新世纪员工，但那并不是真实的自己。

越是想到这些，我就越来越意识到，我的衣着问题只是冰山一角，只是浮出水面的问题。我的客户常常评论他们对我的第一印象，与他们熟悉之后的我个性并不相符。我第一次和他们见面时显得过于职业化，十分坦白地讲，有点刻板和容易让人忘记，这与我开口说话之后在客户面前产生的印象完全不同。

在这种发自内心且令人不舒服的反省之后，我决定，每天上班所穿的衣服，要与我在工作中表现的真实个性相一致。为了使我的外表与内心相匹配，我试图穿上可爱的鞋子，戴上好看的项链，上身穿一件混搭的夹克。但是，打破这些旧有的着装模式和习惯，比我预想的要难。不过，等到我成功地跨越了那些障碍，我的感觉是"太自由"了。我感觉，人们可以看到真实的我了，一感到自由，愉悦之情也就油然而生。我在前面讨论过，那种快乐是可以感染别人的。

一旦你为做好自己奠定了这样的基础，便可以帮助员工也做好他们自己。一个绝好的例子是斯蒂芬·拉德克。他和他的下属团队在每周的会议结束时，总是让大家分享他们所谓的“每周之歌”。某位员工曾在他的 iPod 上演奏歌曲，其他员工则认真地听歌。这样一来，不仅斯蒂芬经常能够听到一些新的音乐（他吹牛说，他在韩国鸟叔的《江南 Style》流行之前 6 个星期，就知道这首神曲了），而且，员工也有机会向大家表现他们自己到底是什么样的人。

帮助员工开心笑一笑

笑的好处之大并不是开玩笑的，而是千真万确存在。霍奇·克罗宁协会曾对 700 多名首席执行官进行了调查，结果发现，具有幽默感的人，在职业生涯中更为成功。此外，牛津大学进化心理学家罗宾·邓巴和她的团队最近在研究中发现了一件喜剧演员早就知道了的事：笑真的是最好的药物。当我们放声大笑时，身体会释放内啡肽，这是一种改善心情、释放痛苦的物质。

具有超强号召力的领导者，有一个秘密武器：让别人大笑。西南航空和本&杰瑞等公司都曾运用幽默来提高员工的敬业精神、增强团队合作、提高工作绩效。华盛顿大学教授布鲁斯·阿沃利奥领导的一个研究团队运用经验测试了这些现象，对加拿大一家大型金融机构中的团队进行了观察。他们询问那些团队的领导者是否在工作中运用幽默，比如，跟员工讲一些有趣的故事以降低他们的工作压力，在员工显得过于严肃的时候帮他们自我解嘲，或者用微笑、大笑来构建良好的人际关系等。

一年后，研究人员评估了团队的结果。他们发现，团队越是反映他们在工作中运用了幽默，团队中每位员工甚至整个团队的绩效就会越高。这并不意味着你得参加一个喜剧训练班才能成为一位具有幽默感的领导者。只要一些小小的改变，就可能起到作用。

首先，接受这样一个事实：你的员工有时也需要发泄一下。开开玩笑及偶尔表现出玩世不恭，是人类天性的一部分。新比利时酿酒公司的金·乔丹指出，当许多领导者走到员工中间，发现员工正在相互开玩笑时，他们也许推断，这种行为会影响员工的工作效率。但她指出，重要的是在判断员工的绩效时，不要过多地看重这些孤立的事件，得把它们放到大背景中去。如果你看到两位员工在饮水机旁边闲聊，不要急于把他们带到人力资源部门去“兴师问罪”，而是先问一下你自己，他们到底正在干什么。搞清楚了以后再作决定不迟。也许他们这个星期已经工作了 40 个小时，需要用 10 分钟的时间来缓解一下工作压力，才能使自己保持良好的工作状态。

同时，在饮水机旁边和同事闲聊一下，实际上也很有必要。麻省理工学院的桑迪·彭特兰德教授和他的团队研究了美国银行呼叫中心的员工，结果发现，那些相互之间进行了非正式交流的员工，能够更快地解决客户的问题（关注结果），而且工作压力也较小（关注人）。呼叫中心对这些研究成果也十分兴奋，他们改变了员工的休息时间，让员工相互之间能够碰见。这一项小小的改革带来的工作效率提升，给整个银行带来了 1500 万美元的收益。所有这些，源自一次次短暂的闲聊。

高管可以放松，但要注意尺度

你知道严肃类型的高管是什么样的吗？他们身着灰西装、表情严肃、不苟言笑，一心只希望员工能够完成任务。没错，那些笔挺的西装所掩盖的，也许是个非常有趣的人，只是他觉得，在工作场合中不能将自己的风趣幽默表现出来罢了。我们经常在书上了解到，工作中如何保持风趣、这样做有什么好处，但是，高管们怎样做到这一点？

1．有时候摘下领带。快乐的形式多种多样，比如，穿上节日盛装或者跟员工一起完成社区的项目、开展妙趣横生的自拍比赛、表演滑稽短剧等。根据娱乐周刊的调查，一些顶级的公司鼓励员工创作音乐，高管们和公司员工一同演奏。让你的员工看到你也快乐地参与他们的活动，没有关系。这种方式值得一试。

2. 咨询你的沟通部门或人力资源部门：如果你拥有一些内部资源，那么，请沟通部门的员工或人力资源部门的员工帮助你营造快乐氛围。请他们出点子、想办法，怎样才能在你的公司里使大家高兴起来，快乐地投入工作之中。他们能够很好地根据你的个性及公司的特点来提建议。

3. 不要忘了你的形象。你是公司的形象代表，因此，不要在营造快乐氛围的路上走得太远。如果你担心你的形象，或者是在公众场合，尝试下面这些微妙的举动：微笑而不是放肆地大笑，在提到员工的时候以一种非正式的口吻，或者开会时增强会议的趣味性。有时候，所有这些小小的举动累加起来，将产生巨大的效应。

将幽默带到工作中的第二种方法是采用自嘲式的幽默。这是一个强大的工具，因为它总是包含自我揭露。我们在第 1 章中讨论过，自我揭露有助于建立信任。向你的团队表明你不介意嘲笑自己，你也因此而显得更加人性化，而整个环境也变得更有趣味。

那么，怎样对自己开玩笑呢？人们乐于听到你身上发生的一些尴尬的或者荒谬的事情。挖掘你经历过的那些让你感到困窘或有趣的故事，并且找机会嘲笑一下自己。或者，你可以试一试所谓“反败为胜”的方法（一种游戏——译者注）。我曾在一家公司工作过，该公司让领导者每年都为员工洗一次车，这是一种帮助员工放松的绝妙方式。

促成快乐氛围的形成

罗伯特·福特和他的同事对 500 多名人力资源专家进行了调查，调查的主题是快乐工作。有 75%的调查对象反映，他们公司的快乐氛围不够浓厚，达不到应有的程度。不要批评那些人力资源部门的同事了，他们自己也不是那种善于营造快乐氛围的人。

现在听一听这句话：营造快乐氛围，并不只是一件可以交给人力资源部门来做的事。你首先要自己努力去做。让你的团队在娱乐精神稍强一些的氛围中工作，有两种办法。你可以在通常不具备乐趣的活动中注入一些快乐的元素，或者，你可以引进一些专门用于营造快乐氛围的活动。让我们来观察这两种方法。

单调的事情，不必单调地做

号召力超强的领导者往往有意使“工作时间”与“趣味时间”的界限变得模糊。将乐趣引入日常活动中的好处是，它不需要你再投入额外的时间或精力，便能提高员工的绩效。

例如，全球解决方案集团的斯蒂芬·拉德克下属的两位员工在伊拉克执行一项为期一年半的评估任务。他们的项目即将完成时，要将两人的工作成果整合到一份报告之中。斯蒂芬意识到，没有理由让他们继续留在伊拉克去完成那份报告。于是，他决定让两位员工飞赴他自己的故乡——哥斯达黎加首都圣何塞。他的逻辑是：“别让他们留在战区，而是到旅游天堂转一圈。”因此，两位员工在哥斯达黎加待了两个星期，并且构思了那份报告。斯蒂芬确实花了两张机票的钱，但他的这两位员工写出来的报告，超出了他的想象。我可以打赌，他们一定会把报告好好地写出来。

你还可以把乐趣融入会议中。我曾和一家公用事业公司的副总裁及她的下属团队一起开过会。那次会议进行得很艰难。当时，他们的团队正在经历重组，领导者正面临着艰难的抉择。漫长的一天即将结束时，副总裁站起来说："就这样。我们得补充点糖分了。"她打电话叫助理进来，助理抱着冰激凌走进会议室，整个团队的员工高声喊着："我们要吃冰激凌！我们要吃冰激凌！"

你可以想象一下，当助理怀抱着一箱冰激凌走进来的时候，员工有多么高兴。也许只是给员工补充了一点体力，但整个团队再次充满了工作热情，并且高效地完成了一天的工作。这个故事的寓意在于，有些时候，你只需给员工送几个冰激凌，便能极大地提高他们的工作效率。

以下一些建议，有助于你的日常运营变得生机勃勃。

- 食物通常是有效的"催化剂"。特别是你已经让他们开了一整天的会时，给他们买些吃的。了解一下员工忌口和节食的情况，但要有所创新，可以带一些有特色的食品，而不是传统而乏味的三明治，或者举行百乐餐（每人自带一个菜来聚会）。
- 在团队的会议上，努力使气氛变得趣味无穷。无论是说一两句打破尴尬场面的话，还是休闲一下，出门喝一杯咖啡，反正要挤出这些时间。曾和我合作过的一个团队，在他们一年一度的领导层会议上，设置了一个精心设计的家庭问答的游戏，这真是绝妙的主意。
- 在你的日常工作中，如果你在和下属团队沟通时，一个钟头里你都没有笑一下，那就要问一下你自己："我是不是得稍稍放松一些？"
- 将常规的活动变成游戏。游戏化是使用游戏来吸引人们参与那些他们一般不认为是游戏的活动之中。游戏化的一些简单例子是 Foursquare 等网站上推出的“成就徽章”，或者是收集经常乘坐飞机的乘客的飞行旅程。如果你有意举行一场比赛，让员工在头脑风暴畅谈会中给你尽可能多地提出创意，然后将优胜者带到他们选择的餐馆吃一顿饭。

- 不管怎么说，如果快乐不能发自内心时，求助于你的团队中最有幽默感的员工，让他们帮助你进行一次“快乐审计”。让这种机会成为一次提升员工能力的机会。

内向的领导者也可以活跃气氛

在工作中保持幽默和乐趣，对那些常常不和他人交往的领导者来说，特别难以做到。有一项针对工程师开展的研究发现，在某些场合，性格外向的工程师比性格内向的工程师更多地运用幽默来活跃气氛。那些经常借助独处来恢复精力的性格内向的领导者，可能需要别人更多的帮助，才能使气氛活跃起来。

1. “单调的”乐趣也不错。你不用把下属团队带到卡拉 OK 厅，也可以给他们带来一些乐趣。有时候，在一起吃顿饭，也非常有助于活跃气氛。记住，要找一些很好的机会来营造快乐氛围，比如，庆祝某位员工到公司工作一周年或几周年，或者某人出色地完成了一个艰难的项目，等等。这些并不需要铺张豪华的庆祝。

2. 井井有条地组织活动。如果让员工参加一小时的活动让他们觉得太漫长的话，那么，可以考虑组织更加秩序井然的活动。试着组建一支由公司赞助的排球队或保龄球队。如果你发现员工正在进行一些与健康有关的活动，问他们愿不愿意组建一支跑步队伍。或者，为员工寻找机会在社区中当志愿者。这些活动对那些性格内向的人非常不错，因为它们几乎不需要太多的交谈！

3. 分担责任。当你的员工聚在一起时，让他们来安排这些活动。可以由团队成员轮流来承担这一责任，或者由员工自愿承担。不要让它变成额外的工作，这应当由想做的人来做。但是，不论你做什么，不要让你自己一手包办。

像夏令营辅导员那样考虑问题

除了我六年级那次倒霉地在某个艺术夏令营度过了好几个星期之外，我再没有参加过夏令营。但我的两个妹妹都参加了好几次夏令营。她们大约 8 岁时参加的那次夏令营，成了两人生活中最难忘的记忆。我常开玩笑说，她们那次好像加入了什么宗教教派一样，到死都忘不了。后来，两人都成为夏令营辅导员，并且总是不停地跟我讲她们营员的故事，让我听得津津有味。甚至我那位 A 型性格的工作狂的大妹妹，也对我讲夏令营的故事。我忍不住想，真的是那么回事吗？他们整天真的都做那些？太可笑了！为什么他们不找些真正的事情来做？但时至今日，我意识到，我应该对她们这样说："哇！大多数领导者，可以从你们身上学到不少东西哩！"

夏令营辅导员的工作就是活跃气氛，让大家享受。尽管领导者的最终职责是完成工作任务，但挤出时间来活跃气氛，有助于他们的团队完成任务。显然，领导者不可能组织和协调象夏令营那样的活动，但你一定可以受到那些活动的启发和鼓舞。如果你在自己家里举行一次烧烤活动，会怎么样？组建本部门的足球队呢？让员工参加社区的志愿者活动呢？

夏令营辅导员在必要时还要让他们的营员发泄情绪。如果你认为你的员工都是一群埋头苦干、能力超强的专业人士，那么，只要他们能把工作任务完成，应当可以决定如何安排自己的时间，也应当允许他们每天都有一会儿时间离开自己的工作岗位，休息一下（但是，如果你 10 次走过员工的办公室，

10 次都发现同一些员工在玩扑克，那你可能得跟他们谈谈了)。

如果具有超强号召力的领导者还能帮助他们的员工发泄情绪，而不只是当员工在发泄的时候才容忍他们的话，往往还能得到额外的“加分”。例如，在新比利时酿酒公司，员工们每周二都打排球。公司还提供了自行车，鼓励员工在需要休息或呼吸一下新鲜空气的时候骑车外出，他们甚至还为员工建造了一堵攀岩墙。

以下是可以借鉴的一些点子。

- **工艺美术活动。**一家能源公司的高级领导者，也是我的一位客户，坚持要我帮他安排他的下属团队到本地一家陶器绘画商店参观。我开玩笑地嘲笑了他一会儿，觉得那太无聊了，但最后还是决定帮他安排这次旅行。几个月后，我发现这次旅行成为该团队的一个关键时刻。团队里有位员工历来脾气很坏，但在那家陶器商店，他脱去了自己伪装的外衣，其他里员工发现他聚精会神地给转动着的陶器上釉时，高兴得像孩子一样。于是，所有的员工都笑起来，并且拿这件事开起了玩笑。这件事，成为改变这位员工脾气的转折点。
- **登山**。我认识的另一位领导者每两个月挤出一天时间，和他的下属团队一同去洛基山脉旅行、徒步、冥想。通常情况下，当那天快要到来时，团队成员们就开始叽叽喳喳议论起来，说他们没有时间离开办公室。但等到登山活动过后，他们总是说：“这真不可思议。瞧，它的好处太大了。下次再有这样的机会，我们一定要挤出更多的时间来开展这样的活动。”
- **实地考察旅行。**在新比利时酿酒公司工作了 5 年的员工，将获得一次与金·乔丹及其他高管一同到比利时旅行的机会，而且全程免费。金·乔丹告诉我们：“我们共同拥有使我们国家闻名于世的啤酒文化，在旅行途中，大家一起喝啤酒、骑单车，放松身心玩耍。”特别是对那些以前没有机会赴欧洲旅行的员工来说，这真是一次终生难忘的旅行。

这个列表还可以继续延长，但关键是要懂得，仅仅为了快乐工作的理由来挤出时间为员工营造快乐的氛围，将有助于你的团队增强凝聚力和战斗力。你可能也会更喜欢你的工作。

号召力超强的措施

找出你所从事工作的乐趣

- 问你自己，你在工作场所内与在工作场所之外，是不是表现得像同一个人（或者，你可以问某位既了解你的工作状况，也了解你的生活状况的人）。如果不是，是时候深入查找原因了，并且要开始推倒那堵墙（更多关于这方面的细节，参见第 1 章）。
- 不要害怕放声大笑。如果你和下属团队在一起，没有做到至少每个小时大笑一次的话，那么，是时候开始想办法活跃一下气氛了。自我解嘲式的幽默也是一种很好的选择，它让你显得更加人性化。

促成快乐氛围的形成

- 要意识到，你的下属团队需要时不时消磨一下时光或四处闲逛一下。如果你偶尔碰到了这种情况，不要急于下结论，以为那位员工很懒或者工作效率低下，要先搞清楚状况。
- 使日常的任务和会议的气氛变得更加活泼，从而模糊工作与乐趣之间的界限。为你的下属团队叫外卖，解决午餐问题。给他们带一些甜甜圈之类的零食。挤出会议的时间来进行一些游戏或竞赛。
- 将普通的任务“改编”成游戏。例如，如果你的销售团队完成了他们的定额任务，带他们搞一次旅行或者看一场比赛，比如说，看一场棒球赛。

- 要懂得，挤出“无成效的”时间（所谓“无成效的时间”，是指在那期间，你不会直接参与完成你团队的任务）来营造快乐的氛围，将有助于推动员工绩效的提高并提高员工的士气。像夏令营辅导员那样思考，并且使你自己及员工内在的“孩子气”表现出来。

后记

每天都要练习号召力

大约 3 年前，我决定开始学习西班牙语。我想，我会说法语，学说西班牙语又有何难？

因此，我开始到那些以西班牙语为母语的国家旅行，并且仔细倾听那里的人们说话。我下载了一个手机 App，帮助我学习词汇。我用自己半生不熟的西班牙语和朋友一起玩闹。看见一只狗，我就指着它说“perro”，或者看见一只猫，就指着它说“gato”。几年来，我都采用这种方法来学习，希望自己能够通过耳濡目染来学习一门语言。

我一直在继续着这种妄想，直至有一天，我和两个朋友到墨西哥度假。在我们走下飞机的那一刻，我发现自己无法和任何墨西哥人交流。

但大大出乎我意料的是，和我同行的一位朋友，却能够用流利的西班牙语和所有人交流，包括报关代理人、出租车司机和行李员等。而据我的了解，她一生之中从来没有说过西班牙语。我完全震惊了，结结巴巴地问她：“你什么时候学会西班牙语的？”

“哦，这有几个月了。我认识一位能说一口流利西班牙语的人，我们每天都练习半小时。”

我突然领悟了，原来，我一直在做的是“妄想的发展”。妄想的发展就是徒劳地指望只是足够地了解了某件事情，你便会表现出进步。但正如那句老话所说，“希望并非计划”。

谢天谢地，我终于回到了现实。如今，我每周都参加西班牙语课程（授课的老师是我的妹妹阿莱克斯），并且每天都练习。这样的过程很枯燥，但是，我只上了两堂课，学习的效果便比我 3 年的“妄想的发展”好得多。

我写这本书，目的是帮助你成为具有超强号召力的领导者，帮助你理解和平衡好所有领导者都会面对的 4 个矛盾，你也许觉得，这里包含的信息量和提供的建议，实在有点太多了，让你无从下手。要提高自己的领导力，只有通过强烈地专注于你想要提高的东西，并且每天都持续不断地练习，你才可能逐步提高。

数百年来，人们一直以为，杰出的技能和出色的绩效，都是天生的、不可改变的天分。过去，科学家们常常认为，出色的运动员之所以能够取得好成绩，是由于他们在肺的能量或肌肉纤维方面与常人存在差异造成的。但最近的研究显示，运动员取得自己精通的项目的成绩，并不是通过自然的天生的条件得来，而是通过刻意训练而得来。例如，最优秀的马拉松运动员，在肺和肌肉等方面的构造或能力上，与常人在生理上并没有区别。区别在于，每位运动员在马拉松比赛之前的数周时间里，能够接受大量的运动训练。

才能一般的人，只要能够持续地保持专注和投入，也能出色地做好事情。有人对象棋大师、科学家、作家、诗人，甚至放射治疗师做过一系列的研究，佛罗里达大学教授 K.安德斯·埃里克森率领的一个团队仔细审阅了这些研究的成果，最后得出结论：一个人要想成为专家，得花 10 年时间，或者说，1000 个小时的刻苦训练才行。后来，马尔科姆·格拉德威尔在他的著作《异类：不一样的成功启示录》中，以及丹尼尔·克勒在他的著作《天才的规则》中，证实了这一结论。

对于卓越的领导者来说，同样是这种情况。这也是我从来不接受“我天生就不是一位领导者”这种借口的原因。一个人也许不想当领导者，与他当不当得了领导者，是截然不同的两回事。任何人，只要能够持续地专注并且刻苦地练习，都可以成为高效的领导者。

打造号召力超强的领导的旅程，就跟学习小提琴协奏曲一样，你首先必须学习一些概念（好比能够看懂五线谱）和行为（好比会拉小提琴），然后，要一遍一遍地练习，以便将那些知识转变成优美的曲子。同样，具有超强号召力的领导者，首先必须学会一些概念（也就是人与结果之间的矛盾）和行为（信任、透明，等等）。

为了使这一努力获得成功，你还必须制订一个计划，详细列出你想提高哪些方面。其次，你必须进行有针对性的刻苦练习。让我们学习一下这两个重要步骤的一些策略和方法。

制订计划

在我的职业生涯中，经常听到人们反复开这样的玩笑：要换一只灯泡，需要多少位心理学家来研究？这要看情况，那只灯泡自己想被换吗？学习怎样领导，意味着要致力于改变，它要求你观察自己的心魔、不安全感及发自内心的担忧。打造具有超强号召力的领导，第一步就是对着镜子说道：“我想做。我可以做到。我会做到。”

在现代组织中，留给我们自我反思的时间太少了。对许多领导者而言，能把一天的事情做完，并且把收件箱中的邮件全部回复完，就好像创造了一个小小的奇迹。因此，我鼓励你挤出时间反思你的发展，如果有必要，远离你的团队、你的老板，甚至你的家人。花时间想一想，你从这本书里学到了什么，从其他的关于提升领导力的书籍中，又学到了什么？你觉得自己在哪个方面最有可能改进和提高？

有时候，我们没能提高自己的能力，是因为我们觉得自己有太多的方面需要提高了，因此，我们给自己确定了太多的首要任务。确定少一些目标，并且专心致志地实现它们，绝对是至关重要的。要在实践中练习“少干一事”原则：不要让你自己确定的发展目标，超出你能有效应对的能力。在一个或两个方面取得一定的进步，比起在 5 个方面取得微小的进步甚至没有进步，要好得多。

为了真实地测量你的领导效能，请完成 www.BankableLeadership .com 网站上提供的“号召力超强的领导”的全面评估。这一评估不但能告诉你，你自我感觉的“复制”和“改变”的机会，即你应当继续做下去或停止做下去的行为，而且还可以邀请你的老板、同事或团队来完成这一评估，以便提出更多的反馈。

重点关注一种或两种行为。这些将成为你的“具有超强号召力的行为”。哪两种行为对你眼下的成功最为重要？哪两种又对你长远的成功最为重要？在哪些方面，其他人发现了你的弱点，而你自己还不知道？一旦你觉得你真的在这一个或两个方面有所改进了，也就是说，你已经形成了新的习惯，做出了新的行为，那么，再考虑改进其他的方面。

有意练习

你可能会说：“我之前已经制订了一个发展计划，只是，它在我的办公桌上一直放着，沾满了灰尘。”如果领导者已经制订了自身的发展计划，但领导效能却没有丝毫改进，通常并不是因为他们不能提高效能，而是因为他们没有做到以下几个方面：每次聚焦一项措施、每天练习或者获得反馈。

假如你有意识地进行练习，那么，练习的次数和质量，将和你在改进方面所取得的成效成正比。要记住，学会当一名领导者，与学习拉大提琴并没有区别。那正是许多参加培训班的领导者很少取得明显进步的原因。随着时间的推移，培训的内容失去了光芒，他们已经把培训内容忘得干干净净。

相反，你得选定一种行动，并且致力于每天都练习它。每天，你都会面临众多的机会；每天，你将会学习新的东西。要记住，70%的领导力都是靠学来的。这本书为你提供了一条捷径，但是，你必须经常练习，以便将学来的知识转变为真正的进步。

在那些擅长某一特殊技能的年轻人中，研究人员发现了他们的共同之处，那便是他们有导师、教练或辅导者的帮助。一对一的帮助，对学习者的影响是难以估量的。美国知名的教育心理学家本杰明·布鲁姆曾进行过研究，将那些获得一对一辅导的学生，与那些只在教室里学习的学生进行对比。结果发现，那些获得了辅导的学生，在学习上胜过了98%的只在教室里学习的学生。

导师、教练和辅导员可以采用很多方式来提高被指导者的绩效。他们一定会让你加快前进的步伐，并且继续练习下去。他们将教你如何取得进步，并且他们相信你的能力。这正是许多领导者要找一位高管教练的原因所在。因此，是否拥有一位值得信赖的专家顾问，意味着真正的进步与"妄想的发展"之间的差别。

你没有理由不找一位导师或教练。首先从你的老板开始，告诉他，你想怎样提高自己的能力，请他在哪些方面提出反馈。或者，看一看你的朋友圈，无论是你公司的同事，还是公司之外的朋友，是不是有人展示了你想拥有的技能。确定了之后，将这作为与对方建立良好关系的机会，问他们是否愿意担任你的导师。如果你不认识你想"拜师"的那个人，请一位值得信赖的人介绍。另一个选择是考虑找一位高管教练。至少每月和你的教练或导师见一次面。你的导师可以为你提建议，帮助你把你面临的问题分析透，或者在必要时质疑你的思维。

最后，反馈是教练或导师可以为你提供的最宝贵的礼物。就好比优秀的大提琴师与卓越的大提琴师之间的差别那样，后者追求的是艺术，前者追求的是演奏效果。杰出领导者要改变他们的行为，以便与环境相适应，也是一门艺术。还记得我说过的话吧："号召力超强的领导"的模型，将使你有80%~90%的可能成为一位卓越的领导者。而领导效能的最后那10%~20%，取决于你自己能不能使你的技能与周边的环境很好地匹配起来。各行各业与各家组织之间的差别很大，这也正是许多带动了行业变革的领导者，到了大型组织中可能失败的原因。通常情况下，教练或导师的目的是告诉你一些你自己未能发现的东西，同时把你的行业和组织中的一些内部问题告诉你。

号召力超强的领导的自我意识、交出优异业绩的决心，以及发自内心的感觉看起来简单，要做起来却并不容易。解决的方法是每天练习，每天进步。这本书，即使它再怎么好，也不可能让你一夜之间变成伟大的领导者。它所侧重的是帮助你理解成功领导者的行为、你需要重点关注的方面及你可以怎样每天练习。如果你真的采取了那些方法，作为领导者，你会每天进步一点点。这种进步，是逐渐累积起来的，但它会迅速地产生累积效应。

拉杰什·塞蒂认识内维·拉克尔多年了。两人不仅是好朋友，拉杰什还是一家公司的投资者和董事会成员，而这家公司的首席执行官，正是内维。几年前，内维遭受了一次事故。在一年半的时间里，他都卧床不起，由于前前后后经历了12次眼部手术，他的视力下降了97%，几乎完全失明。尽管面临种种严峻的考验，他依然向世人展示出无比强大的力量。

一天，拉杰什建议内维就自己的悲惨经历写一本书。内维嘲笑地说："我现在连看书都看不了，怎么写书？"拉杰什却发现，他的朋友在内心里有着千言万语想说出来，但并没有做好把它们写成书的准备。他决定帮助朋友。

拉杰什故作无知地说道："我们为什么不能开一个博客呢？"结果，在几个月的时间里，内维开始写作，并在网络上发表了一些简短的文章。网友开始读那些博客。拉杰什说服内维更加频繁地更新博客，在几个月的时间里，内维果真加快了更新速度。后来，内维开始发表演讲，向观众们诉说自己与伤痛作坚决斗争的经历。有一天，拉杰什又对内维说，他可以把他的演讲录下来，并且转录成文字。内维照着做了。于是，第一次的演讲转录成文字之后，成为内维的第一篇完整的文章。

7年后，内维出版了一本厚达300页的备受赞扬的书，书名是《分不开的双胞胎》。在该书的出版发布会上，拉杰什看到内维在跟一个客人交谈，客人被内维的故事深深感动了。他说："我不知道你是怎么做到这些的。"这个人只看到了内维写的这本书，却没有看到书的背后那多年坚如磐石的友谊，以及内维七年如一日的辛劳付出。他以为，内维是一夜之间就大获成功的。

对那些成功的领导者，我们大多数人难道不也是这样认为的吗？我们心想，这个人怎么成为那么优秀的领导者的？他们一定是天生就有这方面的才能。但我们没有看到的是，他取得的辉煌成绩的背后，是日复一日、年复一年的学习、犯错、再学习、再犯错，一点一滴地积累着向前迈进的动力，一点一滴地积累着进步。

拉杰什把这种积累称为"点金术"，我称之为"号召力超强的领导"。在我自己的人生中，不论什么时候，只要我觉得自己已经不堪重负，我总会想起我最喜欢引用的德国诗人歌德的诗句："不管你能做什么，或者梦想能做什么，开始去做吧。胆识将赋予你天赋、能力和神奇的力量。现在就开始去做。"

那么，请现在就开始去做吧，努力达到你的目标。让你的事业蒸蒸日上。

致谢

有人说，养个孩子，要靠整个村子的力量。我确信，养孩子的确是一件十分复杂的事情，但我更相信，要将头脑中一些概念和想法真正写成一本书，得依靠整个市区、整座城市的力量。因此，请静静地坐下来看这本书，这里我得感谢很多人。

我这一生一路走来，高中时代的经历算是人生的起点。17 岁那年，我看了电视剧《欲望都市》中的一个片段，主角凯莉 · 布拉德肖出版了她的第一本书。我当时真是羡慕嫉妒恨，至今依然不能忘怀。我们人类，特别是十几岁的女孩，往往对别人拥有自己极其渴望的东西极其羡慕。因此，从那时开始，我的梦想就是跟她一样——出版一本书。所以，我的致谢首先要献给《欲望都市》这部电视剧的编剧们（也感谢凯莉 · 布拉德肖如此出色的表演，虽然她跟我的这本书没有关联，但也得提到）。

时光荏苒，转眼 15 年过去了。在看似很平常的一天早晨，我醒来后对自己说："现在，是时候让我的梦想变成现实了。"我对写书或者出版行业一无所知，因此，我认为自己需要专业的帮助。我首先找到了我的导师雷 · 比希尔。我问他，我要出书是不是在白日做梦。他相信我并非心血来潮，虽然我自己对此还心存疑虑。幸运的是，我听了导师的话，不再怀疑自己。导师对我毫不动摇地支持，帮助我鼓起勇气去做一些我一直认为不可能的事，写这本书，只是其中之一。我是如此幸运，有您走进我的生活，这也得益于我们共同的朋友鲍勃·冈萨雷斯让我们相互认识并成为好朋友。

感谢在写书过程中慷慨指导我的众多作家：马歇尔·戈德史密斯、奇普·希思、芭芭拉·科克伦、托尼·施瓦茨、戴博拉·弗恩、汤米·斯波尔丁、金·卡梅隆、大卫·努尔以及斯科特·哈尔福德。对于你们的支持，我深感惭愧，也深深感激。作为回报，也如马歇尔所要求的那样，我发誓要为将来崭露头角的作者提供指导，只要我的建议能对他们有所帮助！

我还要特别感谢斯科特·哈尔福德。斯科特，我丝毫不怀疑的是，如果没有他，这一奇妙的旅程根本不可能发生。在我刚开始请斯科特提供指导时，他把我带到一家咖啡馆，询问我出书的事情。经过一番机智而愉快的问答，我把自己模糊的想法告诉了他。令我备感惊奇的是，他提出要把我介绍给他的出版商的首席执行官。我想，虽然他如此慷慨助人，也完全出于一片好心，但这件好事不一定办得成，出书并不容易。斯科特看出了我眼里的怀疑，承诺说："我今天就介绍。"

一回到家，我就收到斯科特转发给我的写给克林特·格林利的电子邮件。我很快发现，我居然在向出版界最挑剔的出版商的首席执行官宣传我还只构思了一半的创意。我记得，当时克林特在认真地听我说，而我自己却在想："别说了！拿起你的电话赶紧走人吧！他永远不可能接受你的这一创意的！"但没想到，克林特平静地听完了我的介绍，他若有所思地说："哇！如果我第一次当上领导者的时候就知道了你给我介绍的这些，那我也许不用在痛苦中苦苦挣扎十年了！"听完这话我激动得几乎当场晕过去。

对于绿叶出版公司这个团队，我再怎么感激都不为过。克林特，感谢你和我见面，并且打造了一家无限支持和重视作者的出版社。拉里·毕晓普，你绝对是出版社的一笔财富，有你担任我这本书的编辑，我万分幸运。我通常不喜欢打电话，但我们每周的电话交谈，总是令我激动万分、备感愉快。今后如有机会，让我们再合作一次。乔纳斯·科夫勒，你帮助我透彻地分析了这本书的方方面面，感谢你的善意和创意。另外，还要感谢出版团队中指导这本书出版的其他人，包括贾斯汀·布兰奇、亚伦·海耶尔霍泽尔（最喜欢和我相互发送电子邮件的小伙伴）、金姆·兰斯、艾比·基滕、史蒂文·埃利萨尔德及杰西卡·比朗·普夫兰茨，感谢你们为这本书的出版奉献的一切及你们对我这个完美主义者、A 型个性人的无限耐心。我知道，我的性格是很难对付的，感谢你们。

感谢在我写书过程中访谈过的具有超强号召力的领导者，你们讲述的故事及鞭辟入里的分析，使这本书得以成形。玛格丽特·凯莉、金·乔丹、娜塔莉·罗伯、艾利莎·斯佩兰扎、托德·汉比利斯顿、斯科特·佩奇、格雷格·赫尔、莫雷尔·迪安、安德里亚·格温、鲍勃·查普曼、克里斯蒂·马尔泰洛、萨米尔·阿尔-法奎赫、凯西·贝纳迪诺·贝利、巴德·艾亨、詹德尔·艾伦·戴维斯、雅各布·维斯曼、汤姆·霍尔顿、考特尼·哈里森、林恩·甘戈内、马克·休斯、帕蒂·盖奇、史蒂夫·格尔曼、彭尼·凯、斯蒂芬·拉德克、吉尔·麦克卢尔、翠西·亨德肖特、帕特·劳伦斯、雷·比希尔、卡洛琳·德·罗伯茨、特里·瓦格纳、马克·加斯塔、安迪·齐勒尔、泰·卡斯伯鲍尔、杰瑞·马利奥、埃梅卡·埃内、贝琪·杭西克、瓜达卢普·戴尔·坎托、谢丽尔·本杰明以及拉杰什·塞蒂，你们全都是世界各地领导者的榜样，我对你们充满了敬畏！

感谢我的欧里希集团的团队，你们个个都是明星。首先感谢我的研究团队，迈克·雅各布森、乌玛·科德哈那斯及凯尔·桑德尔。你们将我模糊的想法转变成具体的、有经验支持的论据，很好地完成了任务。特别要感谢迈克，从一开始，你就坚定不移地在我身后支持我，为此做出了巨大的贡献。不论做什么项目，能拥有你这样一位团队成员是何等的幸运！感谢格雷琴·安德森，我身边活泼可爱的得力助手，我至今仍没有搞懂，在你加入我们团队之前，我到底是怎么艰难地走过来的。真心感谢你们。我自己也会努力做到每天都具有超强的号召力，没有你们，我真的无法工作下去。

感谢那些为我奉献了时间和智慧的人，以及在我写书过程各个阶段理解我的人。达纳·鲍勒、帕蒂·盖奇、比尔·沃伦、露西·米勒、莎拉·吉布森、斯蒂芬·拉德克、迈克·赫伦、科尔斯·惠伦、蕾切尔·约翰逊、斯科特·哈斯金斯、艾琳·布莱克威尔、克里斯汀·肯顿、詹·福克斯贝尔和艾利莎·斯佩兰扎（特别要感谢你在深夜时分还和我在电话中畅谈）。感谢我的朋友、同事和精神导师劳伦·乔特，在这一过程中，我每走一步，你都用你的智慧和经验帮助我把前面的路照亮。

感谢我在写书过程中许久未见的朋友和家人，你们如此通情达理，并且一如既往地爱我、支持我。

感谢我的祖辈、父辈和兄弟姐妹，你们每天都教育我，让我知道勤奋工作和优良的个性特点是一个人在社会上的立身之本。如果说我取得了一点点成绩，那是因为我站在你们的肩上，我期待我能让你们感到骄傲。感谢特里·瓦格纳（我的妈妈），从我开始懂事起，您就不仅是我的妈妈，您还是我最引以为傲的粉丝、最坚定不移的支持者、最坚强有力的保护者、最聪明睿智的商业发展顾问、我最爱的人及在我 32 年的人生经历中唯一一直在我身边的人。感谢您！

感谢我的丈夫戴夫·拉德克，你是我的灵魂伴侣。事实上，在我们第一次约会时，我几乎只在一瞬间就确定地知道了这一点。当时我们开心地聊了 5 次，每次都以舞台音乐剧为话题。从你走进我生活的那一刻开始，你就毫无怨言地支持我，之前我从未遇到过如此真诚待我的人。你和我一同面对工作中无尽的困扰，陪我走过艰难岁月，并且容忍了我的坏脾气。你用理解和包容为我做了这一切。欧里希集团的成功有你一半的功劳，而这本书的出版，很大程度上也是你的心血之作。我会努力向你表明，我每天有多么感谢你为我做的一切，无论大事还是小事。我希望等到这本书卖到 100 万册时你便可以成为一个悠闲享受生活的男人，而我们也可以一同环游世界。我爱你。

感谢斯皮克、威洛和克利奥，尽管你们是非常聪明睿智的小狗，但我知道你们看不懂这个。不管怎样，感谢你们在我的一生之中给予我的无条件的爱与支持，你们是我身边毛茸茸的孩子，也是我的 3 个灵魂伴侣。我爱你们，宝贝！

作者简介

塔莎·欧里希博士是美国知名组织心理学家、演说家和畅销获奖图书作家。其主要工作是帮助企业提升领导者及工作团队的效率，以促进企业的发展。

塔莎以富有感染力的激情与能量，运用其行为科学知识帮助客户寻找克服领导挑战的实用方法，常被人昵称为 T 博士（Dr. T）。作者经常和《财富》500 强大公司的领导人合作，是美国创新与领导力中心成员，其技能也受到了《纽约时报》《福布斯》《首席学习官》等众多重量级媒体的肯定与赞赏。

塔莎博士经常对各类组织、协会发表演讲，而她的专长，一直以来得到了《纽约时报》《福布斯》杂志等的关注。2013 年，由于塔莎博士在业界取得的卓越成就及积极参与社区事务，被《丹佛商业杂志》评为“40 位 40 岁以下优秀人才”之一。

除了出版《号召力》一书，她还在《首席学习官》《商业和心理学杂志》《油气勘探者》《心理学家——经理人杂志》及《工作方式杂志》等刊物上发表过文章。

塔莎博士在科罗拉多州立大学获得了工业组织心理学的博士学位，还曾从米德尔布里学院获得戏剧和心理学专业的学士学位，目前担任创新与领导力中心的教员，该中心是全世界十佳高管培训机构之一。她还在科罗拉多州立大学和丹佛大学商学院讲课。

如今，塔莎博士在洛基山人力资源人才与战略组织及感觉处理失调基金会担任董事和理事。她还经常向非营利组织提供公益咨询。闲暇时间，她喜欢旅行和骑自行车（特别是，她为了纪念她的继父，经常参加美国多发性硬化症协会举办的一年一度的 150 英里骑行比赛）。

译者简介

孙春岭

中高层管理与案例教学培训专家

贝壳案例商学院创始人

美国领越®领导力认证讲师

《10天经理人》作者

《讲好故事，做好案例》作者

纽约时报畅销书《号召力》译者

《人才管理的顿悟时刻》译者

15年企业高级管理和培训经验，历任国内外知名企业高管与高管教练职位。曾负责西安、武汉、杭州、成都、长沙、广州等近10个城市分公司的团队组建、运营，后独立创办企业，业务实战经验丰富。常年兼任某跨国企业集团中国区管理咨询顾问。

目前，孙老师为企业提供培训与咨询服务，涉及的领域有：

领导力课程：《领越®领导力》《号召力》；

中高层管理：《10天经理人——企业中层干部管理效能提升培训全案》；

哈佛案例教学方法：《全案例管理技能课》《案例开发与撰写》《案例课程设计》。

联系方式：13366755285@189.cn。